Cuba entre cómicos:

Candamo,

Covarrubias y Prieto

Manuel Villabella

Rosa Ileana Boudet

ISBN 978-0-9884486-5-0
Library of Congress Control Number 2015 907683
Copyright © 2015 por Rosa Ileana Boudet
Copyright © 2015 por Manuel Villabella de
"Tras las huellas de un figurón" y materiales sobre Candamo
Todos los derechos reservados

Ediciones de la Flecha
Santa Mónica, California
http://www.edicionesdelaflecha.com

Agradecimientos

Manuel Villabella ha escrito para este libro el capítulo dedicado a Santiago Candamo y los anexos correspondientes. Cómico trashumante y creador de la afición por el teatro en muchos pueblos del interior de Cuba, Villabella lo ha estudiado con rigor, como parte de su singular, paciente y meritoria tarea investigativa en los archivos de Camagüey y La Habana por la que ha recibido premios y distinciones.

El investigador Miguel Sánchez León me facilitó las transcripciones de más de veinte crónicas del *Diario de La Habana* sobre la temporada de Andrés Prieto pertenecientes al archivo de Jorge Antonio González. Autor, entre otras, de *Óperas cubanas y sus autores* (1943) y *Cronología del teatro dramático habanero* (2003), desde muy joven en la revista *Prometeo*, anotó, atesoró y escribió sobre figuras desconocidas.

Agradezco la confianza que Villabella y Sánchez me demuestran al enriquecer el proyecto. Mi reconocimiento se extiende a los autores citados y los archivos consultados, entre ellos, Digital Library of the Caribbean, Biblioteca Digital Hispánica de Madrid, Cuban Heritage Collection, Hemeroteca Nacional de México y el Archivo de Indias. Un aparte, la generosa lectura y las inteligentes sugerencias del amigo Enrique Río Prado, a quien debo muchas rectificaciones.

Con un grueso expediente de catorce páginas, Jacinto Soler, primer cantante bufo de un teatro de La Coruña, solicita una «licencia de embarque» al Ministerio de Ultramar de España para unirse en 1831 a una compañía de Santiago de Cuba en unión de su esposa Ana María Muñoz. Tres años antes el peluquero Juan de Llames desea integrarse a un teatro en La Habana. El «suplicante» Soler acompaña los documentos y los cuños necesarios y ruega encarecidamente permiso "para ejercer su profesión" como los hermanos José y Pedro García, Victoriano Calle y Antonia Perales, cómicos de ejercicio.[1] ¿Cuántos antes que ellos hicieron la travesía hacia la isla para emplearse como cómicos y cuántos que no lo eran se convirtieron en actores una vez establecidos en Cuba? ¿Cuál fue el bagaje artístico y la experiencia que poseían y qué hallaron en las nuevas tierras? ¿Cuántos como el desconocido Soler apenas dejaron rastros de su tarea? ¿Cuántos otros nacieron en la isla y encontraron su destino en las tablas por afición o voluntad?

Desde la primera mención en las Actas Capitulares a Pedro de Castilla como organizador de las fiestas del Corpus Christi, el 28 de abril de 1570, la historia teatral cubana se nutre de nombres y apellidos (a veces de dudosa veracidad) de vecinos de la villa, concurrentes a fiestas y regocijos, mascaradas, juegos, procesiones y danzas. Las ceremonias religiosas comparten la supremacía con las fiestas patronales. La prehistoria está documentada, pero mientras la mayoría de los estudiosos ha buscado al autor —organizador de "invenciones"— el actor, trashumante, marginal, como el suplicante Soler, es una nota al pie, un apéndice, un desconocido, como no hay constancia de las individualidades entre los "negros horros" participantes en la procesión del Corpus. Entre los siglos XVI y XVII, la comunidad es actante reunida en tablados primitivos o en casas particulares para las celebraciones, como los esclavos en la fiesta por antonomasia del Día de Reyes.

---

[1] Expediente de Jacinto Soler (1831) Ultramar, 359, N.29; Expediente de Juan de Llames (1829) Ultramar, 353, N. 57; Expediente de José y Pedro García 1810) Arribadas, 441, N. 227. Archivo General de Indias en Archivo PARES.

El actor, «archivo viviente», almacena no sólo las «partes» que le corresponde interpretar del repertorio en boga, sino los gestos, las actitudes, poses, movimientos, emociones, el recuerdo de sus compañeros y las reacciones ante los diferentes públicos, condicionadas por el clima, los horarios y las costumbres. Reproductores interesados de los textos, viajan con sus copias únicas guardadas en los baúles del consueta o improvisan sobre o a partir de ellos. Trasladan sus secretos de un actor a otro, los llamados gajes del oficio, ya que la transmisión, pautada a través de la repetición, implica que el maestro o actor aventajado ceda a otro el papel asignado por la experiencia, el talento o las características físicas. Los intérpretes se desarrollaron como gracioso, dama joven, barba, alguna de las tantas clasificaciones de la compañía conocida desde el siglo XVIII.

Se ha dicho que es un teatro de intérpretes y otros han matizado que es un teatro de personajes, ya que los primeros autores de reseñas no mencionan sus nombres sino los de sus caracteres: el que interpreta el gracioso, la que hace de viuda o el divertido figurón. Muchos vinieron a Cuba por aventura, necesidad o incentivo, los más, desde España y los menos, desde otros países de América. Algunos, olvidados en su país de origen, se asentaron en el nuevo mundo. A su vez nacidos en la isla hicieron el viaje a la inversa hacia la metrópoli para estudiar, integrarse a alguna compañía o huir de la situación política en busca de un medio más propicio. Entre todos crearon un teatro. Si al principio llegaron figuras un tanto pintorescas como Santiago Candamo o contratados con rigor, como Andrés Prieto y sus compañeros, a raíz de la invasión napoleónica, luego viajan actores de renombre que completan sus repartos con los intérpretes del país. Arriban puntuales con su repertorio a invadir con estrenos y asombrar con novedades. Para algunos investigadores, las fechas son decisivas pero más que señalar un día, una tarde o una noche como infalible o establecer una temporada como demarcación rígida, he preferido las aproximaciones. Fundamentamos los hallazgos en periódicos maltrechos o la escritura de cronistas que no siempre fueron a las funciones y escriben por el comunicado que llegó a la redacción.

Cádiz, Veracruz, Nueva Orleáns y La Habana son puertos de ese trasiego. "Hacer la América". Sin embargo, los registros de odisea tan colosal son precarios —el cómico rara vez escribió de otra manera que no fuese sobre la escena— e insuficientes los relatos sobre ellos. A veces son una lista, un expediente rescatado, la nota preliminar de una edición que casi nunca se acompaña de una apreciación o juicio sobre su quehacer. Su trabajo se infiere, imagina, atisba, pues en la mayoría de los casos, hasta muy entrado el siglo XIX, no hay menciones específicas ni siquiera de sus nombres. Esta exploración es un «apunte» y no pretende abarcar el fenómeno en su totalidad sino recorrer en lo posible el camino de la mano de los cómicos y las cómicas.

I
¿Primer actor?

Trelles inserta como "noticia curiosa" el nombre de nuestro primer actor. Lo halló en *Ensayo de una biblioteca española de libros raros y curiosos* de Bartolomé José Gallardo y es Melchor de las Casas, americano, de La Habana, quien se ahogó en la barra de Huelva cuando navegaba con la compañía de Inés Gallo en 1678. Allí perdió a su mujer Melchora Rafaela, hija de un cirujano de Granada, y una hija según consta en la partida de difuntos. [2] Gallo fue [...] "mujer de Pedro Carrasco, manchego de Daymiel y gran músico tenor que apartándose de ella huyó hasta las Indias donde murió. Ella "continuó en las tablas erigiéndose en autora de una compañía". [3]

Hubo representaciones en las residencias de los notables antes de 1775, las primeras, en una casa de comedias del Callejón de Jústiz, aledaña a la del marqués de ese apellido, y el 20 de febrero de ese año se inaugura el primer teatro, el Coliseo, obra del ingeniero de marina francés Luis Bertucat y no de Fernández Trebejos como se pensaba. Erigido cerca de la bahía y refrescado por las brisas entre los profusos árboles de la Alameda de Paula, paseo favorito de los habaneros, [4] fue un empeño del gobernador Felipe Fonsdeviela, Marqués de la Torre, convencido de la necesidad de fomentar las "diversiones públicas".

---

[2] Trelles, Carlos M. *Ensayo de bibliografía cubana de los siglos XVII y XVIII*. Matanzas: Imprenta El Escritorio, 1907. p. 4.

[3] Pellicer, Casiano. *Tratado histórico sobre el origen y progresos de la comedia y del histrionismo en España: con las censuras teológicas, reales resoluciones y providencias del Consejo supremo sobre comedias: y con la noticia de algunos célebres comediantes y comediantas así antiguos como modernos. Con algunos retratos.* vol. 1. Madrid: Imprenta de la Administración del Real Arbitrio de Beneficencia, 1804. II p. 60.

[4] Hernández González, Manuel. *El primer teatro de La Habana. El Coliseo (1775-1793)*. Tenerife: Ediciones Idea, 2009.

Quería un edificio para "aplaudir y admirar las producciones de Lope de Vega, Calderón y Moreto que le eran muy familiares", ya que la casa particular donde provisionalmente se representaban era incómoda para el "numeroso concurso de espectadores". [5] Abogó por "los vientos que le daban frescura", que hubiese en su interior la debida separación entre las clases y fuese suficientemente desahogado. Nacía un edificio similar a otros en América, techado, con embocadura y telón, enclavado entre la cofluencia de las calles calles Acosta, Oficios y Luz. Según Ventura Pascual Ferrer, era de «arquitectura majestuosa», interior de madera y bellas decoraciones.

Bernardo Llagostera se alía con su paisano Juan Agustí, oriundo de Blanes, y obtiene autorización para hacer allí representaciones desde mucho antes de su construcción. Este último arriesga su dinero, trae a los cómicos y facilita sus vestidos. Una idea novedosa, ya que la ciudad, en boca del prelado Hechevarría, necesitaba una casa de recogidas para mujeres "incorregibles" y la recaudación del teatro permitiría una pensión fija, destinada según Pezuela a "corregir vicios, evitar escándalos, conservar las buenas costumbres, socorrer a miserables, entretener honestamente al público, hermosear la ciudad y aumentar la policía." [6] Aunque Rine Leal cita legajos y expedientes de este historiador relacionados con las primeras representaciones, que no puedo hallar, Manuel Hernández ha iluminado los oscuros años del Coliseo, de la primera idea hasta la relación de los contribuyentes de la obra, donde "no se ve ningún donativo de esos linajes de relumbrón" ya que el grueso del efectivo provino de gravámenes a las fiestas populares y no, como suponían muchos, de los "principales hombres adinerados de la ciudad y el gremio de mercaderes". [7] Las ferias eran muy concurridas.

---

[5] Guiteras Font, Pedro José. *Primeros historiadores. Siglo XIX*. La Habana: Biblioteca de Clásicos Cubanos, 2005. p. 7.
[6] Citado por Hernández. ob. cit. p. 29.
[7] Hernández. ob.cit. p. 36.

La feria de Carraguao o del Pilar, barrio extramuros de La Habana, estaba entonces en gran boga lo mismo que la de la Merced, San Francisco, El ángel y Regla. Estas ferias que principiaban con la salve y fiesta en la iglesia del santo que las motivaba, se reducían a bailes públicos en las casas del barrio, con dulces y juegos de monte en el comedor, cuya partida era la que costeaba el baile: en las calles también había mesitas de diferentes juegos de azar para toda clase de personas que apuntaban desde medio real a una peseta, pero en las bancas no se admitía menos de un peso: las mesas estaban repletas de onzas de oro y pesos fuertes y allí amanecía: las ferias duraban nueve días y se prohibieron por el general Tacón en 1834. [8]

En 1774 Leonardo Mexía del Valle aspiró a ser empresario del Coliseo pero al año siguiente Agustí recibe su gestión por siete años, asociado con Gaspar Vidal, que abona la mitad de los gastos. [9] Nace la primera compañía de la que se tiene noticia. [10] Y ya en 1776 no trasciende por su obra cultural sino por un contencioso: se acusa a Agustí de "comercio carnal" con una cómica mientras estaba casado. El empresario niega los cargos y obtiene una fianza de su socio, pero el Marqués le recuerda su mala conducta y dicta su expulsión. Por no querer "verificar" sus cuentas, según Vidal, se procede a inventariar *tumbalinas*, columnas, piezas y otros trastos de la escenografía, testimonio material único de cómo se representaron las obras. [11] En 1777, arrestado, sin abogado y con sus bienes embargados, se le juzga por baja moral y "relajación de las costumbres" ya que ofende a los

---

[8] "Apuntes para la historia del teatro en La Habana". *La España Artística* no. 47. Madrid, 13 de septiembre de 1858. pp. 366-367. p. 366.
[9] Gembero Ustárroz, María. "Aportaciones a la historia musical de Cuba, Santo Domingo y Puerto Rico a partir de fuentes españolas (siglos XVI-XIX)". *Boletín de Música de la Casa de las Américas*.
[10] Hernández. ob.cit. pp. 81-82.
[11] Deben ser por extensión trastos de tumbas ya que en *Tesoro de la lengua castellana o española* de Sebastián Cobarrubias, "tumbado" es lo que tiene formas de tumbas.

respetables. "El público se quejaba de su proceder engañoso" y un rumor impugnaba que la amasia se presentase en el teatro "con un testigo en el vientre de su flaqueza con el empresario". [12] Es el primer escándalo teatral y no el que se presumía, el intento de asesinato de la cantatriz Mariana Galino.

En 1777 Agustí llega preso a Cádiz. A través de su causa durante diecisiete años, se infiere que el Marqués actuó motivado por "las grandes utilidades aportadas por el Coliseo en su primer año de vida" ya que hubo que ampliar bancos y lunetas para dar cabida al público. Sin embargo, se presenta al acusado como un "sastre" insolvente, aunque fue quien costeó "los gastos de decoraciones [...] cuando su ingeniatura, industria y vigilancia en divertir al público y acopiar poemas, cómicos y de música le iban dando el fruto de sus cuantiosos anticipados desembolsos".[13] Una maquinación para despojarlo del muy rentable coliseo y dejar a su cargo a Vidal, testaferro del hacendado Miguel Antonio Herrera. En 1799, tras años de solicitudes, amparos y dictámenes, Agustí no recupera su inversión ni establece su inocencia. El litigio continúa a través de sus herederos. Cabe pensar que si se multiplicaron asientos y gradas, la empresa era promisoria, máxime cuando había realizado las mayores erogaciones. Pero también –por el testimonio del actor Medell– se sabe que hubo noche que no dio el teatro para pagar la comedia o gastos de ella ya que la gente en esta ciudad es "propensa de novedad como a dejarlo".[14]

Desde ¿1774? existe una compañía de cómicos de veintiún integrantes. Tiene un reglamento. Su estructura ofrece algunas variantes a la típica del XVIII, generalmente de veinticinco, y cuenta con responsables de funciones técnicas como la tramoya o la música. Gembero Ustárroz ha hallado documentación probatoria de que también tenía un maestro de música, encargado de adiestrar a los

---

[12] Hernández. ob. cit. pp. 88-89.
[13] Hernández. ob. cit. pp. 92-95.
[14] Hernández. ob.cit. pp. 118-119.

cómicos, ya que "contribuye mucho a tener gustoso al público y llamar gente al Coliseo." [15]

La compañía posee un autor, un primer galán, dos segundos y dos terceros, un gracioso, un barba, un vejete, un sobresaliente, dos criados, dos apuntadores, una primera dama, una graciosa, dos segundas, dos terceras y el «derrotero».[16] Sus integrantes son Antonio Lansel, con un salario de 49 pesos, Francisco Aguallo y Manrique, Cristóbal de Mesa, Pedro de Villa, Ramón Medell, Antonio Pizarro, Bartolomé Bernabeu, Cristóbal Rosado, José Morote, Tomás Pallarés, Jerónimo de Lara y Domingo Álvarez. Sus actrices, la gaditana Antonia San Martín, esposa de Pizarro, Victoria Meléndez y Josefa González.[17] San Martín, Pizarro y de Mesa la abandonan pronto y parten hacia la Nueva España en busca de mejores condiciones económicas. San Martín consigue mejorar su sueldo (1800 pesos como primera dama cuando en La Habana ganaba 45) y a pesar de ser bella y notable actriz, ha trascendido por denunciar los abusos y maltratos de su marido, quien es expulsado del país.

Acerca de la primera temporada del Coliseo, Hernández aporta los títulos representados entre 1776-1780 y su correspondiente recaudación,[18] ya que los historiadores a partir de Arrom comienzan con los avisos o estrenos reseñados en el *Papel Periódico*. Si hasta ahora no se conocían datos de esta etapa, las más de cien piezas estrenadas en 1776, en su mayoría de autores del XVII, reflejan con bastante claridad que los repertorios seguían con puntualidad una tendencia que en España empieza a ser contestada por los reformistas: prevalecen los autores barrocos (Calderón de la Barca con diecinueve obras.) El listado, cuyo objetivo debió ser anotar los ingresos, no menciona las tonadillas ni los sainetes, considerados parte del conjunto, ya que "ir al teatro en el siglo XVIII –precisa Sala Valldaura– suponía permanecer

---

[15] Gembero Ustárroz, María. Ob.cit.
[16] Por extensión del concepto marítimo, debe ser el encargado de los caminos o "derrotas" en la escena.
[17] Hernández. ob.cit. p. 126. Por primera vez se conocen los actores del Coliseo.
[18] Hernández. ob.cit. pp. 250-295.

en el local a menudo más de cuatro horas, en las que se sucedían distintas piezas para atraer la atención de los espectadores."[19] El concepto de espectáculo no es lineal sino en ocasiones una sucesión de lances y artificios, que priorizaba lo espectacular. *Grosso modo*, la relación destaca el aprecio por la comedia de magia y el gusto por las piezas de tramoya como *El monstruo de los jardines,* de Calderón. También se estrenan *Numancia destruida*, de López de Ayala, *El Tancredo*, de Voltaire y *El negro del cuerpo blanco*, arreglada por Ramírez de Arellano.

En 1780 la compañía se disuelve y seis años después, casi todos están en México, entre ellos las hermanas Josefa y Bárbara González, conocidas como *las habaneras,* cuyas malas relaciones con la San Martín trascienden como en todo teatro que se respeta.[20] Se observa la baja estimación del cómico, incluso por su mecenas, ya que su profesión se consideraba infame y a los actores viles, relajados y licenciosos.[21] En 1785 la isla se encuentra al mando de José de Ezpeleta, no tan aficionado al teatro como el marqués de la Torre, aunque así y todo dicta dos bandos, uno dirigido a los actores.[22] Junto a la disciplina y la asistencia a los ensayos, recomienda a los cómicos estudiar sus papeles y no estar pendientes del apuntador ni dejar que la voz de este se oiga más alto que la de ellos. Entre otros consejos asombrosos, el de actuar "como solos en escena, sin tener que mirar sino a las personas que le tocasen por razón de su papel," muchos años antes de que Stanislavski formule el concepto de soledad en público. Se prohíbe a los actores permanecer en los "boquetes" del escenario y se le impide al gracioso añadir o quitar nada del papel. Otro dispone el comportamiento de ambos sexos en lunetas y aposentos, las primeras reservadas a los hombres –militares– y la cazuela a las damas. Se proscriben los gritos,

---

[19] Sala Valldaura, Josep Maria. "El teatro del siglo XVIII". *El teatro en la España del siglo XVIII. Homenaje a Josep Maria Sala Valldaura.* Ferrer, Bittoun-Debruyne, Fernández. Eds. Universitat de Lleida, 2012: pp.17-24. p.22.
[20] Citado por Hernández. Olavarría y Ferrari. *Reseña histórica del teatro en México.* V. 1 y 2. La Europea, 1895. pp. 39-42.
[21] "Expediente relativo a la real orden sobre la profesión de cómico". Archivo Histórico Nacional de España. CONSEJOS, L.1404. Exp.127.
[22] Hernández. ob.cit. p. 159.

silbidos y burlas a los cómicos y cómicas así como se organiza la entrada de las calesas y otros medios de transporte. Se indica a los actores no deben corresponder con excesos a los reclamos del público para fomentar, según Hernández, el desapego y la frialdad debido a lo extrovertido de este. [23] Al parecer el reglamento fue letra muerta ya que años después Prieto deambula a su antojo por las patas de la escena, el gracioso Covarrubias acostumbra a improvisar y el público es efusivo y apasionado.

Pero en 1788 el Coliseo, en estado ruinoso, con goteras y maderas podridas, tiene que cerrar. Otra versión llegó a la península. El Gobernador propuso hacer una cárcel en la maltrecha casa de comedias que no se usaba por "falta de gusto del público para el teatro". [24] El proyecto se cancela, pero los cómicos que permanecen en el país se trasladan al "arrabal, en una choza harto indecente", como ha indicado Buenaventura Pascual Ferrer en su valioso *Regañón*, para actuar mientras se levanta uno provisional. De esa época se ha mencionado a Leonor López, poeta, de memoria prodigiosa, quien visitó México y Lima con compañías españolas, representaba en La Habana en 1776 y trabajó en *Las damas chasquiadas* el 4 de diciembre de 1791. [25]

El repertorio conocido a partir de la publicación del *Papel Periódico de La Habana* (1790) indica que hubo teatro dramático con sus intermedios de sainete, ensaladillas y tonadillas, pero también zarzuela, ópera y baile interpretado por los mismos actores. El director y primer galán es Lucas Sáez, junto a María del Carmen, primera dama, a quien suplanta María Domínguez el 11 de noviembre de 1791, la Sra. Polonia "que cantaba música de zarzuela", el flautista Miguel Labusier y el maestro de música Joseph Fallotico, quien dirige el 20 de noviembre una creación suya, *El alcalde de Mairena*, con el nuevo actor-cantante Juan Acosta.

---

[23] Bandos originales en Amores Carredano, J.B. *Cuba en la época de Ezpeleta* citados por Hernández. pp.158-162.
[24] Archivo de Indias. Es. 41091. AGI/27.23//MP-SANTO_DOMINGO, 539.
[25] Trelles. ob. cit. p. 55.

Fallotico es "bien conocido en esta ciudad por las diversiones de música y otros agradables espectáculos con que en varias ocasiones ha tenido la satisfacción de complacer al público, a propósito de la mención a una diversión de baile, encontrada en una hoja impresa (1792, Imprenta Medina). [26] Guiteras Font reseña esos conciertos y diversiones, entre ellos, dos piezas matemáticas de Fallotico, el instrumento armónico de vasos, el aria de una pastorcilla sobre una pirámide (una tirana), con quien se puede conversar y sobre todo, la insigne Máquina Périca que imita un fuego natural y representa *Los triunfos de la Europa*. Tiene en sus miras una academia de baile, apoyada por José de La Habana en "Idea de un baile", sobre la que se desata una controversia. [27] Dirige *Zemira y Azor*, de Grétry, mientras Sáez *Elegir con discreción y amante privilegiado*, de Miguel González, el 29 de febrero de 1792. [28] Aparte de las mutaciones y vuelos, entre ellos, el de un espejo mágico en *Zemira*... sabemos que Lucas imitaba animales en sus arias bufas.

Al año siguiente, figura en la compañía el mencionado Ramón Medell, su primer barba, la tonadillera Rita Medell y Juan Peña, primer violín y director de orquesta, José de María, José Escobar, Antonia de Mesa y la anónima Luisa, cuya existencia se infiere por las décimas a una "primera dama del teatro" cuya pérdida se lamenta. Entre las piezas representadas, *El negro más prodigioso*, de Juan Bautista Diamante, muy popular en el siglo XVIII (su monólogo se vende como pliego de cordel) y *El príncipe jardinero y fingido cloridano*, de Santiago Pita, habanero de identidad desconocida, autor de la primera obra teatral escrita en el país. La representación no gusta al Viajante y lo comenta a un amigo.

> Ni la comedia, ni los comediantes, le contesté, aquélla por disparatada e insolente, y esto (porque a excepción de uno en quien se dejan ver ciertos golpes de cómico) carecen de todos o

---

[26] Trelles. ob.cit. 35.
[27] Guiteras Font, Pedro José. ob.cit. pp. 205-206.
[28] Trelles. ob.cit. p. 49.

los más requisitos que constituyen un buen comediante, y me ha dolido a la verdad gastar tres reales por estar incómodo. [29]

El Viajero está muy frustrado (ha visto teatro en las principales ciudades europeas, entre estas Sevilla, Cádiz y Barcelona) porque la obra no "corrige las costumbres" y el público todavía está apegado a *Juana la Rabicortina, Hacer que hacemos* y *El señorito mimado*, sin contar que considera a Lope "el primer corruptor del teatro español". Mientras añora el viejo esplendor del Coliseo (donde se ponían comedias con propiedad, decoro y decencia), argumenta que *El príncipe jardinero*... es "disparatada" e "insolente" y para sustentarlo, cita algunos versos escandalosos, perversos y abominables como este: "¡Qué bien dicen que el amor/es una dulce agonía /que empieza como deseo/y acaba en melancolía!" o se enfurece con la rufiana que no admite leyes del honor porque son "desabridas" y defiende su «gusto», su regalo y su delicia. A su juicio estos amores desordenados no merecían ser imitados y todos esos "borrones feos" la hacían " indigna de aparecer en las tablas". Las citas tan extensas del texto hacen pensar que conoce alguna de las ediciones de la pieza o que, como decía Bachiller, la sabía de memoria. Respecto a los actores, salvo uno con "golpes de cómico", seguramente el criado Lamparón, los demás carecían de los "requisitos" de un buen comediante.

El estudio minucioso y emblemático de Arrom arrojó luz sobre la identidad del primer dramaturgo de la isla, las fuentes empleadas y la relación con el teatro de su época. Valorizó la comedia aunque no la vinculó con la puesta en escena recreada por El Viajero. Llama la atención que el *Papel Periódico* avisa de su representación el 28 de abril de 1791 y la reseña aparece más de dos meses después. O el *Papel*... era muy lento en sus decisiones editoriales o hay datos de los que carecemos. Mientras este conocedor le niega todo mérito, el público

---

[29] *Papel Periódico de La Havana*. no. 54. 7 de julio de 1791. Publicada con el título de "Discurso crítico sobre las Comedias" en *La literatura en el Papel Periódico*. Compilación de Cintio Vitier, Fina García-Marruz y Roberto Friol. La Habana: Editorial Letras Cubanas, 1990. pp. 291-294.

siempre la respaldó. Deslumbran los que Arrom llama "desplantes" de los criados dirigidos a ese que no ha sido *convidado*, como el de Lamparón al finalizar la jornada I o el de Flora, apelaciones directas al espectador o las espectadoras que Flora supone "embusteras presumidas" y a quienes pregunta con ironía "¿Habrá en mi auditorio dama/tan airosa ni pulida?"[30]

El mismo comentarista, al reseñar *El diablo predicador* de Luis Belmonte Bermúdez, distingue al intérprete de Fray Antolín, ya que "si a esta Comedia le quitaran tal papel, la degradarían de todo su mérito, y apenas habría uno en la Havana que fuera al Coliseo a ser su espectador". Pero también le censura sus rufianadas, ya que en la puesta sacaba cuchillos, asadores, cucharas y jeringas, un "saco de inmundicias". Y se pregunta "¿Son acaso semejantes representaciones propias para instruir y edificar al pueblo?"[31] El gusto del público se inclina como en España hacia las piezas de "vuelos, lances y tramoyas inverosímiles" y no a las comedias *arregladas*. La música se integra plenamente a las representaciones, aunque por los anuncios esta empobrece por falta de voces femeninas, hasta que decae por completo en el año cómico de 1794.[32] Y los críticos como El Viajero creían que asistía tres clases de público al Coliseo, el discreto, amante de la virtud; los indiferentes, que quieren pasar el rato y los ignorantes, a quienes cerraría las puertas del recinto.

De Veracruz llega en 1794 Joseph de María, el mencionado José de María como primer galán. Funciones de maroma y volatines constituyen el repertorio junto al Teatro mecánico, cuando "La Habana se aburría aquella Cuaresma", de no ser porque procedentes de Nueva Orleáns llegan Eugenio Florez y Luis Ardaxo, «artistas mecánicos». Jorge Antonio González los considera charlatanes, saltimbanquis y

---

[30] Pita, Santiago. *El príncipe jardinero y fingido Cloridano*. Estudio preliminar, apéndice y notas de José Juan Arrom. La Habana: Editorial Letras Cubanas, 1989. pp.71-73. Verso 340.
[31] Originalmente en *Papel Periódico de La Havana* no. 56. 14 de julio de 1791. *La literatura en el Papel Periódico*. ob. cit. pp. 295-297.
[32] Aguirre, Yolanda. *Apuntes sobre el teatro colonial*. La Habana: Universidad de la Habana, [1967].p 21.

caballeros de industrias con dotes de publicistas, después de leer en el *Papel...* su extenso, pormenorizado y sugestivo relato de las peripecias que se verían en la casa de Don Blas Vázquez, en la esquina opuesta al monasterio de Santa Clara. Un primer acto en el Valle de Josafat, el segundo entre sepulturas y mausoleos, el tercero, en el juicio final y el cuarto, poblado de monstruos que conducen a los condenados camino del infierno, reunía terror, truenos, relámpagos y lluvia en un teatrico de treinta y seis pies de largo sin actores en vivo. [33] Aparte de los teatros mecánicos, La Habana de finales del XVIII es un tinglado de volatineros, saltimbanquis, acróbatas y animales amaestrados –como el Cochino Erudito de Londres– ferias y exhibiciones.

Don Eustoquio de Fuentes, contratista de espectáculos, trae a Juan Guillet para bailes de "maromas" y "pantomimos" en la cuerda floja junto a Mr. Anderson y abre una convocatoria "para ejercer el arte de cómicos" a la que acude quien será el comediante más reconocido. Francisco Covarrubias abandona sus estudios como cirujano romancista y debuta el 2 de noviembre de 1800 en el Circo del Campo de Marte, actual Plaza de la Fraternidad, en extramuros, el "circo-teatril" mencionado por Pascual Ferrer, de paredes de tablas, gradería ruinosa y cuya disposición de asientos no permitía "menearse del sitio sin incomodar al género humano". Allí nacen los cómicos del país que aparte de Covarrubias, tienen en su nómina a Agustina Pereira, Brígida Montero, Dolores Yorfe, Juan Cabello, Juan García, Ramón Granados, Francisco Henríquez, Francisco Pereira, Pedro Poveda, Pedro Villa y la mima Catalina Venice y a los que se incorpora Antonia Rodríguez. Al año siguiente se nombran Cómicos Habaneros y son catorce actores. Buenaventura Pascual Ferrer en *El Regañón* los caracteriza de un plumazo: "aunque a muchos no les falta disposición, no han tenido reglas que los dirijan, ni modelos donde poder imitar y juzgar del verdadero buen gusto en la declamación; sin embargo, la aplicación y la constancia lo alcanzaría todo, si hubiese quién les enseñase las sendas".

---

[33] González, Jorge Antonio. "El teatro mecánico en 1794". *Prometeo* 8 (sept. 1948):10, 18, 23.

[34] Así que se propuso enseñarles el camino a partir de su experiencia como autor dramático –su obra *El cortejo subteniente, el marido más paciente y la dama impertinente* se anuncia en el *Papel Periódico de La Habana* (1792)– aunque su labor más relevante es como crítico, al sugerirle a los intérpretes modelos y recetas para enmendar sus defectos. [35]

Covarrubias desgraciadamente es uno de los pocos identificados ya que Buenaventura señala al «que hizo el papel de...» con el nombre del personaje y no del actor. Duro e hiriente con el arte de los cómicos, juzga *El mariscal de Virón*, de Juan Pérez de Montalbán (1652), "más vieja que las tercianas dobles y más manoseada que el estribillo de "buena va la danza Doña Catalina". Los cómicos la hicieron como corresponde a "comedión tan espantable". Al ver *Xayra*, de Vicente García de la Huerta, critica "se revistieron de un carácter hinchado, violento y por consiguiente, muy distante del natural". "Impropia de las tablas" juzga la caída violenta de un actor, ya que se debe colocar una silla donde caiga el "desmayado" y no "exponerse a la ridiculez de hacer una caída grotesca en el teatro", propia de los personajes burlescos. [36] *El hombre agradecido*, de Luciano Comella, "no es tan monstruoso como otros muchos que hay de este autor" pero los cómicos "hacen menos mal los papeles heroicos que los familiares a causa sin duda de no querer hacer estudio en imitar la naturaleza."

En *El desdén con el desdén,* de Agustín Moreto, "ningún afecto fue expresado como debía serlo y lo pedían los versos: todas las *salas* de su autor derramadas en el papel de Polilla fueron desabridas y estropeadas en la boca del que hizo este gracioso: y los lances fueron malísimamente ejecutados y sin inteligencia alguna del comento de la comedia. Si se llegase a representar bien este drama, enseñando a estos mismos actores el modo de hacerlo, la inflexión de la voz que se requiere y la disposición de ejecutar sus lances, se notaría entonces todo

---

[34] *El Regañón y el Nuevo Regañón*. José Lezama Lima, ed. La Habana: Comisión Nacional Cubana de la UNESCO, 1965. p. 69.
[35] *El Regañón...* ob. cit. p. 69. "Mesa censoria. Concluye el juicio de las diversiones de septiembre". 4 de noviembre de 1800. pp. 67-70.
[36] *El Regañón...* "Mesa censoria. Sigue el juicio del teatro y de las comedias." 9 de diciembre de 1800. ob. cit. pp. 93-96.

su mérito y la diferencia que hay de cómo lo han hecho, a cómo se debía hacer". "Fue compasión el ver cómo la deshicieron los cómicos". [37] Tampoco la representación de la pantomima *Arlequín esqueleto*, (a saber Arlequín y Colombina de la comedia del arte) le agrada por sus "insulseces y frivolidades". [38] Sólo con *Zemira y Azor*, música de Grétry con texto de Jean-François Marmontel, su perspectiva cambia, ya que esos actores "han visto buenos originales". Es la compañía operática que arriba inesperadamente desde Nueva Orleáns y alterna con los Cómicos del País, [39] integrada por los señores Saliment y Labottery y las señoras Cassaignard, Emilia Loreto y Victoria Fleury, citados por Aguirre.

También se interesa por *El hombre agradecido*, *La mujer honrada* y *La Jacoba* de Luciano Comella, *El despecho amoroso*, de Molière y *Hernán Cortés en Tlascala*, cuya decoración el público aplaudió cuando según el Regañón eran "unos bastidores de papel embarrados en pintura con cuatro luces por detrás". [40]

Con la llegada del nuevo siglo, el Sustituto del Regañón escribe una incipiente reflexión sobre el arte del actor. "Sobre comedias" intenta enseñar reglas fijas que sorprendentemente empiezan por la postura, el movimiento y la posición de los brazos y el cuerpo "porque de su armonía depende toda la gracia del buen comediante" para insistir en los restantes recursos emocionales o «afectos». Recomienda a los actores mantenerse derechos pero no demasiado, ya que "todo lo que se acerca al exceso toca en afectación", emplear la posición llamada "estar en segunda" en el baile y mover la cabeza "sin sacudidura". Dedica un extenso relato a los brazos mientras ejemplifica con los actores que ha visto ya que "conviene mucho instruir a los cómicos en los diferentes afectos y partes oratorias de su papel", sobre todo, la

---

[37] *El Regañón*... "Mesa censoria. Juicio de las diversiones del mes de noviembre". 6 de enero de 1801. 113-116.
[38] *El Regañón*... "Mesa censoria. Concluye el juicio de las diversiones de septiembre". 4 de noviembre de 1800. p. 69.
[39] Aguirre, Yolanda. ob. cit. p. 23.
[40] *El Regañón*... "Juicio" De las diversiones públicas del mes de septiembre. Teatro mecánico. Figuras de cera". 3 de noviembre de 1801. p. 305.

entonación ya que parece que en las obras representadas "no hay puntos ni comas". [41]

Sobre la puesta de *El delincuente honrado*, reúne al director y a los actores Torcuato, Justo y Anselmo en un diálogo real o imaginado sobre la dificultad de formar a un cómico. No es empresa de un día debido al poco tiempo de ensayos, aunque en realidad responde a una crítica reciente del periódico *Observador*. [42] "Ser cómico no consiste en aprender a ponerse el sombrero, ni en gesticular", sino antes que todo "aprender a modular, a entender el sentido de los versos, darle fuerza a los conceptos, revestirse del carácter que pide cada papel." [43]

Un mes antes "Un amante de la felicidad pública" da a conocer el credo teatral del marqués de Someruelos, su "Exhortación" por la apertura del Coliseo remozado, llamado Principal en 1803. Fechada el 17 de noviembre de 1801, el recinto empieza a funcionar en septiembre con un escenario de herradura. Su "extraña fachada" confunde pues nadie puede "figurarse que se hallaba en un edificio que rinde culto a las bellas artes" por su "severa y desgraciada construcción" y su característico techo abovedado de "buque con la quilla al cielo" según Bachiller y Morales. En el escenario hay un exergo: "Instruye y amonesta deleytando". [44] Someruelos quiere dotar a la ciudad de un teatro como escuela de virtud y moral. Entre los muchos temas de su texto, el actor, a quien se dirige con consideración y respeto ya que "sólo el atraso, rudeza y falta de política en que hasta ahora ha estado el teatro entre nosotros y el descuido y abandono con que han sido elegidos nuestros comediantes, han podido influir en el desprecio con

---

[41] *El Regañón*... "Sobre comedias". 9 de junio de 1801. pp. 230-237.
[42] *El Regañón*... "Conversación de cómicos con su director". 15 de diciembre de 1801. pp. 327-331.
[43] *El Regañón*... "Concluye la conversación que hubo en el teatro del circo". 22 de diciembre de 1801. pp. 340-343.
[44] Bachiller y Morales, Antonio. "El teatro Principal". *Paseo pintoresco por la isla de Cuba*. Emilio Cueto, ed. Miami: Herencia Cultural Cubana, Ediciones Universal, 1999. pp. 38-42.

que se ha visto y ejercitado esta profesión tan difícil, útil y ventajosa."[45] Para realizar su obra ilustradora se necesita un actor que haga suyos "aquellos sentimientos para expresarlos con una modulación, gesto y acción tan naturales, que exciten los espectadores el placer y la risa en la representación cómica, el terror y la compasión en la trágica; y en una y otra por medio del deleite de la perfecta imitación, les inspire el amor a la virtud y el aborrecimiento al vicio".

Recapitula sobre la formación del actor en los postulados de la declamación.

> La escuela pues del Declamador teatral es el gran mundo, teatro inmenso en el que hallará vivos ejemplares de todas las pasiones según las diferentes edades, temperamentos y estados de los hombres. Mas como la mayor parte de estos modelos son defectuosos e incorrectos y en el teatro todo debe ser noble, decoroso y perfecto, el Actor como el Artista, no puede consultar y seguir ciegamente a la Naturaleza, sino que debe corregirla con destreza y presentarla a beneficio en el arte más bella que original. [...]
>
> Entre las habilidades necesarias al Declamador teatral, el baile, la esgrima y la etiqueta le son absolutamente indispensables. Por medio de estas enseñanzas aprende a caminar, presentarse y pasear el Teatro con decoro y gentileza, cumplimentar con finura y civilidad, manejar el sombrero, la espada, y el bastón con nobleza y gallardía, vestir los trajes con naturalidad, formar con belleza los grupos y actitudes de la escena, entrar y salir de ella con garbo y desembarazo, en suma, con su auxilio, acertar a componer y perfeccionar todo el manejo teatral que tanto

---

[45] *Prometeo* no. 24 (agosto-octubre 1950), reproducción de la miscelánea de la Biblioteca de la Sociedad Económica de Amigos del País identificada como expediente 1022-14-B. Escrito por "Un amante de la felicidad pública". Se conoce como del marqués de Someruelos, José de Muro y Salazar, quien gobernó la isla entre 1799 y 1812. Reproducido en Boudet, Rosa Ileana (ed.). *Escritos de teatro: crónica, crítica y gacetilla*. Ediciones de la Flecha, 2013.

valora y reanima la ilusión y el interés de una buena representación.

Deben evitarse errores y extremos opuestos como

[...] la modulación ingrata, hueca, altisonante y musical, el tono vago o designificativo, la interminable dilatación de la voz en los finales, los gritos y aullidos impertinentes, la acción artificiosa e inflexible, las violentas contorsiones y desplazos, las gesticulaciones rabiosas y furibundas, la consabida distracción y falta de acción muda, tan interesante en la escena: el imprudente descaro, las miradas libres, los torpes meneos, las insinuaciones irónicas, enfáticas y misteriosas y finalmente, la falta de interés, de propiedad, de pudor y de decoro, vicios todos condenados los unos por los principios del arte, y los otros, por los de la sana moral, por más que el vulgo ignorante y corrompido los aplauda, los celebre y los imite.

Alude desde luego al gusto del público.

El vulgo, más sensible que racional, y a quien deleita más lo raro y maravilloso que lo bello y perfecto, gusta mucho de batallas, asaltos, bailes, patíbulos, entierros, vuelos, transformaciones, magias, gritos, aullidos y patadas y otras barahúndas y mamarrachadas de linterna mágica, que le emboban y entontecen.

Contribución importante, el "Proyecto sobre la formación de un buen teatro en La Habana" (1802) del Regañón, trazado de política cultural cuyo pilar es la necesidad de elegir buenos dramas y actores hábiles, ya que los de hoy están "abandonados a sus caprichos, a la costumbre de aquellas primeras comedias que vieron y representaron, al poco conocimiento que tienen del mundo, y a juicio de un vulgo en quien nada puede tanto como la elocuencia de los gritos, no conocen principios ni reglas en su arte". En un texto, no incluido en la selección de Lezama Lima, se observa más benevolencia con los intérpretes.

La situación del de la Alameda, la formalidad y decencia que en él hay, lo bonito de la escena material y la habilidad de los actores y lo que es más que todo, el ser el espectáculo de moda, hacen concurrir a él bastante gente que sin este motivo no concurrirían, a causa de no entender el idioma. Yo no podré nunca negar que los cómicos que aquí representan son maestros en su oficio, y me atrevo desde luego a decir que con dificultad después de muchos años de estudio y desvelo, llegarían nuestros cómicos a la perfección en el Teatro Español, que ellos tienen con el suyo. Para que esto se consiguiese era necesario que hubiesen visto, con particular aplicación, los cómicos perfectos de su idioma como han visto los de la Alameda a los que representan en el suyo. No siendo esto posible o a lo menos no habiendo proporción para ello, es preciso conformarnos con los actores que tenemos y con las lecciones que les puedan dar los hombres de gusto. [46]

¿A quiénes se refiere cuando habla de gente que no entiende el idioma? ¿A los franceses incorporados a la compañía o al público de esclavos negros que tiene un teatro propio? En otras ocasiones, ha hablado del desprecio con el que se mira a los cómicos y la "impropiedad" y "grosería de la representación". Su subtexto son las fricciones entre ellos debido a intrigas y chismes, para concluir tajante que una compañía así "es muy a propósito para producir una multitud de cómicos malos". Sugiere crear una escuela de actores, apoyada por el gobierno y solicita una ordenanza que imponga a los actores "tomar el papel más análogo a su carácter". [47]

Es muy difícil establecer una conexión entre la Exhortación y el Proyecto sin conocer la opinión pública acerca de ambos, quiénes eran los actores de la compañía, y voy más lejos, la obra total del Regañón, ya que a propósito del Circo, escribe que:

---

[46] "Estado de la cultura intelectual y social de La Habana al finalizar el siglo XVIII según Buenaventura Pascual Ferrer". *Revista histórica, crítica y bibliográfica de la literatura cubana*. Escoto Cruz, José Francisco. Matanzas: Impr. de Tomás González Manzaneda, 1916-1917. pp. 346-359. p. 357. Originalmente en *El Regañón*. 26 de enero de 1802, p. 111.

[47] *El Regañón*... ob. cit. "Proyecto sobre la formación de un buen teatro en La Habana". 9 y 16 de febrero de 1802. pp. 372-380 y 26 de enero de 1802. pp. 111-357.

El del Circo ya lo veo entre la espada y la pared y no puede ser otra cosa, porque hacer un teatro de comedias en semejante paraje, ha sido el delirio mayor que ha producido una cabeza humana. Para lo más que podrá servir este teatro será para volatines, Caballiteros y saltimbanquis de los que suelen venir a La Habana u otros de estos espectáculos plebeyos, a donde concurrre la gente de esta clase a quedarse con una cuarta de boca abierta, viendo a un hombre exponerse a perder la vida por captar la admiración de cuatro tontos, sin provecho alguno para el alma, ni para el cuerpo. Tenga pues ese destino el referido teatro, y vaya la gente que quiera quedarse estupefacta, con suertes estériles, volaterías y mamarrachadas, que ese es el gusto del Pueblo bajo. No resuenen más bajo de su bóveda de yaguas y cañamazo los dulces y sentenciosos versos de Calderón, Moreto y otros autores: sino que se estremezca hasta el mismo caballete con los repetidos aplausos del *Viva el Habanero, viva el Chino, viva el Payaso*. Y quédese las buenas comedias para ser declamadas bajo un techo más decente.[48]

La Exhortación es el deber ser, la aspiración, y los textos del Regañón, la demostración palpable de cuánto camino habría que recorrer para que la ciudad tuviese un teatro de acuerdo al ideal de la ilustración. Una multitud alborozada llena el Circo para espectáculos plebeyos mientras se aplaude al *Habanero*, al *chino* y al *payaso*. ¿Personajes o intérpretes?

Cuando abre el Principal en 1803 –dirigido por Joseph Latorre– su elenco está integrado por cantantes franceses, actores de Veracruz y Santo Domingo, miembros de los originales cómicos del país; el italiano Stefano Comoglio, actor bufo y cantante, y los recién llegados, el bajo Juan Muñoz, los actores Antonio Hermosilla,[49] Manuel Badillo

---

[48] "Estado de la cultura intelectual...". ob.cit. *El Regañón* no. 9 de marzo de 1802. p. 358.
[49] Existe un documento (Arribadas, 441, n.198) que concede pasaporte al actor, su mujer e hijo en 1810, pero pudo haber llegado antes. Arrom distingue a un Hermosilla padre.

y la graciosa Antonia Rodríguez así como se señala la colaboración del pintor Perovani. El coreógrafo Frasquieri ofrece novedades bailables.

Existen datos aislados de 1804.

12 de enero. *Cristóbal Colón* [de Luciano Francisco Comella]. *La viuda y el sacristán* y *Los criados y el enfermo*.

14 de enero. *Los falsos hombres de bien* [traducida del italiano por Comella]. Tonadilla *Al primer tapón zurrapa* y el sainete *Los criados embrollantes*.

20 de enero. *El picarillo de España*. [sic]. *El picarillo en España* [de Josep de Cañizares].

21 de enero. Comedia de figurón *Entre el amor y el honor, el honor es lo primero* [¿de Rojas Zorrilla?]. Sainete *Mala noche y parir hija*. Sainete *El muelle de Cádiz o el chasco del indiano*. Concierto por Vázquez. Cantarán y bailarán Covarrubias y Pereyra. A beneficio de Covarrubias.

23 de enero. Beneficio del Sr. Frasquieri. Comedia de figurón del "célebre" Molière en un acto, *Las preciosas ridículas*, traducida recientemente por un individuo de esta ciudad. Zarzuela en tres actos a imitación de la famosa ópera francesa *Azemira o la isla desierta* [sic] cantada por Victoria y Loreto Freuri, Josefa Titi y los Sres. Frasquieri, Labottery y Chavat, adornada de nuevo y decorada, bailes y pantomimas de indios. Se dará fin con un coro general y la vista de una galera a la vela. Entrada cinco reales.

26 de enero. Comedia moderna en dos actos. *Natalia y Carolina*, [de Luciano Comella] concluida ésta cantarán las Freuri, Titi y Frasquieri, Labottery y Chabat un compuesto de arias, dúos y coros sacados de la graciosa ópera titulada *Isabel y Rosalbo*, después por los susodichos un nuevo baile pantomímico bufo, *La ambiciosa por entendimiento o los dos amantes tontos* y dará fin con un baile general.

22 de enero. *Los palos deseados*, [de González del Castillo], la tonadilla "El recitado" por Pereyra, García y Cabello y el sainete *La burla del sombrero* [de Francisco de Castro].

28 de enero. *El vinatero en Madrid*, [de Valladares de Sotomayor] en dos actos. Tonadilla por la Polanco. *La rifa*. Sainete *El día de lotería* [de Sebastián Vázquez]. [50]

En 1805 una crítica de *El Aviso* registra una puesta de *El avaro* de Molière, que reproduce y glosa el juicio de La Harpe, "ampliado con un detenido paralelo de la comedia francesa con la *Aulularia* de Plauto y con una reprimenda a los malos traductores, como este D. Dámaso de Isusquiza que maltratara a Molière".[51] Y aunque no se consignan todos los intérpretes, se destacan, además de los nombrados, Juan García, Estoracio y Silveira.[52] En 1807, los anuncios que atraen a Serafín Ramírez informan que Badillo es primer galán y autor teatral y junto a María de la Cruz Torres y Esteban Comoglio, ofrece funciones de *vaudeville* en Obrapía 116 y en San Ignacio 15.

AVISO AL PUBLICO

D. Manuel Badillo, primer galán de este teatro, reconocido a los favores de tan digno público a quien sirve, tiene el honor de representar a su beneficio una nueva comedia de su composición, nominada *El poder vence al valor y el amor vence a los dos o los tres magos de Alemania.*

Confía justamente su autor merecer igual aplauso que los que hasta aquí se ha dignado tributarle tan piadoso público, por hallarse adornada de las más agradables vistas y tramoyas, vuelos, escotillones y demás juguetes teatrales, siendo los principales tres decoraciones transparentes, y una excelente danza de máscaras que bailará su mismo director en los trajes más propios.

---

[50] *El Curioso Americano* no. 1 III época (15 de julio de 1899) p. 4.
[51] Portuondo, José Antonio. "La crítica literaria en el Papel Periódico". *El sesquicentenario del Papel periódico de la Havana 1790 -24 de octubre–1940*. La Habana: Cuadernos de Historia Habanera, dirigidos por Emilio Roig de Leuchsenring. 1941: 63-70. p.69.
[52] Cf. Leal, Rine. *La selva oscura*. La Habana: Editorial Arte y Literatura, 1975. t.1. Integrantes de los Cómicos Habaneros. p. 205.

La Sra. María de la Cruz Torres ejecutará la primera dama por única vez, y confía en la bondad de los espectadores el disimulo de sus precisos yerros.

El Sr. Esteban Comoglio dará principio a la función con una estrepitosa aria bufa del mejor gusto. Una niña de nueve años y un niño de once bailarán unas boleras nuevas de excelente música.

Los Sres. Cabello, Aguiar y Comoglio cantarán una graciosa tonadilla nueva titulada *El tutor engañado* que concluye con una Polaca de agradable armonía, y terminará la función con un sainete nuevo, y también de la composición del Sr. Manuel Badillo, nombrado *El chasco del ratón o la educación del día*.

El teatro sé colgará con la brillantez posible, se iluminará completamente, y desde las cinco de la tarde tocará una rumbosa orquesta marcial en los balcones del Coliseo, y para demostrar no obstante los crecidos gastos que tiene el agraciado, que anhela más que su propia utilidad, complacer el gusto de tan respetable público, será la paga a arbitrio de los concurrentes.

El viernes once de diciembre. Con permiso del superior Gobierno. [53]

Todavía hay funciones en las casas. *El Aviso* no. 256 da cuenta de la representación de L'*Abbe del' Epée*, de J. N. Bouilly, el 21 de enero de 1807, en la residencia de San Juan Nepomuceno, en cuyos intermedios se cantó la tonadilla "La recomendación" y se representó el sainete *El soldado fanfarrón* [de Juan Ignacio González Castillo] con Antonia Rodríguez, Agustín Díaz, ¿Poveda?, Manuel Badillo, Manuel García y Luz Avecillo. La niña de Antonia hizo el papel del conde de Harencourt (el joven mudo) y se califica de "comedia moderna". [54] Es triste, los nombres de los actores están en una partida de difuntos, una hoja suelta o una enumeración de vecinos.

---

[53] Ramírez, Serafín. *La Habana artística. Apuntes históricos.* La Habana: Imprenta del Estado mayor de la Capitanía general, 1891. pp. 24-25.
[54] González, Jorge Antonio. "Diccionario teatral". *Prometeo* 13 (enero 1949): 13-14. Se habla del actor Antonio, pero es Antonia Rodríguez.

El Aviso del 15 de diciembre de 1807 consigna que el teatro de la ciudad "es superior a todos los de la metrópoli y sus decoraciones no desmerecen en comparación de las que sirven a muchas de las cortes de Europa" pero podría ser mucho mejor "si desgraciadas circunstancias no hubieran intervenido a separar algunas actrices de las principales" y así todo "se esmeran en agradar a pesar de lo mal que el público les corresponde: cinco actores de los principales en todas las comedias son bastante regulares y no creo los reúna ningún otro teatro de la América Española". [55] Se desconoce cuál fue el conflicto entre las cómicas, pero al año siguiente la gaditana Rodríguez está en Veracruz y le ofrecen cuatro mil pesos por presentarse en el Coliseo de México mientras Vallecillo es una de las primeras líricas de ese país.

Hay un comentario alentador del marqués Nueya –anagrama de Manuel de Zequeira y Arango– sobre *El avaro*, de Molière y *El sí de las niñas* de Moratín. [56] "Los actores, sin duda, van corrigiendo sus defectos, y no pierdo las esperanzas de que llegará nuestro teatro, no sólo a contentar al número de los críticos, sino a ser uno de los principales adornos que constituyen el mérito de nuestra Patria, siempre que como hasta aquí no le falte la protección y el celo del gobierno". Se concentra en la actriz que hizo la viuda porque

> conservó en las demás variaciones de la escena la congruencia más íntima entre los afectos, el ademán y las palabras: ella se impresionaba de los motivos y de las pasiones del autor, se ponía en las mismas circunstancias, empleaba los socorros del arte y de la naturaleza y por decirlo todo, de aquel entusiasmo que encanta, que embelesa y suspende a los espectadores, y por último parece que según las convulsiones de su rostro y los demás ademanes de su cuerpo, no perdía de vista aquel precepto del divino Horacio que nos recomienda en su carta a los Pisones: "*si vis me flere,*

---

[55] Cuevas Zequeira, Sergio. "Breves apuntes de historia cómica" I. *Las Antillas*, tomo 1. no. 5 agosto 1920. pp. 377-384.
[56] "Carta segunda del marqués Nueya a su amigo sobre la comedia titulada El sí de las niñas". *El Aviso*. 6 de enero de 1807. Hallada y comentada por Sergio Cuevas Zequeira en la misma revista. pp. 385-389.

dolendum est primum ipsi tibi". Es decir, «si quieres que yo llore, debes llorar tú mismo primero».

Estamos de lleno ante otro tipo de representación: la actriz *se ponía en las mismas circunstancias*, es decir las dadas y requeridas por la situación y frente a un género diferente al de "tramoyas, farsas y aparatos". El comentarista muestra consideración por el actor, quien jamás debe olvidar "el personaje que finge para obrar conforme al carácter que tiene que imitar" y así reflejar "la sorpresa del espíritu por medio de agitaciones agradables para no caer en el defecto de frialdad y languidez". No vitupera a los cómicos sino la apatía de los poderosos. "¿Y por qué será que entre nosotros se miran con tanta indiferencia los espectáculos? ¿Por qué nuestros palcos no han de estar ocupados por las primeras personas del país para sostener este apreciable monumento de la felicidad pública?" Y aunque es partidario de castigar la conducta corrompida, lo es también de no olvidar "los aplausos para los que por medio de la dulce ilusión nos saben inspirar el horror a los vicios y el amor a la virtud." El teatro es un monumento a la felicidad pública y los actores, artífices de una dulce ilusión.

II

Tras las huellas de un figurón

Por Manuel Villabella

"He aquí el tinglado de la antigua farsa"...

Jacinto Benavente

Los intereses creados

El 2 de mayo de 1808 se produce el levantamiento del pueblo madrileño. Al asumir la monarquía José Bonaparte, hermano de Napoleón, la rebelión se expande por España y todo lo involucra, lo altera, el acontecer diario de la población y las instituciones se ven afectadas y por supuesto el cierre de los teatros y la subsistencia de los actores. Es entonces cuando estos comienzan a emigrar a las posesiones coloniales de España, entre ellas, con cierta preferencia, a La Habana, en la isla de Cuba. Es así como llega a la mayor de las Antillas un actor, de unos treinta y tres años de edad, que se hacía llamar "gracioso y figurón",[57] Santiago Candamo.

Candamo no aparece entre los comediantes que arribaron a la Isla anteriormente, de los que tenemos escasas referencias, y solo a partir de 1790, cuando sale por primera vez en la capital, el domingo 24 de octubre, por el primer número del *Papel Periódico de La Habana*, nos enteramos de un exiguo grupo, *integrado por una Primera y Segunda Damas, un Primer y Segundo Galanes, dos Sobresalientes—hombre y mujer—un primer Barba, Un Vejete y un Gracioso* [58] (clasificación de los tipos en el teatro español en la época).

---

[57] Desde el siglo XVII, los dramaturgos españoles, con Lope de Vega en cabeza, seguían normas en la dramaturgia y personajes de su teatro. El gracioso es la contrafigura del galán, pero inseparable de él, lo caracteriza la fidelidad al señor, el buen humor, el amor al dinero, que no tiene, y a la vida regalona […] Introduce en la comedia el sentimiento cómico de la existencia, que no es necesariamente divertido, sino que tiene, la más de las veces, sentido correctivo y crítico. Ver: Francisco Ruiz Ramos, *Historia del teatro español*. Madrid: Alianza Editorial, 1967. pp. 171-172. La comedia en la que participaba un personaje gracioso, pero a la vez grotesco, extravagante y cómico por su absurdo comportamiento era de figurón. Para el actor, su interpretación constituía una especialidad entre los tipos de la escena española de esos años.

[58] Aguirre, Yolanda. ob.cit. p. 18. [Se respetan en el texto las convenciones tipográficas del autor].

En 1795 no existe información sobre el funcionamiento escénico, por no poseerse las ediciones correspondientes del *Papel Periódico de La Havana, La Gaceta, El Pensador* o *La Gaceta de La Habana*, y en los localizados, no hay publicación de gacetillas sobre teatro. Hasta 1800 no volvemos a saber sobre la farándula. [59]

Presumimos que Candamo debe haber arribado a Cuba en 1808, en meses posteriores al 2 de mayo, cuando se produce el levantamiento popular en Madrid contra las tropas francesas, aunque ya anteriormente se habían desencadenado los hechos que hicieron emigrar a no pocos españoles.[60]

El actor se encontró un panorama no muy alentador en el ámbito farandulero. En 1807 ocurren las desavenencias entre los integrantes de la Compañía de Cómicos Havaneros, que ya en 1803, cuando se abre el teatro Principal, es internacional, fusionándose los "Havaneros con los desprendimientos de los cantantes franceses que arrebataban La Habana" desde 1800.[61] *La ambición de los unos, no podía avenirse con la altanería y presunción de los otros; pasados pocos años pretendían más sueldos puestos principales y todas fueron disensiones.* [62] Algunos de los más notables abandonaron la isla, varios no quisieron incorporarse a la compañía, los que quedaron ponían en escena cualquier *paso de comedia* para sobrevivir. Son los acontecimientos que obligan al cómico cubano, mimado por el público habanero, Francisco Covarrubias, a abandonar la capital y trasladarse a representar en un entarimado improvisado, en la calle de Medio en Matanzas. [63]

Todo hace indicar que Candamo se decide a emprender gira, lo que demuestra su audacia, desafiando cualquier riesgo. El interior del

---

[59] Ibíd. p. 21. La redacción es mía.
[60] Entre los descalabros sufridos, la derrota de Trafalgar (1805), donde sucumbió el poder naval español y las conspiraciones contra Carlos IV por el príncipe heredero Fernando.
[61] Leal, Rine. ob. cit. p. 205.
[62] Ventura Pascual Ferrer. *El Regañón de La Havana*. No. 65, martes 24 de enero de 1892. En *El Regañón*... ob.cit. pp. 487-491.
[63] Quintero y Almeyda, José Mauricio. *Apuntes para la historia de la isla de Cuba con relación a la ciudad de Matanzas*. Matanzas: 1878. p. 311.

país conocía de brotes teatrales, pero eran en su mayoría, plazas donde el teatro todavía no había despertado.

No es extraño que Candamo se decidiera por Santa María de Puerto Príncipe, porque aunque debe haberle preocupado sus llanuras semi despobladas, se reanimaría con las descripciones del predominio de sus haciendas ganaderas, florecientes por los enlaces conyugales entre parientes, sinónimo de poderío económico. El Príncipe, además, contaba con una importante concentración poblacional en la ciudad cabecera, habitada mayoritariamente por residentes blancos y criollos.[64]

Don Juan Ferrer, que presumimos es un contratista, dispuesto a cualquier aventura que le proporcionara algunas onzas, al enterarse de la llegada de los cómicos, hecho que seguramente suscitó el comadreo de todo el Príncipe, villa carente de diversiones, entretenimientos y espectáculos públicos, hace trato con Candamo y el 25 de noviembre de 1808 solicita autorización al Cabildo para *abrir un teatro modesto* [por] *haber en la actualidad algunos aficionados.*[65] La instancia de Ferrer requería del permiso del Capitán José Benito González, Gobernador Militar de Puerto Príncipe, y este hacerla llegar al Capitán General de la Isla, Marqués de Someruelos. El Cabildo permite las representaciones provisionalmente,[66] mientras llega la autorización de Someruelos. Los cómicos ejecutan siete funciones. A este impedimento hay que

---

[64] Cento Gómez, Elda. "Para una historia de Puerto Príncipe" en *La luz perenne, la cultura en Puerto Príncipe (1514-1898)*. Santiago de Cuba: Editoriales Ácana y Oriente, 2013. pp. 35-36

[65] AHPC. Acta Capitular del Ayuntamiento de Puerto Príncipe. Año 1809. 5 de enero. El término "aficionados" era el usual por parte de los actores, eliminaban el vocablo "cómicos", que para ellos y el público era despectivo, ya que así llamaban despreciativamente a los que habían escogido profesión tan indigna, a la vez, dejaban sentada su humildad y la benevolencia que debía tener el auditorio para aquellos que representaban por afición, ya que también se designaban así, como en nuestros días, los que no eran de notoriedad, la mayoría de los aficionados eran criollos. En esos años no se utilizaba con asiduidad el término actor.

[66] Ibid.

agregarle la difícil transportación y alojamiento,[67] y desde luego, como consecuencia, la rusticidad o más bien inexistencia de edificios para representar. Por eso Ferrer pide se le permita *abrir un teatro modesto*, es decir, tal como en la propia Habana en el siglo XVIII, en el callejón de Jústiz, las representaciones podían llevarse a cabo en casas o en patios y jacalones.[68]

Sospechamos que al no recibirse respuesta del Capitán General y después de efectuarse las siete funciones permitidas por el Cabildo, en el período entre noviembre y diciembre de 1808, el teatro fue cerrado y presumimos que es cuando Candamo y sus cómicos viajan a Bayamo. Allí ofrecen una función dedicada a Fernando VII, el monarca desbancado por el apodado Pepe Botella (José Bonaparte). Recaudaron 71 pesos un real, libre de gastos.[69] En enero de 1809 Candamo y su *troupe* están nuevamente de regreso en Puerto Príncipe. Aparece entonces un nuevo contratista.

---

[67] Más frecuente que las "compañías" propiamente, aunque denominadas así por el público, que no conocía de *distinciones*, era la "farándula", agrupación con menor número de actores y repertorio de obras que una llamada compañía. Si respondía el público, se establecían en los lugares por varios meses. Este tipo de agrupación fue de las que predominó en el interior del país. El término farándula se transformó con los años en sinónimo de actores y teatro. Otra variante fue el "bululú", unipersonal o monólogo en el que intervenía un solo actor. El vocablo con el tiempo fue trocándose en reducido grupo de actores.

[68] El historiador Juan Torres Lasqueti expone que no ha podido "de cierto averiguar del lugar donde tuvieron efecto las representaciones", pero agrega "que es de creerse que fuera en un teatrico situado en el gran patio de la casa de la calle Carnicería [...] que en 1817 adquirió en propiedad don Luis Loret de Mola". La mansión fue adquirida por Loret de Mola en 1816 a Manuel de Cisneros Hidalgo, abuelo de Gaspar Betancourt Cisneros, El Lugareño. En ella nació El Lugareño el 23 de abril de 1803. Está situada en Carnicería (Lugareño), esquina a San Ignacio (Hermanos Agüero). *Colección de datos históricos, geográficos y estadísticos de Puerto Príncipe y su jurisdicción*, (Apéndice). La Habana: Imprenta El Retiro, 1888. p. 49.

[69] AHN. Escribanía de Guerra, legajo 617, expediente. 10016. Misceláneas, leg. 4068.

Don José Galiano pide licencia para abrir el teatro [por] hallarse en esta villa varios aficionados al Teatro Cómico y habiéndose desempeñado con aceptación. [70]

Según las anotaciones del Cabildo, Candamo realizó, sin controversias tan frecuentes en el quehacer de estos *cómicos de la legua*, las ocho funciones que había convenido el avispado Galiano, cedió la recaudación de una para el sostenimiento de las *Milicias sobre las armas* y hasta donó 29 pesos *para socorrer a la Madre Patria*.

¿Cuánto tiempo estuvo Candamo en Puerto Príncipe? Volvemos a saber de él entre septiembre y octubre de 1810. [71] Podemos inferirlo de un recorrido por otros pueblos del interior de la isla, ya que hay que descartar su incorporación al tablado habanero, pero no hemos

---

[70] AHPC. Acta Capitular. No. 141 Año 1809. *Don José Galiano pide licencia para abrir el teatro*. Torres Lasqueti afirma, erróneamente, que estas fueron las primeras representaciones en Puerto Príncipe, omite las anteriores funciones de estos cómicos. Establece a Galiano como "director de los cómicos", al mismo tiempo deja claro que la compañía tenía que realizar en total ocho funciones y ceder una de cada ocho, al "sostenimiento de las Milicias sobre las armas". Ver: Torres Lasqueti, Juan. Ob. cit. p. 127. José María Galiano, sargento, descendiente de italianos, residente en La Habana, posee las características del contratista típico de ese período. Trasladado a Puerto Príncipe en 1816, adquiere solar en la calle Soledad para instalar estanqueros de gallos y un billar. Se amancebó con la camagüeyana Carmen Socarrás de cuya unión nació José de la Cruz, el 3 de abril de 1802, bautizado en la parroquia de la Catedral el 6 de mayo de ese año. Casado con María Valdés, con la que procreó a su hija Francisca del Rosario, en 1820 se encontraba en La Habana y firma como testigo en la boda de su hija, efectuada en la parroquia de Guadalupe, ante el presbítero José Agustín Caballero. Miembro de la Diputación Patriótica. Parroquia de la Catedral, Libro de bautismo 9, Folio 98 Vto. no. 8281. AHPC. Ayuntamiento de Puerto Príncipe. Entrada caja en efectivo año 1820. Archivo de la historiadora Lic. Amparo Hernández y Galera. Obispado de Camagüey.

[71] AHN. Escribanía de Guerra. Juzgado Militar. Legajo 617, exp. 10 016.322.A, promovido por Santiago Candamo, testimonios de la diligencias sobre un permiso para hacer teatro en Puerto Príncipe. El expediente incluye diversos documentos.

encontrado huella del cómico en las más importantes regiones de tierra adentro. Sin embargo, en el recurso que promueve, al que nos referiremos, menciona presentaciones *en todos los pueblos*. En cuanto a la capital, ya sabemos que ese año es el de la renovación de la escena habanera, al contratar el empresario del Principal, Manuel Azian, a Andrés Prieto,[72] "tan sobresaliente en los teatros de la Corte", al que se le confió la dirección de la compañía; pero en el elenco del conjunto no aparece Candamo, como era de esperar, ya que aunque se especializaba en graciosos, era un *cómico de la legua*. Para estos papeles bastaba y sobraba con Francisco Covarrubias, incluido en la agrupación, ídolo del público.

Resulta una incógnita que los intérpretes que acompañaban a Candamo en 1810, y que a no dudar eran los mismos de los años 8 y 9, José y Rosa Naranjo, Valentín Rafo, Gerónimo Medrano y José González, no aparezcan en el listado de actores habaneros de las compañías de *Cómicos del país* y posteriormente entre los que integran los *Cómicos havaneros*.[73] Por ello tengo la impresión que, como Candamo, los actores arribaron de Madrid a La Habana, pero no se asomaron a los tablados capitalinos, tal vez por las mismas razones que el gallego don Santiago. Quizás eran aficionados criollos, ya que resulta sospechoso que Someruelos ordene, ante los hechos que se desencadenan, que Rosa Naranjo, la mujer del grupo, *con su hijo se dirigirá al Pueblo de cuyo lugar debe hallarse marido*, o sea un poblado en el que evidentemente reside.

Candamo y sus cuatro compañeros comenzaron las funciones. Suponemos que el repertorio –lamentablemente no contamos con el título de las obras– como en las presentaciones anteriores, constaría de sainetes fusionados con viejos entremeses o pasos de comedias, sin faltar obras de *figurón* –en las que se luciría Candamo– de Cañizares,

---

[72] Ver: Rine Leal. ob.cit. pp. 225-248.
[73] Sobre los actores que aparecen en las primeras publicaciones periódicas cubanas existen diversas fuentes, un compendio de nombres sintético y abarcador puede consultarse en: Leal, ob. cit. pp. 201-206 y en Yolanda Aguirre, ob. cit.

Comellas y comparsa, imaginamos que hasta mutiladas o adaptadas por motivo de los escasos actores que integraban esa farándula.

Ni pensar en tonadillas escénicas, ni en tonadilleras hermosas y mucho menos fantasmagorías, desapariciones y vuelos, que tanto gustaban en la capital y en la propia España, que necesitaban de un soporte técnico de máquinas y tramoyas burdos, pero complicados.

Estas consideraciones no deben haber preocupado en demasía a estos intrépidos cómicos y mucho menos al percatarse de la rusticidad y abandono en que se hallaba la ciudad. El ambiente cultural y de distracción en Puerto Príncipe era deplorable, por algo el Teniente Gobernador González desoía al Marqués de Someruelos y otorgaba algunos permisos para representar. No había colegios, el sistema de educación consistía en mucho rezo, poca escritura, ninguna ortografía, gramática cotorrera y aritmética por los suelos [...] y el método empleado era el de "la letra con sangre entra". Un acaudalado solamente sabía rezar, leer con alguna soltura y escasa ortografía y recitar las cuatro reglas. La mujer tenía prohibido aprender a escribir porque podía servir de comunicación con algún hombre. El estado de la instrucción de la ciudad podía medirse por tres importantes aspectos, no había librería, ni libreros, ni imprenta.[74]

Candamo seguía todas las normas requeridas, desde el indispensable permiso del gobierno, la distribución de los programas con los días a celebrar funciones y los títulos de las obras, hasta recordar al auditorio la función siguiente al concluir cada noche la representación. Sin embargo, Candamo y los suyos fueron apresados y conducidos a la cárcel pública el día 12 de noviembre. El cómico figurón y sus compañeros promovieron un recurso de apelación, del que hemos extraído sus pormenores.

[...] fueron conducidos a ella con el mayor atropello y maltrato, como si acaso fuesen unos facinerosos, cuando por el contrario

---

[74] Betancourt Cisneros, Gaspar. El Lugareño. *Cartas del Lugareño*. Comp. Federico de Córdova. La Habana: Dirección de Cultura, Ministerio de Educación, 1953. pp. 13-15. Ordenada la redacción por mí. Respetada la ortografía original.

vienen dando muestra de urbanidad y cortesanía con que se han comportado en todos los pueblos de su residencia. Este hecho no ha podido menos que exaltar [...] los animos de los pacientes, pues no encuentran razón alguna para que se les maltrate [...] mucho más cuando han procedido bajo el auspicio, protección y correspondiente licencia del Gobierno a representar las referidas comedias [...] [75]

Según Candamo, al llegar a Puerto Príncipe, [no] pensaron jamás celebrar funciones cómicas, si lo hicieron fue por la coyuntura que les brindó el público pidiéndoles no dejasen de representar algunas comedias. Obligados de lo cual y también de la necesidad que padecían de medios [...] *cuyas suficientes causas le franqueó el Gobierno un consentimiento* [...]

Desde luego que no es creíble que vinieran a Puerto Príncipe sin el propósito de representar, teniendo en cuenta, incluso, que era una plaza propicia en la que habían actuado en otras ocasiones y que fueron, si no se me demuestra lo contrario, los primeros cómicos que emprendieron incursiones en la villa, conocidos ya por el público, que es muy posible que se acercara a ellos pidiéndoles que actuasen, con más razón en un comarca sin entretenimientos ni diversiones.

Candamo no omite en el recurso, como recordatorio, por el beneficio que le aporta, los donativos que ha hecho *a nuestra católica monarquía el señor Don Fernando VII, Dios guarde.*

¿Por qué fueron detenidos? La causa no se aclara en el expediente, pero algunos indicios nos inclinan a presumir, que el público no estuvo satisfecho con los comediantes y su repertorio. Quizás hubo protestas e incluso puede haberse suscitado un escándalo en el teatro, y los encargados del orden público intervienen y llevan arrestados a los faranduleros. Advertimos que Candamo soslaya en su recurso el incidente, y solo se refiere al maltrato recibido de las autoridades

---

[75] AHN. Expediente citado. Respetada la ortografía original.

cuando insinúa: *no puede ni debe <u>imputársele culpa alguna</u> caso de ser legal <u>la privación que pueda ver a presentar las referidas funciones</u> cómicas.*[76]

Por otro lado, la Junta Local de Censura, establecida por Someruelos, comenzó a ejercer sus funciones el 18 de febrero de 1811, siguiendo fielmente las instrucciones de un decreto de la Corte, de noviembre de 1810, [77] y es muy probable que este hecho hubiese influido en alguna medida en los gobernantes.

La que resulta inequívoca y aclaratoria es la declaración de las autoridades con respecto al recurso, cuando alegan: *debe hacerse* [...] *función la cual pide, <u>pero en forma</u>*. [78] Se ordena también que *se le ponga inmediatamente en libertad*. El documento está fechado el 15 de noviembre.

Pero ni el Gobernador, Capitán José Benito González, ni por supuesto Candamo, contaban con el inusitado acontecimiento. El Gobernador informaba de lo sucedido a Someruelos. Pero la respuesta de este es enérgica, y obliga a variar las resoluciones tomadas de conceder la libertad a los cómicos y autorizar que actúen adecuadamente. El interés del Gobernador estribaba más allá de poner en su conocimiento los incidentes ocurridos, que el Capitán General supiera, que en otras ocasiones se celebraron funciones teatrales sin su aprobación. En todo el período subsistirá una contradicción entre la máxima autoridad del país y el gobernador en la jurisdicción, motivada por el permiso para representar a los cómicos que arribaban. Los autorizados debían portar una orden por escrito del Capitán General, difícil de obtener, para poder representar, mientras que el Gobernador de Puerto Príncipe, el Cabildo y la Audiencia no eran nada remisos, al contrario, a estas presentaciones, ya que no había *diversión alguna en esta población numerosa y culta y que conviene ensanchar el ánimo de sus habitantes*

---

[76] Los subrayados son míos.
[77] Leal. ob. cit. p. 290.
[78] El subrayado es mío. La frase *función pero en forma* nos hace suponer que alguna desavenencia ocurrió en la representación.

mayormente en estos tiempos calamitosos. [79] Como hemos señalado, otras presentaciones de Candamo se efectuaron siempre con la adición en los permisos de *provisionalmente*, en espera del consentimiento del Capitán General, solo que suponemos que la anuencia de este no llegaba, o de ser recibida, presumimos venía acompañada de una reprimenda de Someruelos En otras ocasiones se solicitaba el permiso después de celebradas las funciones.

El 18 de noviembre el Marqués de Someruelos escribe:

En carta número 320 me participa V. haber permitido a Santiago Candamo, José Naranjo, Valentín Rafo, Gerónimo Medrano, José González, Rosa Naranjo y un hijo representar (ilegible) o verso comedia, eso es contrario a lo que en referidas ocasiones he dicho a esta Tenencia de Gobierno sobre el particular, pues esa clase de individuos son unos vagos, que andan de un pueblo a otro con el pretecto de semejante ocupación y asi encargo a V. inmediatamente hoy ponga en arresto, y remitir a esta capital, a escepcion de la mujer, que con un hijo dirigirá al Pueblo de cuyo lugar debe hallarse marido á unirse con él; repitiendo a V. nuevamente que a ningún individuo de esta ni otra clase le permita hacer comedia sin que lleve expresa orden mía por escrito.[80]

Ante esta misiva ríspida, el Gobernador ordena *el envío a la Havana en el primer Buque que zarpe de la Guanaja de los individuos contenidos en ella.* Cuando Candamo es notificado de su destino final, junto a sus compañeros, insiste en que tuvo permiso para representar *quatro o cinco*

---

[79] AHPC. Acta del Ayuntamiento de Puerto Príncipe. Año 1811. Permiso para presentarse volatines encabezados por José Miranda y Manuel Cordero.
[80] ANC. Expediente cit. Respetada la ortografía original.

comedias, pero las autoridades alegan que es un hombre de *carácter insubordinado y opuesto a comprometimiento.*[81]

El 19 de noviembre el abogado fiscal comunica al Gobernador que *dentro de segundo día* procederán contra los presos por *inobediencia*. El lector apreciará la premura con que en la isla se daba cumplimiento a las ordenanzas del Capitán General.[82]

El carácter insubordinado de Candamo debe sustentarse —en opinión de los mandatarios— en su rebeldía ante los escollos de leyes y requisitos gubernamentales para actuar y subsistir como cómico sin contrato en los tablados habaneros, así como sus incumplimientos, obligados por carencia de recursos: actores, repertorio, decorados. Nada inconcebible en la pedestre estética de esos años.

Rine Leal menciona un oficio, establecido por Someruelos el 27 de agosto de 1811, de obligatoriedad para aquellos actores que se trasladaban para actuar al interior de la isla, el de portar un permiso, con el propósito de proteger la recién constituida Compañía de Cómicos de la Habana.[83] No dudamos de tal requerimiento. Ahora bien, desde mucho antes de esa fecha, las Tenencias de Gobierno estaban obligadas a requerir la autorización del Capitán General para permitir las funciones teatrales de volatines, circenses y todo espectáculo público, tal como en España, contenidas en el Bando para el Buen Orden de los Teatros, publicado en España el 31 de octubre de 1766, con complementaciones en 1771, 1777 y 1784. Al clausurarse el teatro Coliseo y abrirse el Provisional, en La Habana no solo se fija la hora de apertura, sino se especifica que las funciones de maroma comienzan con permiso del Excelentísimo Señor Gobernador y Capitán General.[84]

---

[81] Ibid.
[82] Ibid.
[83] Leal. Ob. Cit. pp. 189-190.
[84] Archivo Municipal de Madrid: 2-463-2. Aguirre, Yolanda. ob.cit. pp. 69-70. El Bando para el Buen Orden de los Teatros y el Régimen de los Teatros por el Corregidor Armona. Juez Protector General de todos los Teatros y Representantes del Reino, y Superintendente General de Sisas Reales y Municipales. Referimos algunas normativas, más comunes en los pueblos del

El Capitán General de la Isla estaba facultado para suspender funciones, variar programas y desde luego, obstaculizar las presentaciones de estos cómicos en los pueblos del interior, a los que catalogaba de "vagos".

El 13 de julio de 1813 la Corte de Cádiz ratifica un acuerdo del 11 de diciembre de 1812, de suma importancia para el desarrollo del teatro en el país y mayormente para las villas de tierra adentro y los pueblos perdidos y sombríos del interior, y sobre todo para cómicos como Candamo. Los cabildos o ayuntamientos de las villas podrán realizar convenios directamente con los cómicos.[85] Seguramente no les importó a estos que estuvieran obligados a presentar un listado de obras y que se excluyesen las que consideraban atentatorias contra las buenas costumbres. Los de la "legua" quedan, pues, legalmente autorizados, sin las humillantes rogativas al Capitán General.

Algunos lectores se sorprenderán ya que en más de un ocasión he definido a Candamo y los suyos como "cómicos de la legua", comparándolos con aquellos que en la España del siglo XVI recorrían los pueblos y aldeas, denominados así porque no podían actuar en pueblos que no distasen diez leguas al menos de la Corte. Son los que D'Amico califica *pobres y nómadas,* obligados a llevar una vida "aventurera".[86]

interior, del copioso arsenal de pautas, reglas y prohibiciones. Las temporadas se denominaban "Años Cómicos": se iniciaban el domingo de Pascua de Resurrección hasta el martes de Carnestolendas –desde luego que en los teatros del interior del país no siempre podía cumplirse esta normativa–, el horario de funciones era cuatro de la tarde, siete y siete y media de la noche, los teatros eran abiertos o entregados a un empresario, contratista de espectáculos públicos y lo explotaban por su cuenta. Al gobierno solo le interesaba la recaudación correspondiente a sus derechos. Estos empresarios o asentistas obtenían la concesión del Gobernador de la villa en la que se presentaba la compañía, siempre con la aprobación del Capitán General. Las autoridades podían variar los programas. Las obras tenían que pasar por la aprobación del censor teatral designado por el Ayuntamiento.

[85] AHN. Reales cédulas y reales órdenes. leg. 48, no. 81.
[86] D' Amico, Silvio. *Historia del teatro dramático.* t. 2. México: Unión Tipográfica Editorial Hispano Americana, 1961. p. 64.

En el siglo XIX la escena española está en decadencia: no surgen autores, se nutre de comediógrafos mediocres, recurre a sus clásicos y traducciones de dramaturgos foráneos. Además de la invasión napoleónica, comienzan las guerras de liberación en las colonias subyugadas. Con excepción de los teatros cortesanos, afectados por la guerra, prosigue el desfile de compañías ambulantes muy precarias, y cómicos que buscan refugio para subsistir en los países de América, emulando con los *cómicos de la legua* de los siglos pasados. El siguiente fragmento de Leandro Fernández de Moratín, ofrece una vívida descripción de las compañías y los cómicos en el siglo XVI y XVII en España.

> Las compañías cómicas vagaban por todas las provincias entreteniendo al pueblo con sus comedias, tragedias, tragicomedias, églogas, coloquios, diálogos, pasos, representaciones, autos, farsas, y entremeses; que todas esas denominaciones tenían las piezas dramáticas que se escribieron entonces.
>
> La propiedad y decencia de los trajes, la decoración y aparato escénico se hallaban todavía en un atraso miserable; porque como no había en ninguna villa ni ciudad teatro permanente, y los actores se detenían muy poco en cada una de ellas (no permitiéndoles mayor dilación el escaso caudal de piezas que llevaban), no era posible conducir por los caminos decoraciones, ni máquinas, ni utensilios de escena, ni la pobre ganancia que le resultaba de su ejercicio le permitía mayores dispendios.[87]

¿Verdad que nos deja la evocación de Candamo y los suyos en el siglo XIX en la isla de Cuba?

II

La ratificación de la Corte de Cádiz de julio de 1813 del acuerdo de la Corte del 11 de diciembre de 1812, que otorgaba mayores libertades

---

[87] Fernández de Moratín, Leandro. *Orígenes del teatro español*. Buenos Aires: Editorial Kier, 1946. p. 45.

a los cómicos que recorrían los pueblos de tierra adentro, debe haberse recibido con beneplácito por ellos, y también por no pocas autoridades en las jurisdicciones, los que insistían en entretenimientos y diversiones para contrarrestar inconformes con el régimen o complacer aburridos pobladores. Es significativo que el edicto fuese promulgado cuando en Cádiz se proclamaba la primera constitución de la nación ibérica, extendida hasta los territorios ultramarinos que permanecían bajo el dominio de la metrópoli. Precisamente a partir del 13 de julio de 1812 se aplicó en Cuba. En Puerto Príncipe se implantó el sistema constitucional el 8 de septiembre.

Quizás en los primeros días del mes de marzo de 1813, estaba ya Santiago Candamo con algunos cómicos en Puerto Príncipe. El Teniente Coronel de los Reales Ejércitos, Francisco Sedano Galán, fue designado en 1811 Teniente Gobernador político y militar de la villa y desempeñó su cargo hasta su fallecimiento en 1835, atacado por el cólera morbo. Sedano llegó con mano férrea y órdenes precisas para frustrar el movimiento del esclavo José Antonio Aponte Ulabarra, con ramificaciones en el Príncipe, sin embargo cumplió también los cambios adecuados en la administración interna, que no perjudicaran poderosos intereses. Presumimos que acogió con compostura a Candamo y permitió, conforme por los nuevos acontecimientos políticos en la metrópoli y la avidez de la población, las funciones teatrales. Sabemos escasamente de ellas, tal vez se presentaron, como era costumbre, en alguna casa tornada tablado. De estos detalles nos enteramos por el escrito que el Gobernador de la isla, Juan Ruiz de Apodaca remite a Sedano el 23 de marzo de 1813.

> Acompaño a Vuestra Excelencia la nueva instancia promovida por Santiago Candamo a fin de que sobre su solicitud de que se le conceda licencia para llevar a esa villa la actriz Merced de Zespedes y el actor Agustín Diaz con el objeto que expresa, pueda vuestra Excelencia informarme y devolverme el documento.[88]

---

[88] Archivo del autor. Manuscrito inédito. Respetada la ortografía original.

No conocemos los actores que lo acompañaban, o si con la presencia de Merced y Agustín, formarían un trío para representar fugaces farsas de figurones, aunque la denominada *la nueva instancia*, nos inclina a pensar en una anterior en la que se ultimaban permiso y actores. Recordar que están próximos al mes de abril, en el que se inicia, con la Pascua de Resurrección, el "Año Cómico".

Pensamos que Candamo tuvo una buena acogida, y que también algunos vecinos prominentes de Puerto Príncipe estaban deseosos que la villa exhibiera con orgullo su edificio para teatro, ya en Santiago de Cuba, desde 1799 se representaban comedias con asiduidad en un rústico teatro de guano, pero hermosamente adornado instituido por los franceses emigrados.[89] Los progresos que mostraba el Príncipe, entre ellos, el primero en lograr cementerio en la isla, poseer una imprenta y editar un periódico, "El Espejo", entre otros "adelantos", animaron a Candamo a elevar al Cabildo, el 11 de mayo, petición *para que se le conceda permiso para el establecimiento de un Coliseo*. La propuesta fue acogida con beneplácito por los componentes de esa junta, en otro período quizás la hubieran rechazado; con excepción de un avinagrado Betancourt, apellido de prosapia en el Príncipe, el resto de los síndicos acordaron *que se conceda el permiso que se solicita y que se nombre por diputados para entenderse con el arreglo del teatro y de mas atribuciones a los S. S. D. Mariano y D. Miguel de Agüero y Socarras.*[90]

Ya Candamo en esta fecha había formado una compañía que se atrevía denominar como de *cómicos de profesión*, actores típicos de la tradición española.

Galán y Director: Rafael Valdés. Gracioso figurón y director: Santiago Candamo. De segundos galanes hasta quartos. Los Señores: Manuel Valdés. Francisco de Roxas, Juan Naranjo. Barbas. Los Señores: 1º. Francisco Gómez. 2º. Pío Antonio

---

[89] Ver: Callejas, José M. *Historia de Santiago de Cuba*. Santiago de Cuba: [ ], 1911 pp. 67-68.
[90] AHPC. Acta del Ayuntamiento de Puerto Príncipe, número 833., mayo de 1813. También en Torres Lasqueti, Juan. ob. cit. p. 145.

Rodríguez. Parte de por medio. Señor: José Manuel Naranjo. Actrices. La Señora: Rosa Naranjo. Dama. Agustina Pereira. Iden. COMPAÑÍA DE CANTO. La Señora: Pereira, dama. Los Señores: Manuel Valdés, Galán. Francisco Gomez. Francisco de Roxas. Santiago Candamo.[91]

Los conspicuos señores del Cabildo no tenían las más mínimas nociones de las legislaciones españolas respecto a la instauración y funcionamiento de los teatros. Los letrados José Bernal y Gaspar de Arredondo se debatían en cómo proceder, después de informarse sobre las reglas en los lugares que las poseían, y llegaban a la conclusión de que si no se ordenaba alguna variante por la *autoridad competente* [no debía] *hacerse novedad en la providencia observaba en los pueblos donde hay Coliseo establecido* [y las funciones debían ser presididas] *por los señores Alcaldes ya que estos en uso de la autoridad concedida por la ley poseían facultades que les estaba vedada a los S. S, Regidores.*[92]

Esta decisión provocó una enojosa discrepancia, ya que no eran pocos los que aspiraban a ocupar el palco central del coliseo, presidiendo las funciones teatrales, no importaba que el edificio careciera de las comodidades más elementales.

Entabla una polémica con el Cabildo y los letrados, por la presidencia del teatro el Regidor Diputado, José Mariano Agüero y Socarrás, al que junto a su hermano Mariano (que cedió todas las gestiones a este), se le había encomendado los asuntos concernientes al coliseo, incluso redactar su reglamento, ya que los Alcaldes constitucionales, recién nombrados en septiembre de 1812, Diego Antonio del Castillo Betancourt y Santiago Hernández (El Isleñito), no participan

---

[91] ANC. Gobierno General, Leg. 507, Exp 26 269. Pasquín teatral. Respetada ortografía original. Tomado del anuncio de la compañía en Santiago de Cuba. Como actúan con posterioridad en Puerto Príncipe, es muy difícil que el elenco haya variado. Los actores que figuran como "barbas" eran los especializados fundamentalmente en ancianos o en personajes maduros, muy próximos a la vejez.
[92] AMIAC. Ayuntamiento de Camagüey. Folio 1509. Año 1813. Legajo incompleto. Respetada la ortografía original.

en la disputa, seguros de que los protegían las ordenanzas de teatro. Contribuye aún más en la aspiración de Agüero, una orden de la Regencia del Rey, publicada el 16 de marzo en el *Diario de la Havana* –cuya relación con el tema desconocemos– pero que se colige en algún aspecto rozaba la discrepancia. Lo cierto es que los letrados que dilucidan el caso, declaran que el impreso *que no se haya autentizada según correspondía, ni comunicada por ninguna vía en la España Ultramarina*.[93]

El público se sentía enojado, ya que la fabricación, aunque tosca, era anhelada por todos y no avanzaba. Los letrados, tratando de librarse de tan enojoso asunto en el que estaba implicado un connotado, *para que no se prive al público de un recreo honesto, que tanto representa*, [pide] *se de licencia a la Diputación de Provincia para que se sirva resolver lo que tenga por conforme*.[94] El 12 de julio rubricaron los letrados asignados, junto al también jurista José Zamora, como respuesta a la misiva del día anterior, sobre el tema, de don José Mariano de Agüero.

> Los señores alcaldes por ley y por constitución tienen en su caso la presidencia de los Cabildos en todas las actas y funciones de cualquier naturaleza que sea El diputado al Cabildo no puede tener mayor representación que la que tiene el cuerpo que lo diputa y los señores Alcaldes son cabeza de este deben serlo siempre de cualquier manera que se halle representado, ya sea en vivo o en muchos de sus individuos […] Por lo tanto aun aunque fuese autentica la orden que se dice expedida por la Regencia del Reino […] La presidencia de los teatros corresponde potectativamente a los señores Alcaldes por el nombre de nombramiento que asistiendo ellos ninguna persona debe presidirla […].[95]

Y era que la apertura del Coliseo no podía dilatarse más, todo estaba previsto, el propio don José Mariano de Agüero y Socarras, tenía

---

[93] AMIAC. Expediente del Ayuntamiento de Puerto Príncipe. Legajo 1508, incompleto, hojas 69 y 70.
[94] Ibid. Respetada la ortografía original.
[95] AMIAC. Expediente del Ayuntamiento de Puerto Príncipe. Año 1813. Legajo 1509, incompleto. En ese año era el único edificado en los pueblos recónditos de la isla. Respetada ortografía original.

concluido, desde el 9 de junio, el Reglamento de Teatro, exigido en las ordenanzas para estos espectáculos en todos los escenarios del Reino. Fue el primero que tuvo Puerto Príncipe, abrió sus puertas el 13 julio de 1813. Todos los anteriores fueron líos, embrollos y balbuceos. ¡Dejamos libre el tablado al señor Candamo!

En la calle Santa Ana (General Gómez) que en aquellos años moría en la plaza que hacía de antesala a la parroquia erigida a la santa, desde 1730, se levantó el Coliseo. Se conocía como Santa Ana o Calvario, por la procesión del via crucis establecida por los franciscanos en el siglo XVII. [96] Posteriormente se prolongó extraordinariamente. En aquellos tiempos Santa Ana, partiendo de la calle Mayor, contaba con unas seis cuadras, teniendo en cuenta las intersecciones de dos callejones y una plazuela intermedia que todos llamaban de la Cruz Grande, donde se encuentra una añosa mansión –que con algunas modificaciones se conserva en nuestros días– se dice que la habitó el cruel Vasco Porcayo de Figueroa.

El Coliseo no fue fabricado en calle que se uniera con plazuelas de pequeños tamaños, carentes de iglesias, que eran solo *dilataciones de encuentros viales*, sino en vía con iglesia que constituía un aglutinador coloquial, identificado con actividades recreativas.[97] Esto demuestra el interés que el Cabildo prestó a esta construcción. Debemos tener en cuenta que en Santa Ana habitaban ya notables familias principeñas.

El historiador Torres Lasqueti asegura que el teatro fue construido en un solar, donde se erigió después la casa del doctor José Ramón

---

[96] Tamanes Henderson, Marcos. *Calles y callejones de Camagüey. Entre la leyenda y la historia.* Editorial Ácana, 2014.
[97] Gómez Consuegra, Lourdes. "El Centro histórico de Camagüey". *Camagüey: ciudad y arquitectura (1514- 1950)*. Camagüey: Editorial Ácana, 2006. pp. 25-26. Esta calle en esos años partía en realidad de la Plaza de San Francisco y el primer tramo se llamó Calle de las Angustias porque por ella transitaba cada año la procesión del Santo Entierro.

Boza y Miranda, [98] vivienda de esta connotada y patriótica familia patriarcal, situada precisamente en esta primera cuadra, actual número 207 (50 antiguo), según Torres, así se lo aseguraron *personas contemporáneas*. Pero dicho solar desde el año 1795 ya estaba edificado y pertenecía precisamente a esta familia. [99] Torres Lasqueti, a pesar de sus búsquedas en época tan difícil para consultar documentaciones, no llegó a obtener el Reglamento de Teatro, que por suerte hemos rescatado de un legajo incompleto que llegó de manera prácticamente casual a nuestras manos, a punto de ser echado en el basurero.

El Reglamento de Teatro en el Artículo 14 señala la colocación que deben observar las *Volantes* (volantas) y especifica –entre otros aspectos–, el lugar en que estuvo el Coliseo. Dice el fragmento que nos interesa

> [...] que los carruajes deben situarse ordenadamente [...] desde la esquina de la casa de azotea hasta Sta. Ana, dejando el espacio que hay desde la entrada del Coliseo hasta la dicha esquina para las volantes de los señores jueces y demás autoridades[100] [...] se prohíbe que la puerta del Coliseo hasta las cuatro esquinas de la calle de la Merced ni en las salidas de esta calle [este ocupada] para que asi alla orden y sea más feliz la salida del pueblo en caso de necesidad. ocupada] para que asi alla orden y sea más feliz la salida del pueblo en caso de necesidad.[101]

Por suerte la llamada "casa de azotea", conocida así en el siglo XIX por los materiales de construcción de su techo (no se utilizaban

---

[98] Torres Lasqueti. ob.cit. pp. 49-50, nota 36, apéndice.
[99] AHPC: Libro 5 de inscripciones del Registro de la Propiedad Norte de Camagüey, folio 2, inscripción 234. En 1795 residía don Jerónimo Boza, que compra el colgadizo de al lado a doña Catalina de Varona y Bringas; en 1833 el propietario es don Juan Nepomuceno Boza y Varona; en 1862, es la propietaria doña Soledad de Miranda y Varona, Vda. De Boza; en 1882 recibe la propiedad el doctor en medicina y cirugía José Ramón Boza y Miranda que menciona Torres Lasqueti.
[100] Lo subrayados son míos.
[101] Reglamento del Teatro de Puerto Príncipe. Archivo del autor. Respetada la ortografía original.

las usuales tejas criollas), se mantiene en pie con modificaciones, deterioros y maltratos incalificables (fue casa de vecindad), está rotulada con el número 41 (14 antiguo) [102] y evidentemente, por la descripción del Reglamento, se encontraba frente al teatro, o sea, los carruajes se situaban desde la "casa de azotea" dirigidos hacia la parroquia de Santa Ana, pero la puerta del Coliseo debía permanecer libre. ¿Libre, cómo? Porque el Coliseo estaba en la acera de enfrente del estacionamiento de los carruajes. El teatro, pues, no estuvo situado en la primera cuadra de la calle Santa Ana, partiendo de Mayor, sino en la segunda. Todo indica que el historiador de la Ciudad, Jorge Juárez Cano, siguió estas pesquisas y tal vez, al cerciorarse que el solar, señalado por Torres, estaba ya construido en 1813, por suerte rectificó el error y ubicó el lugar, lástima que lo hiciera tan someramente.

12 de mayo de 1813: En este día el Ayuntamiento concedió licencia al señor don Santiago Candamo para la construcción de un Teatro, que fue el segundo en la ciudad, ocupando el solar donde hoy se encuentra la casa número 40 de la calle del General Gómez.[103]

La casa número 40 de aquellos años, en la que estuvo el solar, linda con la esquina de la calle San Ramón (Enrique José Varona), al igual que la "casa de azotea", situada también en esquina a esa calle, en la acera del frente. El entonces solar se encuentra relativamente cercano de la residencia que fuera de la familia Boza, por lo que resulta probable el error, por mínima distancia, de los informantes de Torres Lasqueti.

---

[102] Esta numeración llamada antigua y que todavía exhiben, como rezago, algunas fachadas de viviendas, estuvo vigente hasta 1939, año en que se situó la que rige actualmente.
[103] *El Camagüeyano*, jueves 12 de mayo de 1910. La nota carece de firma, pero sabemos que esta sección la redactaba el Historiador de la Ciudad, Jorge Juárez Cano. Fue el segundo teatro que tuvo Camagüey porque él incluye las anteriores funciones en casas, pero como primer edificio teatral, promulgada su autorización por las autoridades, tenedor del primer Reglamento de Teatro exigido por los códigos españoles en todo el Reino, es el primer teatro.

El levantamiento del Coliseo transcurrió en menos de un mes – mayo a junio– y presumimos que su construcción sería muy rudimentaria: madera, techumbre de palma o toldo. Recordar que en La Habana, el Teatro del Circo, establecido en el Campo de Marte, *aprovechó su propietario para la construcción tablas, en un coliseo sin techo ni acceso alguno en los días de lluvia*[104] y esto ocurrió solo trece años antes del edificio de Candamo. Tenía gradería de maderas podridas, asientos mal dispuestos y apretujados, carecía de jardines, pórtico y ostentaba un toldo para guarecerse los espectadores de los fuertes aguaceros del verano, la tramoya era pésima.[105] Claro que a través de los años el Teatro del Circo recibió mejoras, pero he querido ejemplificar con un escenario habanero para hacer más gráfica la comparación con el Coliseo, único en el interior de la isla en aquellos días.

Según el Reglamento, el teatro estaba enmarcado en la categoría de "provisional". En España estos tablados "provisionales" en sus orígenes funcionaban en temporadas de abril a septiembre, se erigían en solares desocupados o en parques, eran ambulantes y fáciles de montar y desmontar, de gran simpleza en su construcción y un interior elemental. Los cómicos llegaron a instalarlos en viviendas muy modestas, solo con un telón enmarcado en una más o menos alta empalizada con banderas, banderolas y faroles. En el Madrid del siglo XIX surgieron los locales al aire libre, constituyeron un puente entre el corral y la comedia del siglo XVI al XVII. Estos escenarios fueron la génesis del Teatro de Verano, imitación de los de Boulevard franceses, famosos en Madrid desde el siglo XX.[106]

No descartamos que el Coliseo de Puerto Príncipe pudo establecerse en una vivienda deshabitada, amplia, con los añadidos imprescindibles para transformarla en teatro, ya que eran muy común estos locales teatrales caseros. Así sucede en Puerto Príncipe, La Habana y hasta en España. Nuestra conjetura se cimienta en que al

---

[104] Ferrer, "Teatro". *El Regañón de la Havana*. No. 63, martes 24 d agosto de 1892, en *El Regañón y el Nuevo Regañón*, ob. cit. p. 487.
[105] Ferrer, *El Regañón*, no. 19, 3 de febrero de 1801.
[106] "Teatros de Verano en Madrid".
http://es.wikipedia.org/wiki/Teatros_de_verano_de_Madrid

abrir un teatro en Santiago de Cuba, también lo establecen en una vivienda.

Sin embargo, el Reglamento de Teatro en Puerto Príncipe nos inclina a especular sobre el Coliseo de Puerto Príncipe como ubicado en un inmueble, ya que Torres Lasqueti asevera fue establecido en un solar. El Coliseo, según colegimos del Reglamento, no era muy anchuroso, con dos hileras de bancos a ambos lados de la platea. Contaba con palcos, pero tenemos la sospecha de que Candamo utilizó la misma práctica que luego implantó en Santiago de Cuba, o sea, eran costeados por sus ocupantes, ya que de esta manera reducía los desembolsos.

> [...] todas las personas que quieran, podrán construir sus palcos respectivos con arreglo á las direcciones que se les den al efecto, sin costarle por ahora cosa alguna la ocupación del piso en estos dos meses citados; pero a la apertura de la temporada, quedarán dichos palcos a beneficio de la compañía para alquilarlos á fabor de los que fueron sus dueños, ú a otros particulares por el precio que se les regúle [...].[107]

El escenario y el patio se beneficiaban con la iluminación, la del patio (platea) era obligatoria por parte de las autoridades, quienes temían revueltas e insubordinaciones políticas.[108] Las funciones estaban

---

[107] ANC: Gobierno General, leg. 507, expedte, cir.. La Compañía se presenta en diciembre de 1813 (según pie de imprenta del pasquín). Respetada la ortografía original. La próxima temporada a la que se refiere, comenzaba, según el Año Cómico, en la Pascua de Resurrección, o sea en el mes de abril de 1814, pero no tenemos certeza que Candamo concluyera sus presentaciones. El Aviso al Público al que nos referimos, ha sido reproducido en las obras de Arrom, Leal, y Estrada, en "Estudio de un libro, su autor y la órbita de ambos". *Las artes en Santiago de Cuba*, de Laureano Fuentes Matons, Editorial Letras Cubanas, Ciudad de La Habana, 1981.

[108] Las referencias del Coliseo de Puerto Príncipe están obtenidas del *Reglamento que ha de observarse en el Teatro Público que provisionalmente se ha formado en esta villa y se establece por el Regidor encargado de la policía, en virtud de las facultades que le atribuye el Decreto de la Regencia de 11 de diciembre de 1812*. Manuscrito. Respetada ortografía original. Archivo del autor. El alumbrado en ese período

programadas para comenzar a *la hora de las dobladas* (repique de las campanas de la iglesia, ocho de la noche). Se fijó la entrada a 2 reales y era obligatorio ofrecer una todos los meses a beneficio de los hospitales de la villa.[109]

El Reglamento del Teatro consta de 17 artículos y se establece la separación entre acomodados, humildes y negros.

> Artículo 5. [...] las primeras filas de asientos en el patio por una y otra banda después del banco de los músicos se reserva para las personas blancas que asistan con decencia, quedando las otras restantes para las de color."[110.]

Y en el siguiente artículo.

> Para evitar los desórdenes en este particular las razas harán separación conocida y pondrán persona que cuiden de la observancia del artículo antecedente, la que en caso necesario será auxiliada por el Regidor encargado de policía, por la tropa.

Sorprende que el Reglamento no establezca ningún artículo sobre el Censor —recordar que no eran duchos en estas redacciones relacionadas con el teatro— aunque indudablemente alguna autoridad asumió estas funciones. En el artículo 14, concerniente al estacionamiento de volantas, mencionan al Juez de Teatro, el encargado de

consistía en lámparas de aceite, velas y sebo. A mediados del siglo XIX surge el querosene. La iluminación, al igual que la construcción del teatro y otros gastos, corrían por parte de la compañía. Respetada la ortografía original.
[109] Ibid. Las representaciones a beneficio de los hospitales tienen sus raíces en España. Las cofradías y hospitales recibían estipendios de las compañías teatrales para solventar gastos propios de la regencia.
[110] El 4 de noviembre de 1831 es aprobado el segundo Reglamento de Teatro de Puerto Príncipe, que regiría en el teatro "El Fénix". Se tienen en cuenta artículos del primero, con añadidos y enmiendas. El juez de Teatro, don José Serapio Mojarrieta, expone que se añada que los negros pueden sentarse en las lunetas o bancos, después de los asientos ocupados por blancos señalados por la autoridad, enmendando así la desorientación del artículo 5 del anterior Reglamento. AMIA. Ayuntamiento de Camagüey, leg. 14. No. 91, folio 1556 del antiguo Ayuntamiento.

resolver y determinar lo relacionado con las compañías: representaciones, diligencias económicas etc., sin embargo no se enuncia el ejecutor de esta responsabilidad.

El Reglamento redactado por Socarrás, estaba basado en la disposición Sobre el Régimen de los Teatros por el Corregidor Armona, Juez Protector General de todos los Teatros y Representantes del Reino y Superintendente General de Sisas Reales y Municipales, año 1777,[111] con los añadidos y peculiaridades propias de la isla y la villa.

Candamo ofreció funciones en Puerto Príncipe desde la apertura del Coliseo el 13 de julio hasta el mes de noviembre en que se traslada a Santiago de Cuba. Es difícil cuantificar las representaciones ofrecidas, ya que no se presentaban diariamente y eran frecuentes las suspensiones, sobre todo si llovía, en aquellos años las furnias y lodazales de las calles impedían transitar a personas y carruajes. El tiempo era el enemigo más temido por los cómicos. Los anuncios que se fijaban en esquinas, siempre advertían "si el tiempo lo permite" y en la techumbre del teatro, una bandera roja, triangular, indicaba si estaba suspendida la comedia anunciada.

III

Candamo presenta un memorial en Santiago de Cuba para edificar un Coliseo. Pero la diferencia es sustancial con respecto a Puerto Príncipe. Santiago disfrutó de representaciones estables con la llegada de los emigrados franceses de Haití en 1799. Era la gran revolución que impuso que la Audiencia Primada de Indias fuera trasladada de Santo Domingo a Puerto Príncipe en 1800, después de los acuerdos de Basilea.

Los emigrados establecieron un rústico teatro, en la calle baja de Santo Tomás (Estrada Palma), que aficionó a los santiagueros que

---

[111] Aguirre, Yolanda. ob.cit. p. 70.

concurrían con asiduidad, aunque su repertorio fundamental eran tragedias y dramas de autores franceses; sin embargo, la concurrencia al teatro quedó cercenada en 1809 con la expulsión de los franceses de las colonias españolas de Ultramar a causa de la invasión napoleónica a la península. Pero el placer por la escena había prendido en los diferentes estratos de la población y en los franceses naturalizados que permanecieron estables en la ciudad.

La presencia de Candamo en Santiago de Cuba avivó la aspiración de mantener una actividad teatral sistemática y un espacio permanente.[112]

Con un apoyo que imaginamos por parte de gobernantes y el pueblo, comienzan los trámites pertinentes, se autoriza la ejecución y se procede a iniciar expediente para la construcción del coliseo.[113] Conocemos por el pasquín que se conserva en el Archivo Nacional que *la Compañía de Cómicos de profesión* [...] *acaba de llegar a esta Ciudad*,[114] y el hecho ocurre en diciembre, según el pie de imprenta. Son los mismos actores que lo acompañan ahora.

El otro anuncio conservado nos pone al día en cuanto al debut de la Compañía:

Teatro. Si el tiempo lo permite. Deseosa la Compañia de Actores que acaba de llegar a esta Ciudad, de presentarse a tan respetable público, ha dispuesto para hoy Domingo 19 [de diciembre] la función siguiente.[115]

Ofrecieron en ese primer programa, después de la Sinfonía, un nuevo, y *Alegórico Drama*, compuesto por D. Manuel María Pérez, el que

---

[112] María Elena Orozco Melgar y Lidia Sánchez Fujishiro, "Teatro, modernización y sociedad urbana: Del Coliseo al Reina Isabel II en Santiago de Cuba (1800-1868)". *Anales del Museo de América* 13. pp. 273-300.

[113] Bacardí, Emilio. *Crónicas de Santiago de Cuba*. t. II. Santiago de Cuba: Tipografía Arroyo Hermanos, 1925. p. 90

[114] ANC: Gobierno General, leg. 507, expdte. cit.

[115] Segundo pasquín. Gobierno General, leg. 507, expdte. cit.

se haya adornado de varios periodos de música, una bella Aria que cantará la Sra. Agustina Pereira.[116]

Este drama alegórico fue una creación que no tenía que ver con las características de la compañía y su repertorio, sin embargo llamaría la atención a los santiagueros ilustrados, de donde era oriundo y recordado el poeta. Suponemos es uno de los autos sacramentales, con música de Esteban Salas, representados en el siglo XVIII, con el objeto de reunir limosnas para la reconstrucción de la capilla, dañada por un terremoto que asoló la región oriental.[117]

Proseguía el programa con *El desdén con el desdén, famosa comedia de gracioso en tres actos.*[118]

El desdén con el desdén, de Agustín Moreto (1618-1669), es una célebre comedia de este genial autor español. Moreto realiza una transposición del mito de Diana, la diosa que se aparta de los hombres encerrada en su castillo. Crea una Diana que, imbuida en su intelectualidad, desprecia a los hombres y se opone al amor. Los galanes que la cortejan no tienen nada que ver con los clásicos personajes de este tipo en el teatro español: son galanes un tanto displicentes, "a la moderna", de nuevo tipo. Diana es derrotada al final y es cuando triunfa como mujer. Fue muy representada por Candamo.

Al finalizar la Pereira cantará la tonadilla La moda de este siglo. *La función finaliza con el sainete* Siempre con los alcahuetes el que dá mas saca lasca.[119]

---

[116] Ibid.
[117] Ver: Alejo Carpentier. *La música en Cuba.* La Habana: Editorial Letras Cubanas, 1979. p. 62.
[118] Ibid.
[119] Ibid. Respetada ortografía original. La tonadilla escénica es una breve ópera cómica, cuya duración máxima no rebasa los veintitantos minutos, casi siempre se utilizaba de intermedio en la representación teatral, infinidad de libretistas españoles cultivaron el género. Las había para un solo personaje o para varios, que incluso llegaban a la docena y se le conocía como tonadillas a dos, a tres, etc. Tonadillas generales era cuando intervenían numerosos actores, en algunos casos se introdujeron coros. Floreció en el siglo XVIII en

Una nota de interés: al finalizar el enunciado se advierte que *se dara principio á las ocho en punto, y los voletines para la entrada se venderán en una de las ventanas del coliseo desde las nueve de la mañana, y por la tarde desde las tres. Lunetas 1 rl. Entrada general 2 rs.*[120]

Suponemos que Candamo, en el mes de marzo, después del receso, al comenzar la cuaresma, *había logrado formar un local comodo, ermoso y capaz* [121] en la temporada que iniciaba, como prometió en su anuncio. Lo que podemos asegurar es que en Santiago de Cuba adaptó un local y no llegó a levantar una techumbre para representar, aunque Bacardí refiera lo contrario.[122]

El coliseo tuvo una relativa estabilidad, la temporada se mantuvo hasta 1815, o sea unos dos años. Al finalizar Candamo propone la construcción de un teatro con carácter oficial, pero el Cabildo no lo aceptó, aduciendo dificultades económicas.

IV

Es de suponer, que aunque no encontremos a Candamo en los incompletos listados de actores de las temporadas habaneras de la compañía dirigida por Prieto, denominada ya como de "comedia, tragedia, ópera y baile" llegados a nosotros,[123] Candamo debe haber

---

España, pero en el XIX, sobre todo en los países de América, resultaban insustituibles en el repertorio de las compañías. José Subirá, *Historia de la música teatral en España*. Barcelona: Editorial Labor, 1945. pp. 118-185. El sainete es una obra cómica corta o burlesca, satírica y grotesca del teatro español. Sirve de intermedio en los entreactos, aunque en el siglo XIX se estilaba representarla al final del espectáculo. Era muy esperado por el público. Patrice Pavis, *Diccionario del teatro*. t II. Holguín: Edición Revolucionaria, 2004. p. 435.

[120] Ibid. La entrada en general costaba 3 reales, uno más que en Puerto Príncipe. Respetada ortografía original.
[121] Ibid.
[122] Bacardí. ob. cit.. p. 90. María Elena Orozco y Lidia Sánchez. ob. cit. Aseguran que se representó en un local adaptado.
[123] Leal. ob. cit. p. 227.

figurado en ellas. En 1820 formaba parte del elenco junto a Carlos Palomera, Juan Muñoz, Covarrubias, la Gamborino, Juan Pau, la Galino, Manuel García, bajo la dirección de Rafael Palomera. Ya Prieto había abandonado la lsla en 1815. [124]

Presumimos que si su especialidad era dar vida a los "graciosos", e interpretando magistralmente esos tipos Covarrubias, mucho antes de la llegada de Prieto y la renovación de la compañía, Candamo se percataría de su desventajas. Quizás estas causas lo animaron, además de su temperamento nómada y aventurero, a incursionar y abrir escenarios en el interior del país.

Por las notas que poseemos no conjeturamos que las relaciones entre ambos cómicos fueran hostiles, al contrario, nos inclinamos a pensar que muy fraternales. Candamo incluyó en ocasiones en su repertorio sainetes de Covarrubias. *El peón de tierra adentro*, que Leal registra en 1825, [125] es uno de los sainetes batalladores de Candamo, solo que él le sustituye el título, y para hacerlo más atrayente a su público del interior, lo titula, *El peón de Bayamo* y cuando se presenta en Puerto Rico, le agrega, además, *de la isla de Cuba*. Trata de las peripecias que le ocurren a los llamados peones –monteros diestros en trasladar el ganado– desde Bayamo hasta Puerto Príncipe. Entre los sainetes del repertorio de Covarrubias, anotamos también, *La brevedad sin substancia*, que él siempre anuncia como *La brevedad sin substancia o sea Candamo furioso*. Ello nos motiva a dudar: ¿fue escrito por Covarrubias o por Candamo? Improvisadores natos ambos, quizás las morcillas al texto serían tan numerosas y afortunadas, que al final no reconoceríamos al verdadero autor. Indudablemente nos parece evidente hubo una empatía entre ambos, y Candamo es de los pocos (creo que el único) que ponía en escena los sainetes de Covarrubias, que siempre fueron privativos de este, creaciones muy personales.

En la década del veinte, a pesar de que la compañía había ampliado sus géneros y figuras de nombradía dedicadas al baile ingresaron en ella, y se llegó a sustituir, incluso la tonadilla escénica, históricamente

---

[124] Ibid. p. 238.
[125] Ibíd. p. 149.

tan arraigada al gusto del público, por las coreografías, hay crisis. No fue motivada por las trifulcas por sueldos (estas ya habían surgido tempranamente entre los cómicos), ni tampoco por las tragedias amorosas entre bambalinas que llegaron a escandalizar La Habana, cuando la famosa actriz Mariana Galino, fue acribillada a puñaladas y abandonada con la certeza de su muerte –aunque no sucedió así– por su esposo José Alfaro, que luego se suicidó, le era infiel con el también actor Antonio Rosal.

La crisis la genera mantener un repertorio muy apegado a determinadas óperas. Habían transcurrido muchos años de constante labor escénica y el público estaba agotado. Se imponían los Pautret –Andrés y María Rubio– con espectaculares pantomimas coreográficas. El ayuntamiento tuvo que intervenir en el asunto e impuso condiciones a los cómicos.

> [...] se cede a doce cómicos el uso de dicho teatro, libre de todo alquiler [...] Se comprometen a dar al público, mensualmente diez funciones de verso y siete de ópera, y en la temporada un beneficio para las arrecogidas (sic) y cinco para el Ayuntamiento.[126]

El Principal de La Habana desde sus inicios a través de los años, pasó a manos de varios propietarios, accionistas o directores. En 1822, el que fungía de director o empresario, proyecta la construcción de un teatro con todas las condiciones en Santiago de Cuba y presupuesta para ello diez mil pesos con convenios personales de capitales que serían reintegrados siguiendo el procedimiento del Coliseo de la Habana. El Ayuntamiento aprueba el proyecto y contrata a Francisco Zaparí—escenógrafo, conocedor de los intríngulis teatrales— para dotar al nuevo teatro de los telones imprescindibles para comenzar las funciones, entre ellos, fundamentalmente, el de boca. También debía proporcionar los empleados en las comedias: sala regia, salón corto con

---

[126] Carpentier. ob. cit. p. 130.

puertas al frente, sala larga, calle, cárcel, jardín, casa pobre; todos con sus correspondientes bastidores, y además Zaparí debía responsabilizarse con las decoraciones interiores del teatro.

Varias protestas se efectuaron por parte de acomodados santiagueros, entre ellos el intendente y jefe superior de la Política. Se oponían, sobre todo, por la cercanía del local con sus residencias, ya que Zaparí buscaba un lugar propicio para la instalación del coliseo en el que se invertía una buena suma. Al fin llegan al acuerdo de que se construya en el solar conocido como de la Marina, donde permaneció el teatro viejo, situado en la esquina de Barracones y Cuba.

El teatro debía construirse en cuatro meses, invirtiéndose trece mil novecientos pesos, pero el tiempo transcurre, preñado de discusiones y contradicciones, en realidad el presupuesto era irrisorio. En junio se suspende la obra por necesidad de dinero y se advierte que la madera para el inmueble, a la intemperie, comienza a podrirse. Mientras corre el tiempo Zaparí va ganando remuneración para el teatro, y es tanto su interés que nos inclinamos a suponer que estaba involucrado también con su economía.

En octubre, listo el teatro para comenzar sus funciones, Zaparí envía a La Habana mil pesos para contratar a una compañía "de la mejor conducta y presencia". Varios vecinos, interesados en que abra sus puertas el teatro, anticipan dos mil cuatrocientos sesenta y seis pesos, pagaderos en un año, para solventar los gastos de los cómicos.[127] Y esta fue la oportunidad para aquellos que estaban subsistiendo en el Principal de La Habana.

Es entonces que se le presenta a Candamo una oportunidad más acorde con su temperamento, sus posibilidades como gracioso y actor de "verso", no operístico: representar en un teatro tradicional que él dominaba, propio para un pueblo del interior, con más razón Santiago de Cuba, que conocía muy bien y en cuya ciudad, seguramente, cultivó afectos y amistades. Santiago no debía estar hastiado, sino complacido de la escena española del sainete y las tonadillas, los géneros que

---

[127] Bacardí. Ob. cit. t. I. pp. 181-182. T. II. pp. 192-197. Leal. ob.cit. pp. 187-188.

conocía, y no exigía nuevo repertorio de óperas. En los galpones de tierra adentro no se había llevado a escena legítimas óperas cantadas en italiano y menos, nuevas modalidades escénicas de bailes, como las pantomimas coreográficas. Candamo, seguramente por su experiencia en la organización de compañías nómadas, fue designado *director en representación de la Compañía de Cómicos llegados de La Habana*.[128]

Zaparí envió a su hijo José a la capital, en busca de la compañía. En noviembre emprendieron el traslado a Santiago de Cuba. Viajaron por tierra a Batabanó, luego subieron a bordo para dirigirse hasta el embarcadero de Bayamo, pero sucede un hecho insólito, nada predecible: son apresados en la travesía, según Candamo, por *piratas* o *corsarios*. Los investigadores utilizan los términos de asaltantes, malandrines o bandoleros, tratando de minimizar lo que consideran una exageración del comediante. Son tiempos en que ya no hay tesoros que buscar, a lo más que se puede aspirar es apresar a negros ya esclavizados para posteriormente venderlos. Los acuerdos internacionales dificultan este despojo. Durante el tercer decenio del siglo XIX fueron frecuentes las denuncias presentadas ante el Almirantazgo británico y las comandancias de puertos norteamericanos de los asaltos de los "piratas" de Cuba. Despojaban a los viajeros, preferentemente extranjeros, de relojes, tabaqueras, catalejos, comestibles, todo lo que se almacenaba en las bodegas y la totalidad de lo que estimaban de algún valor. Nunca fueron hallados estos piratas anónimos llamados cubanos.[129]

Al llegar a Bayamo, deshechos, Candamo pidió *algún numerario para aliviar su indigencia*.[130] Se hicieron adelantos monetarios a los actores, se les abonó los gastos en los que incurrieron, inclusive la compra de obras teatrales en La Habana. Solo se le negó a José Zaparí el pago de cien pesos por unas pinturas que no se habían recibido (suponemos

---

[128] Bacardí, ibid. t. I . p. 197.
[129] Mota, Francisco. *Piratas en el Caribe*. La Habana: Ediciones Casa de las Américas, 1984. p. 193.
[130] Bacardí. Ob.cit. t II, p. 197.

que se trataba de telones). Se alquilaron 46 caballos, a 4 y medio y cinco pesos cada uno, para trasladarse hasta Santiago de Cuba.[131]

En cuanto a los actores llegados desde La Habana, Estrada [132] enumera a José Ferrer, Desiderio Soler, Dolores Freyre, Rosa Naranjo, Pedro Poveda, Francisco Marín, José Jiménez, Francisco Poveda, Antonio Pío Rodríguez, Rafael Valdés y Cecilia Barani. Algunos de ellos ya han formado parte de otras aventuras escénicas con Candamo. Entre estos, la eterna Rosa Naranjo, así como Poveda, Antonio Pío Rodríguez y quien ha compartido con él en otras giras la dirección escénica, Rafael Valdés. Algunos de estos actores pudieron formar parte del Principal habanero en este año infortunado para este teatro.

Laureano Fuentes Matons ofrece otra versión sobre los actores que inauguraron el teatro en Santiago de Cuba. Según el prestigioso músico y compositor, estrenó el teatro otro elenco, muy famoso en La Habana.

> El trágico español don Antonio Hermosilla, la señora María Sabatini y los actores Rojas, Palomera y Candamo, escritor este último de entremeses, sainetes y fines de fiesta, que así se llamaban las piezas finales de carácter jocoso, fueron los primeros que cantaron en carácter en Cuba (Santiago) tonadillas del teatro antiguo, y pusieron en escena *Los maestros de la Raboso*, o el *Trípili-Trápala* [...] Pedro Nolasco Boza, moreno natural de Puerto Príncipe, y no mal músico, que había formado su orquesta para los bailes y las iglesias, acompañaba el canto en esa primera temporada del nuevo teatro, y era el que denunciaba a la compañía todos los acontecimientos de vecindad que pudieran llamar la atención, poniéndose al instante en escena con las correspondientes letrillas que se cantaban con la música de las coplas del Trípili. Hasta 1824 trabajaron en el teatro: es decir dos años sin que cesasen de tener público. [...] Nolasco Boza, adquirió más popularidad después con las letrillas cantadas, siendo su orquesta la de preferencia en los grandes bailes que a menudo

---

[131] Bacardí. Ibid.
[132] Fuentes Matons, Laureano. Abelardo Estrada. ob. cit. p. 305.

tenían lugar, y en cuyo seno figuraba, el notable clarinete José Caridad Mancebo. Moreno e hijo de esta ciudad. [133]

Con Laureano Fuentes Matons tenemos que proceder con cautela. Es cierto que nos ofrece en *Las artes en Santiago de Cuba*, valiosos apuntes sobre nuestra historia artística y cultural, pero sabemos que don Laureano pretendió cubrir las lagunas de Serafín Ramírez en su *La Habana artística*, pero sobre todo, situar a Santiago de Cuba en igualdad con La Habana, en un empeño que en ocasiones linda con el regionalismo. Fue muy necesaria la revisión e investigación de Adelardo Estrada en "Estudio de un libro, su autor y la órbita de ambos", de 1981, que utilizamos para esclarecer yerros y tergiversaciones. Así y todo quedó con algunos equívocos muy específicos constreñidos a determinados temas, inabarcables para Estrada en tan acucioso y abarcador empeño.

Después que Estrada enumeró los actores que inauguraron el teatro, con referencias a las Actas Capitulares del Ayuntamiento, los que conocemos estuvieron muy vinculados a Candamo, es difícil aceptar que primeras figuras como Hermosilla, la Sabatini, Rojas y Palomera fueron los que inauguraron el teatro de Santiago de Cuba. Fuentes agrega a ellos a Candamo, ya que era imposible omitirlo por varias razones, entre ellas, que Zaparí lo trae como cabeza de compañía "de la mejor conducta y presencia", pero la más valedera, los estudiosos del teatro conocen que el teatro popularizado como el de *La Marina*, fue inaugurado por Candamo.

Desde luego, la duda puede prevalecer para algunos, teniendo en cuenta que para estas prominentes figuras, habían pasado ya sus días de gloria en el Principal de La Habana.

En cuanto a Santiago Candamo, es obvio que Fuentes lo conoce escasamente, lo considera *escritor [...] de entremeses, sainetes y fines de fiesta, que así se llamaban las piezas finales de carácter jocoso*. Están de más las

---

[133] Fuentes Matons y Abelardo Estrada. ob. cit. pp. 127-131.

aclaraciones. Candamo era actor "gracioso y figurón" (su profesión, de importancia vital, la omite Fuentes), aunque pudo pergeñar algún sainete intrascendente y unipersonales. Fuentes nos demuestra que estaba muy alejado del teatro de esos años y escribió por referencias.

En cuanto a la tonadilla escénica, a tres, conocida como *Trípili-Trápala*, vale la pena que nos detengamos. En nota correspondiente comentamos sobre las características de este género escénico y musical español, cómico y picaresco, que tuvo preferencia en la América hispana por mucho tiempo, cuando ya había pasado de moda en España.

El pegajoso estribillo del trípili-trápala formaba parte de "Los hidalgos de Medellín" y todo indica que era una tirana: "Trípili, tripilí (bailan)/ trápala, trápala,/ que esta tirana canta y se baila./ Anda, chiquilla, / dale con gracia,/ que me has robado el alma". En 1838, el estribillo es introducido ya en una tonadilla española. En la temporada de 1811, una tirana de Blas Laserna de 1780, *Los maestros de la Raboso*, fue muy popular en La Habana, con el añadido del trípili-trápala, cantado por Pau, Prieto y la Gamborino. También en el Principal, el 3 de septiembre de 1811, se llevó a la escena, *El poeta y el músico o el Trípili-Trápala*. [134] Al pegajoso estribillo se le añadían coplas, alusivas a cada asunto, Candamo y Pedro Nolazco, en la música, tuvieron la feliz idea de relacionar la tonadilla con acontecimientos y sucesos propios de la ciudad y la convirtieron en teatro vernáculo. Covarrubias bailaba el trípili al finalizar un sainete en 1819.

En cuanto a que se representó esta tonadilla por primera vez en "carácter" por parte de los actores en Santiago, o sea, que fueron los primeros que caracterizaron o se "vistieron" con los atuendos correspondientes a los personajes, puede ser cierto. En el apogeo del Siglo de Oro, en España, Lope de Vega se lamenta que en el teatro aparezcan los romanos con calzas. Cervantes intenta evitar en *Numancia* que los soldados romanos salgan a escena con arcabuces en vez de

---

[134] González, Jorge Antonio. *Repertorio dramático*. (Apuntes) Archivo del autor. Suponemos que era el mismo argumento de *Los maestros de la Raboso*, quizás con algunas variaciones.

armas a la antigua[135]. En algunos recuentos sobre Covarrubias, se dice que se inicia en tiempos *en que se representaba al "Tetrarca de Jerusalem" vestido con uniforme de Maestrante de Ronda*. En *Abufar o la familia árabe*, traducción de José María Heredia, representada en el Diorama, en noviembre de 1829, se comunicaba al público que no solo Vermay había pintado *una decoración completa del campamento de la tribu de Samuel a que pertenece el asunto*, sino que además, *se han hecho los trages (Sic) a propósitos*.[136] En nuestro país el vestuario, así como la escenografía, se tuvo en cuenta paulatinamente, como parte artística de la obra, y a partir de la década de los años treinta del siglo XIX, se va generalizando. Prieto llegó a La Habana en 1810 y la dirección de las obras montadas, satisficieron todas las exigencias teatrales.

No estuvo Candamo con su compañía por mucho tiempo en Santiago de Cuba, ya que en 1824 parte con sus cómicos contratado para Puerto Rico. Según nos refiere Leal, el teatro Principal o Coliseo, conocido popularmente como Teatro de La Marina, por su ubicación, a los seis meses de construido *comienza a desplomarse y las lluvias deterioran muebles y vestuarios*.

En 1825 un francés, Guillermo Arnaud, ofrece funciones de ópera y como pago del arrendamiento de dos meses, cede la araña del centro del Coliseo, con un valor de 300 pesos, pero tres años después el edificio es casi una ruina y en 1846 un violento huracán destruye lo que quedaba.[137]

V

Posiblemente por el mes de junio o julio de 1824, Santiago Candamo y sus seguidores se trasladan a Puerto Rico. Era la primera compañía profesional que visita el país. Emilio J. Pasarell, historiador del teatro en esa nación, transcribe en su libro *Orígenes y desarrollo de la*

---

[135] Díaz de Escovar, Narciso y Francisco de P. Lasso de la Vega. *Historia del teatro español*, t. I. Barcelona: Montaner y Simón, 1924. p. 137.
[136] Aguirre, Yolanda. ob. cit. p. 84.
[137] Leal. ob. cit. p. 188.

afición teatral en Puerto Rico,[138] una breve reseña de don Alejandro Tapia en su obra *Mis memorias*.

> Antes de yo nacer (1826) o poco después, existía junto al que es hoy (1880) Hospital Militar, en un solar que forma actualmente parte del mismo y figura como casa adyacente, un teatro de madera...Lo conocí de oídas. Allí había un actor gracioso, andaluz según me han dicho, llamado Candamo, La primera actriz se llamaba *La Chicha*.
>
> Su repertorio componíase en escasa parte de nuestro teatro antiguo, completándose algunas o muchas producciones, resto del gusto de Comellas.
>
> En cuanto a los sainetes, entre los famosos de D. Ramón de la Cruz, no faltaban los más extravagantes, colándose alguno que otro de asunto local. Por el título de algunos debido a su pluma, o plumaje, del Candamo, podrá juzgarse la estética de nuestro público de aquel tiempo. Denominábase así: *Velorio en Bayajá y pendencia en...Prieto...* Título que no osaría hoy figurar en los cartelones de nuestras esquinas.[139]

Todo comenzó en el mes de abril de 1822, cuando el comerciante y alcalde segundo de San Juan, miembro de la Junta de Jurados en Materia de Imprenta y Censura, Juan Evangelista Zuazo, presenta al Ayuntamiento proyecto para la fundación de un teatro. En él se definía

> Se harán traer de La Habana u otra parte un director, un primer galán y una primera dama a nombre del Excmo. Ayuntamiento por el precio más moderado que se pueda, pues los demás representantes serán fáciles proporcionarlos en el país.[140]

---

[138] Pasarell, Emilio J. *Orígenes y desarrollo de la afición teatral en Puerto Rico*, San Juan: Editorial Universitaria, Universidad de Puerto Rico, 1951.
[139] Tapia, Alejandro. *Mis memorias*. p .91. Ver: Pasarell. ob. cit. p. 55.
[140] Pasarell. Ibid. p. 33.

A fines de 1822 algunos actores se presentan en un teatro provisional (rústico, de madera), conocido por *Amigos del País*. Las primeras funciones estuvieron preñadas de percances, posiblemente discrepancias entre los cómicos, pero en la temporada de 1824-25, comienza a regir la armonía y es que llegan otros actores de Cuba, entre ellos, Santiago Candamo con sus seguidores. Candamo venía acreditado por sus recientes éxitos en Santiago de Cuba, lo acompañan: Rosa Naranjo, Francisco de Rojas, José Gómez, Rafaela Molina, Juan Bardanca, Estefanía Rojas (primera dama de baile) y su hija del mismo nombre, que aunque chica ya se destacaba en la danza. También Manuel Bastida; empresario del teatro. Tiburcio López y Rafaela Molina, interpretaban ocasionalmente algunos boleros y bailes, posteriormente se unen los también cubanos, Cecilia Verani y José Ferrer, llegados posteriormente a Puerto Rico.

Este Tiburcio López que se encarga de la empresa, es uno de los actores llegados también de La Habana, que en varias temporadas participó en las temporadas del Principal de la capital de la isla. Sospechamos que la Molina era su compañera más allá de las tablas. Es evidente que todo el andamiaje teatral llegado a Puerto Rico procedía de Cuba. No es pretencioso decir que fueron los cubanos los que iniciaron, con estabilidad, el teatro en la isla hermana. Pasarell escribe sobre Candamo:

> La compañía de Candamo era bastante completa. Muchos de sus artistas pertenecían al grupo que el propio Candamo llevó a Cuba (Santiago) en 1813 y el repertorio era más rico de lo que por las palabras de Tapia puede colegirse. Cabe a esta compañía el haber introducido entre nosotros el género bufo cubano.[141]

Desde luego que Tapia desacierta en algunas afirmaciones, y es razonable en época de difícil acceso a las fuentes investigativas e informativas, en la que prevalecía la trasmisión oral de los hechos, como también yerra el mejor informado, Emilio Pasarell. Sabemos que Candamo no era andaluz, sino gallego, nacido en La Coruña.

---

[141] Ibid. p. 55.

Imagino que el tal *Velorio de Bayajá...* quizás tendría su antecedente en *Los velorios en La Habana*, de Covarrubias, escrito en 1811. Pasarell, que investigó sobre la escena borinquen, expresa que Candamo *fue uno de los primeros que en Puerto Rico escribió sainetes de sabor local* y parece que fue así, aunque exagera cuando califica de "completa" la compañía, que en ese ir y venir de actores ambulantes, algunos tenían que ver con la troupe del año trece, pero otros se estrenaban en el trashumante grupo.

Uno de los errores de Pasarell es que para reafirmar la distinción de nuestro Candamo, escribe que introdujo en Puerto Rico el género bufo cubano, y menciona para confirmar su aseveración la *Historia de la literatura dramática cubana*, de José Juan Arrom. Un lamentable equívoco. Arrom no se refiere en su valiosa obra al género bufo cubano con relación a Candamo. Es conocida la creación y trayectoria del género bufo en 1868, su antecesor, Francisco Covarrubias y otros autores costumbristas. Es innegable que Candamo fue seguidor del quehacer paródico y resulta obvio que fue el primero que nos trasladó escénicamente a Puerto Rico.

No se puede omitir que Candamo, estrena en Puerto Rico, el 24 de octubre de 1825, *El príncipe jardinero y fingido Cloridano*, de Santiago Pita, nuestro primigenio texto teatral,[142] publicado por primera vez en Sevilla entre 1730 y 1733 y estrenado el 28 de abril de 1791, en el Coliseo de La Habana. Si bien Candamo incluyó la comedia en su repertorio desconociendo quien era su creador –durante un siglo la pieza fue una incógnita en cuanto a su autoría– sí sabía, por los últimos versos de su texto que pertenecía a *un ingenio de La Habana*. Damos por descontado que interpretó su especialidad, el gracioso, el criado Lamparón que como afirma Leal, "los desplantes del criado o gracioso Lamparón con su amo son atrevidos [...] Con *El príncipe jardinero...* nace el choteo en el teatro cubano".[143]

El 14 de diciembre pone en escena un sainete, que lo atribuyo a su cosecha, *El pleito del doctor Burrugo con la vieja Má. Casiana*. El tema bien pudo ser relativo a Cuba o a Puerto Rico, y sospecho que no sería otro

---

[142] Ibid. p. 57.
[143] Leal. ob. cit. p. 116.

que Candamo quien se tiznó el rostro para dar vida a la vieja Casiana, ya que el *Má* revela su raza.

Candamo en esos años transforma festivamente su sexo y comprobamos que tiene un sitio entre los cómicos que embadurnaron su rostro de negro. El 15 de septiembre de 1824 protagoniza el sainete *Las barras de plata de la mamá Pancha* "con Candamo en la Mamá Pancha", señala el enunciado. Es evidente que el cómico era ya una figura que atraía público.

Pero aplatanado como estaba este gallego en nuestro país, y con la camaradería que suponemos tuvo con Covarrubias, no podía faltar este en la temporada borinqueña y el 20 de noviembre estrena, *El peón de tierra adentro de la isla de Cuba* (añade al título original "de la isla de Cuba" por cualquier incomprensión en el texto), escrita por nuestro caricato en 1811. Anuncia que bailará *Al atajo primo que te coge el verraco*, toda una coreografía propia de "figurón".

La compañía, que en contadas ocasiones se hace llamar de "artistas de la ciudad",[144] franqueó dos abonos en ambas temporadas. En 1824, del 10 de julio al 29 de diciembre, ofreció 48 funciones, en la que alternaron dramas, melodramas, tragedias y comedias; treinta y siete sainetes; tres tonadillas escénicas; seis bailes; cuatro dúos, cantos, arias o sinfonías y un unipersonal.

En 1825 la temporada continuó en los meses de enero y febrero. En febrero hubo un descanso, hasta junio. En agosto interrumpen las funciones al afectar a Puerto Rico el huracán de Santa Ana. Tiburcio López, el empresario, cierra el teatro para reparaciones. Rosa Naranjo, Estefanía Rojas, Francisco Rojas y Santiago Candamo, emprenden gira por los pueblos cercanos. López abre un nuevo abono. El 4 de septiembre continúan las representaciones. En ese año solo se cuantifican veinte funciones de dramas, melodramas, tragedias y comedias; una de dúos, cantos, arias y sinfonías; ocho sainetes y tres bailes. Candamo y los suyos ofrecieron en total, sesenta y ocho funciones.

---

[144] Pasarell. ob. cit. p. 56.

Los precios fueron los siguientes: Un palco por ocho funciones, 12 Ps. Un banco de luneta con ocho asientos, 12 Ps. Un palco por una función, 2 Ps. Un asiento en luneta por ocho funciones, 1 P 4 Rs. Un asiento por función, 2 reales. Asiento de galería, 3 reales. Entrada general, 3 reales. La diferencia no es nada notable con relación a los precios que se fijaban en Cuba.[145]

Pasarell estima que no estuvo Candamo mucho más tiempo por Puerto Rico, se desconoce el final del Teatro de Amigos del País.[146]

¿Repertorio? ¿Qué pudo ofrecer Candamo al público borinqueño que se diferenciara del teatro que se hacía en Cuba, en la América colonial y hasta en España? Quizás los puertorriqueños, más ingenuos aún, estrenando su tablado con una compañía y cómicos de tierra dentro de la isla de Cuba que poca novedad podía ofrecer, si es que la había, se sintieran complacidos y satisfechos.

Al revisar los dramas, melodramas, tragedias y comedias, casi todos sin referencias de autores, ni género, como solían anunciar las funciones en la época, descubrimos por los títulos y asuntos, etc., las huellas de Luciano Francisco Comella, repudiado por muchos en Madrid, pero querido por otros muchos que gozaban de sus mediocres melodramas. También está el rastro de José de Cañizares, artífice de las comedias de *figurón*, escritas a la hechura de Candamo; inventor de los melodramas seriados, como actuales tele y radionovelas. Estimamos que no pocas de las piezas sin autoría, pueden pertenecer a Zabala, Valladares, Zamora, y un buen número de dramaturgos para los que la historia, como argumento de sus dramones, era solo un pretexto.

Llama la atención que la *tonadilla escénica* se encuentra en sorprendente desventaja, contamos solo tres en los dos años de presentación, y es superada por los bailes. Desde luego, tenemos en cuenta que integraba la compañía una primera dama de baile, según la anunciaban, Estefanía Rojas. Y claro que el sainete se encuentra en

---

[145] Ibid. Ver: pp.56-61.
[146] Ibid. p. 61.

primer lugar, cuantificamos cuarenta y cinco y por sus títulos los hay de todos los pelos y pelambres.

En las temporadas, Candamo incluyó algunos títulos dignos, edificantes: *La posadera feliz*, de Goldoni (8 de agosto de 1824); *Manolo*, de Ramón de la Cruz (14 de septiembre de 1824); *El perro del hortelano*, de Lope de Vega (10 de octubre de 1824); *Del Rey abajo ninguno*, de Francisco de Rojas (13 de enero de 1825); *Reinar después de morir*, de Vélez de Guevara (10 de julio de 1824); *El Otelo*, de Shakespeare, versión de Ducis (29 de julio de 1824, estrenada en el Principal de La Habana el 30 de mayo de 1811); *El sí de las niñas*, de Agustín Moreto (2 de septiembre de 1824); *El mayor monstruo los celos*, de Pedro Calderón de la Barca (4 de noviembre de 1824); *Los bandos del Avapiés*, de Ramón de la Cruz (11 de diciembre de 1825). Otros autores, menores, también se vieron, Monroy (*Mudanza de la fortuna y firmezas del amor*; Vicent Arnault, *Blanca y Montecasin o Los Venecianos*, y otros). [147]

No faltó el teatro de feria, de vuelos, fantasmagorías, de escena más funambulesca que dramática, requerida de un soporte de máquina y eficientes tramoyistas, que había quedado atrás desde hacía años, aunque de vez en vez el público, en el fondo ingenuo, gustaba de estas obras tan del tiempo de Lope o Calderón, que tenían en cuenta que el teatro era también un espectáculo.

> 5 de enero (1825):-- Comedia en tres actos *El encanto de los celos*. Además la Sra. Varani volará de un extremo a otro de la galería. Se cantará el dúo *El italiano y el andaluz* por los Sres. Gómez y Vergara, y el sainete *El perlático fingido*.[148]

Y llegó la catástrofe a la escena.

> 9 de octubre (1825):--*El Nazareno Sansón*. Comedia a todo teatro con grandes espectáculos como la destrucción del

---

[147] Para listado de repertorio. Ver: Pasarell. pp. 56-61.
[148] Ibíd. p. 59.

Templo y otras tramoyas.[149] *La Gavota* por la Srta. Estefanía y el Sr. López.[150]

Candamo y los suyos presentaban opciones para todos los gustos, y sorprenderían al ingenuo público borinqueño.

VI

En 1827, dos años después de sus presentaciones en Puerto Rico, Candamo regresa a Cuba. ¿Qué fue de él al volver al país? No hemos podido obtener noticias, pero es de suponer que quizás en ese período transitara con los suyos por los escenarios habaneros. Pero Santiago Candamo, según la suerte que corrió desde su arribo a la isla y teniendo muy presente su personalidad, era un representativo "cómico de la legua".

En 1827 llega a Trinidad. El territorio era uno de los de tierra adentro que tardíamente se avivó con la escena. Antes de este año solo había disfrutado de teatros de los llamados mecánicos, en distintos patios y fondas, las lunetas eran conducidas a los locales por el público. Las representaciones no iban más allá de los sorprendentes y espectaculares "experimentos pseudocientíficos", mimos, maromeros, prestidigitadores, títeres, etc.[151]

Estaba más que justificado que el público se interesara por un verdadero "teatro cómico" con actores, y Candamo nos ha demostrado que no desperdiciaba estas exigencias. Por eso en 1827 se traslada a Trinidad y levanta un rústico tablado de madera y tejas, en el cruce de

---

[149] Las tramoyas se describen en el programa: "Bajará en una nube iluminada el Ángel que impone a Salomón los preceptos que debe guardar para conservar sus fuerzas; lucha de Sansón con el león; derriba Sansón las puertas de la ciudad cargándolas al Limbo; derriba el templo con los filisteos dentro; escombros y ruinas".
[150] Pasarell. Ob. cit. p. 60.
[151] "Cronología del Teatro en Trinidad". *Revista Islas* 3. (enero-febrero, 1970) pp. 141-143.

las calles Colón, Gloria y la Cañada, sobrada experiencia poseía para ello.

En 1828 arriba a Trinidad Manuela Molina, precedida por la fama de "primera actriz de la Corte y ciudad de La Habana" ya que por varios años figuró en la nómina de la compañía de cómicos llegados de la península que actuó junto a Prieto. No fue una cómica trashumante.

Conjeturamos que la Molina, carente de experiencia en las empresas itinerantes que nunca antes había emprendido, y seguramente compartiendo con Candamo añosa amistad, confió en su experiencia y lo integró a su compañía, y el chispeante gallego, suponemos que se responsabilizó también con los trajines escénicos, a los que estaba acostumbrado, con el beneplácito de la señora Molina.[152]

Presumimos que la Molina adecenta el rústico teatro en el que venía presentándose Candamo. El 21 de septiembre se inaugura con cierta liturgia, ya que el Gobernador, don Miguel Domínguez de Guebara, dirige al público una alocución:

> La compañía de Artistas Cómicos, llena de gratitud por la decidida protección del gobierno e ilustre Ayuntamiento y benigno vecindario, al honesto recreo e ilustración que ofrecen las representaciones dramáticas [...] Doña Manuela Molina, primera actriz de los Teatros de la Corte y Ciudad de La Habana, ansiosa de servir a este ilustrado vecindario, reunió, en dicha ciudad una compañía de artistas cómicos, compuesta por individuos que, no duda, complacerán a un público tan generoso. Dicha compañía ha hecho todo lo posible y, a costa de grandes sacrificios, ha formado un Teatro capaz y bien proporcionado para que este público pueda divertirse con toda la decencia de que es digno [...]

---

[152] Llegamos a esta conclusión siguiendo los escuetos acontecimientos recogidos en "Cronología del teatro en Trinidad", que menciona a Candamo y a actores rezagados. Conjeturamos que la Molina vendría acompañada de escasos actores, o tal vez, había contactado antes con Candamo, que consideramos lo más atinado.

En la primera función la compañía fijó un cartel en el que hacía saber –quizás por dudas del público con la seguridad del local– que la construcción del teatro provisional, contaba con *solidez, firmeza* y *capacidad* y que le ha *precedido un examen riguroso del edificio por persona inteligente, comisionada, al efecto, por la Autoridad competente y, a impulso del Muy Ilustre Ayuntamiento.*

Los precios fijados, fueron: abono de un palco por cuarenta funciones, 80 pesos; alquiler por una función, 3 pesos; abono de una luneta por 40 funciones, 10 pesos; luneta por una noche, 3 reales. La galería y cazuela era gratuita.

El 2 de septiembre habían establecido el correspondiente reglamento para el *buen orden y policía del teatro*, con todos los requisitos correspondientes en estos documentos, que señalaba hasta la ubicación de los carruajes.

Para debutar, presentaron *El desdén con el desdén*, un clásico de Agustín Moreto. La nota publicada explicaba,

Esta célebre composición dramática, ha sido elegida por la compañía, bien convencidos de su verdadero mérito, y del entusiasmo con que se ha aplaudido en todos los teatros en que Da. Manuela la ha ejecutado. Los actores no han omitido diligencia alguna para que los resultados sean tan felices en este Teatro como ha sido en los demás.

La función finalizaba con el sainete –aunciado como "saquete", *El sacristán santo* y comentaban: este jocoso sainete se ha elogiado con la mayor aceptación en todos los teatros de Europa y América.

Lo interesante de este teatro fue que popularmente el público lo bautizó como *Teatro Candamo*, y así ha pasado a la historia. ¿Por qué? Resulta notorio que por la popularidad del cómico. No es difícil presumir que independientemente de su gracia y sus creaciones como figurón, era el guía de la compañía, aunque en los documentos revisados se observa que la Molina no lo lisonjeó como se merecía.

No podía faltar una comedia de figurón en las que Candamo se especializaba, *Muchos hombres se avergüenzan que se sepa son casados,* y nada menos que en cinco actos (12 de febrero de 1829). Se anuncia que

Candamo, *restablecido de sus males desempeñará el papel de figurón*. La función finalizaba con el sainete *El niño de tres palacios*. ¡Todo a lo Candamo! [153]

Manuela Molina llevó a la escena también tragedias: se anunció el día 14, *Blanca y Montcasin o Los jueces venecianos*, a beneficio del actor Jorge Álvarez. Esta tragedia de Antoine Vincent Arnault (Antonio de Arnao), comediógrafo español, es lo más notable que presentaron –remitiéndonos a las gacetillas–, Arnao se destacó, sobre todo, como libretista de zarzuelas. Fue estrenada en el Principal de La Habana el 16 de octubre de 1811. En el programa se incluyó también el "divertido baile general", *El aldeano disfrazado* o *El viejo astuto*, luego el sainete *Los médicos del día*. Aunque no se anuncia la intervención de Candamo, suponemos que estarían a su cargo las jocosas representaciones finales. El domingo 1ro de marzo, ofrecieron una función muy extensa: *Nada vale el interés donde hay amor, El fandanguito de Cádiz y El médico poeta*, sainete.

Cerraron las presentaciones de Candamo y la Molina, *Suspirar por las vivas*, de la que se señalaba: "reír por los muertos, o las lágrimas falsas de algunas viudas", junto al baile *El Manuel afandangado* y el sainete *La estatua fingida*, segunda parte del *Sacristán santo;* desaparecen de las gacetillas en la prensa y se anuncia para el domingo 8 de marzo, a Mr. Femy, primer violón, miembro de Conservatorio de París y su señora esposa, que ofrecerán un concierto.

El despacho para la venta de palcos y lunetas, estaba ubicado en la calle de Gutiérrez, esquina del Puente, casa de don Luis Castellanos. Las funciones comenzaron a las 8 y se publicaba una nota pintoresca que demostraba la insuficiente iluminación en la platea del teatro. *Se suplica a los SS. Abonados a Palcos manden un criado con un farol o bomba para colocarlo en el palco, advirtiéndose que, para éste, será la entrada gratis.*[154]

El teatro se mantuvo en pie hasta el 26 de octubre 1837, año en que fue destruido por la llamada "tormenta de San Evaristo", un tétrico

---

[153] Marín Villafuerte, Francisco. *Historia de Trinidad*. La Habana: Jesús Montero, 1945. pp. 302-305.
[154] *Correo de Trinidad*, domingo 21 de septiembre de 1828. En Marín Villafuerte. ob. cit. p. 304.

ciclón. Trinidad en 1839 contó con dos rústicos teatros provisionales, hasta la edificación en 1840 del Teatro Brunet, lujosa y sólida construcción de cuatro pisos, con escenario y platea movibles, que posibilitaba ponerlo en el mismo plano para celebrar bailes.[155]

VII

La predilección del público capitalino por el género dramático se esfuma paulatinamente. Desde los años treinta, con el arribo de compañías líricas francesas a La Habana, el gusto por la ópera va opacando los repertorios de cómicos, tragedias, comedias, sainetes y tonadillas. Quizás influyeran, como opina más de un crítico, las exhibiciones de las suntuosidades de los potentados sacarócratas en sus palcos; dice un espectador avezado en una gacetilla que una minoría de los que asistían al teatro conocía de lo "lírico y lo operístico". Prevalecen también los bailes coreográficos y hasta los espectáculos funambulescos. El lapso se cierra casi por completo con la apertura del Gran Teatro Tacón, en 1838. Cuando el 15 de abril abre sus puertas el impresionante coliseo, los actores ya son otros: Rosa Peluffo, Gregorio Duclós, la Cañete, Hermosilla, y de la vieja hueste, solo aparece Covarrubias—desde luego— y escasos cómicos. Los viejos actores han buscado nuevos horizontes. México, por ejemplo, pero no es nada fácil conquistar este país, sus tablados están copados con una palpitante actividad.

Los escenarios comienzan a internacionalizarse, figuras de diversos países son contratadas y aplaudidas frenéticamente en La Habana. Leal ofrece un amplio listado de los intérpretes de varias naciones, quienes conquistaron La Habana.[156]

En septiembre de 1834, en medio de una situación patética causada por temores a la epidemia de cólera, que amenazaba la población y retenía a la mayoría de los principeños en sus hogares,

---

[155] "Cronología." ob. cit. pp. 143.
[156] Leal. ob. cit. p. 386.

sumidos en rogativas, llega a Puerto Príncipe, frisando ya los sesenta años de edad, Santiago Candamo. Pero en la ciudad que lo ha acogido siempre con simpatía y en la que tiene no solo amigos, sino compañeros cómicos, no se habla de entretenimientos, ni diversiones. Sus pobladores dedican no pocas horas del día a implorar, repitiendo con devoción la oración escrita por Fray José de la Cruz Espí, el padre Valencia, venerado por todos y que el sacerdote personalmente insertaba detrás de los portones de calle de las mansiones, su primera estrofa era: *Jesucristo vencedor,/ que todo en la cruz venciste,/ Venced, Señor, esta peste,/ por la muerte que tuviste.*[...] [157]

Lo inaudito es que Candamo se atreviera a trasladarse a Puerto Príncipe, suponemos que desde La Habana, porque los rumores de que posiblemente la temible peste amenazara el Príncipe, debieron propagarse también en la capital. Agreguemos a esta temeridad que venía acompañado de su mujer, Micaela Calzada, una santiaguera con la que probablemente llevaba vida marital desde sus estadías en Santiago de Cuba, con la que engendró un hijo, Cecilio Santiago,[158] que de seguro los acompañaba, pero además, para hacer más doliente la situación, Micaela venía en estado de gravidez, en solo tres meses procrearía. Y así fue, la niña, Francisca Ana, vino al mundo el 27 de diciembre de 1834, bautizada el 5 de febrero en la parroquia de la Soledad. Consta en la inscripción bautismal que *es hija natural de Don Santiago Candamo,* fueron sus padrinos José de los Santos Hidalgo y la actriz Bernarda Denis.[159]

Pero no pensemos que la Denis era una de las cómicas que acompañaban a Candamo. Bernarda Denis llevaba algunos años radicada en Puerto Príncipe. Lo insólito es que Santiago Candamo llega sin actores. Solo por el hambre que debió atravesar y por estar carente de contrato, suponemos se lanzó a Puerto Príncipe obviando los

---

[157] Juárez Cano, Jorge. *Apuntes de Camagüey.* Camagüey: Imprenta El Popular, 1929. p. 80.
[158] Fuentes Matons y-Abelardo Estrada. ob. cit. p. 305. Estrada yerra al señalar que la hija, Francisca Ana, nació en Santiago de Cuba, el parto se efectuó en Puerto Príncipe.
[159] Parroquia de la Soledad: 2.19 B. B. Folio 113. Vto. no. 667.

riesgos, confiado en la simpatía con la que contaba en la ciudad y la residencia permanente de tres cómicos allegados. ¿Pero qué haría solo? Tal vez representar. En Santiago de Cuba, en 1813, se las ingenió para interpretar *en una noche misma tres o cuatro papeles en una comedia por falta de cómicos.*[160]

En Puerto Príncipe vivía Joaquín González, que en sus brillantes años habaneros, fue coreógrafo y bailarín y luego incorporó el canto. Residía en la calle San Ramón (Enrique José Varona) en un angosto local muy próximo al teatro "El Fénix". En el mes de junio, cuando los principeños celebraban el San Juan (carnaval camagüeyano), González alquilaba disfraces que seguramente provenían de su guardarropía teatral. Bernarda Denis y Juan Bardanca –que suponemos esposos— residían en el callejón conocido como el de Los Masvidales (popular hoy como Masvidal), cuyo nombre oficial es Hermanos Padilla, muy próximo también al teatro. Ya en el año 1848, doña Bernarda Denis es toda una reliquia en Puerto Príncipe. está retirada de las tablas y un grupo de jóvenes, aficionados al teatro, la invitan a participar en una función.[161]

No dudamos que Candamo conocía que Puerto Príncipe contaba en esos años con teatro, con varios años de establecido y eran diversas las compañías que ocuparon su tablado, además de la amistad que lo unía a los cómicos instalados en la ciudad. Desde 1831, presumiblemente el 6 de noviembre, abrió sus puertas el teatro "El Fénix", de madera, cuadrilongo, criticado fuertemente por principeños y forasteros, propiedad del licenciado Miguel Carmona, dominicano, en el que fungían como socios, solo en los primeros años, los licenciados Calixto Bernal, José de Jesús Fernández y Bernabé Sánchez Castillo.[162]

---

[160] Bacardí. Ob. cit. t. II, p. 197.
[161] *Gaceta de Puerto Príncipe*, 18 de octubre de 1848.
[162] Suponemos que el teatro fue inaugurado el día 6, ya que el 4 se le concede permiso para actuar a la compañía de Benito Amo y Villangómez. Para incidencias sobre el teatro, ver: Manuel Villabella. "Paso a la farsa" en *Costal al hombro.* pp. 66-79. Miguel Carmona, tío de las hermanas de este apellido, a las

Candamo presenta el siguiente escrito al Ayuntamiento.

Don Santiago Candamo con el mayor respeto hace presente a V/.S. que acaba de llegar a esta ciudad deseoso de serbir a tan respetable público, con funciones teatrales en el ejercicio de su facultad cómica, y como para llevar su obgeto, se hace indispensable solicitar de V.S. el correspondiente permiso, y saber después, que Sor. Regidor sea el que ha de reconocer como Juez de Teatro, como igualmente al Sensor de las piezas dramáticas que se han de representar en el caso de que V.S. tenga a bien contribuir a sus deseosas miras. A V.S. Sup/ca le conceda la licencia para sus representaciones en el Teatro de esta población anunciándole igualmente los S.S. con quien debe entenderse para verificarlo conforme a V.S.S. les parezca arreglado y justo. Es gracia que pide y espera merecer de V.S. en Puerto Príncipe a 19 de sept/re de 1834. (fdo) Santiago Candamo.[163]

El mismo día acuerdan, en Cabildo ordinario, remitir el escrito al Regidor, Pedro A. Correoso. El día 14 de noviembre, este, que fungía en esos años como Juez de Teatro, argumenta en su repuesta al Cabildo, *alejados los temores sobre de la epidemia del cólera morbo que nos amenazaba [...] accede a la solicitud con sujeción al reglamento en la materia.*[164]

Como la petición de Candamo fue en septiembre, y temeroso porque la epidemia irrumpiera en el Príncipe –ya habían fallecido varios vecinos–, y la situación económica en la ciudad era caótica, como lo era la del cómico, Correoso aclara en su escrito que

que se refiere Gertrudis Gómez de Avellaneda en su correspondencia a Ignacio Cepeda. Ver: *Diario de amor*. La Habana, 1969.
[163] Cabildo de Puerto Príncipe. Reglamento del Teatro y solicitudes para funciones. Año 1831. No. 40. Leg. 14. Fojas 20-21. No. 1658 del Ayuntamiento de Camagüey. Archivo del autor. El original en el anexo 1.1
[164] Ibid.

en consideración al estado de escases de numerario que se advierte, ha convenido con el mismo D. Santiago Candamo que solo se exija por la entrada general de las funciones dos reales, y otros dos por luneta, abonando Candamo dos pesos por cada función que se hiciera para el Socorro de los Hospitales [...] puede concederse el permiso solicitado, y por consiguiente dar principio a los espectáculos escénicos, cuando lo crea conveniente la indicada compañía, que reducida al mayor estado de indigencia en el transcurso del tiempo en que vino a esta ciudad necesita de este auxilio como único medio que le puede proporcionar su subsistencia.[165]

Candamo tiene en cuenta el cumpleaños de la Reina Isabel II para inaugurar su temporada el día 20 de noviembre. Una nota publicada en la *Gaceta de Puerto Príncipe*, decía: *Todo el teatro estará adornado con la decencia posible, y sus palcos encortinados, la iluminación será completa, clocándose los augustos retratos (de los Soberanos) en el palco del Muy Ilustre Ayuntamiento.*[166]

Escoge para este acontecimiento una de las obras dramáticas históricas, tan en boga en la época en la que predominaba la acción y las lágrimas y la historia, deformada, era pura invención. *Isabel I emperatriz de la Rusia* debe ser la de Luciano Comella, aderezada con música de Blas Laserna, popular compositor de tonadillas escénicas. Al finalizar Joaquín González y el resto de la compañía cantó *una agradable marcha nacional compuesta al adorno de tan grandioso día*. Finalizaba el debut con el sainete, que anunciaban como nuevo, *El pleito del mico y la mona*, presumimos que se trataba de *El pleito de los monos,* muy gustada, estrenada en el Principal de La Habana en 1822.

No conocemos incidencias sobre la representación, pero sospechamos que no sería muy exitosa. El ánimo de los principeños con la amenaza del cólera morbus no debe haber contribuido al éxito y los que asistieron presumimos se sentirían defraudados, ya que seguramente el adorno del teatro sería superior a una obra teatral en la

---

[165] Ibíd.
[166] *Gaceta de Puerto Príncipe*, miércoles 19 de noviembre de 1834, No. 1116.

que participan solo cuatro actores. No se hizo esperar una nota publicada en la prensa, con ribetes de rogativa.

> [...] los pocos que estamos reunidos nos es indispensable continuar ejecutando algunas funciones [...] la compañía carece de algunos actores, esperan de la capital dos hombres y una dama.[167]

Los esperados actores provenientes de La Habana llegan a Puerto Príncipe el mismo día que aparece el apunte; se unen a Candamo, González, Bardanca y la Denis, Antonio Sánchez, Joaquina Rivera, José Franco y Juan de Mata como experimentado tramoyista, cuyo arribo sugiere que una sorpresa espectacular tiene Candamo en sus planes.

El domingo 23 de noviembre Candamo dignifica el escenario de El Fénix, sube al tablado la comedia de Agustín Moreto, *El desdén con el desdén*, en la que se destacaba interpretando al gracioso Polilla. Por esa noche renuncia a los gastados sainetes e impera el buen gusto en el teatro de la calle San Ramón y es que la comedia ofrece margen para divertir con excelencia.[168]

Pero Candamo debe atraer al público para sobrevivir en tiempos tan difíciles, está convencido que es necesario apelar a lo insólito, a lo inédito teatralmente. Un tal Majín Iberni, escullere, quizás escapado de algún circo ecuestre, aparece por el lunetario *en un famoso caballo* [...] *en la famosa comedia de gracioso en tres actos El gran conde de Sardaña y hechos de Bernardo de Carpio*. La obra era de las llamadas de graciosos y Candamo debe haber tenido participación estelar. La comedia se presenta *refundida por uno de los mejores poetas modernos,* se enumeran entre sus virtudes, *versos agradables, multitud de lances y hermosos trajes con que serán exornada.*[169]

El miércoles 17 de diciembre se anuncia una función a beneficio de Candamo, lo califican de *cabeza, director y gracioso de la Compañía Dramática*. Aparece en la *Gaceta de Puerto Príncipe* el aviso.

---

[167] Ibid. Sábado 22 de noviembre de 1834. No. 1117.
[168] Ibíd. Domingo 23 de noviembre. No. 1118.
[169] Ibíd. Sábado 13 de diciembre. No. 1123. Primera mención que encontramos referente al vestuario.

Ilustre público: Dedicado Don Santiago Candamo en corresponder en cuanto le sea posible a las bondades con que tan continuamente le distingue este generoso público, va a aprovechar cuantos recursos estén a su alcance con el fin de obtener la aceptación general presentándoros una función digna de vuestra atención. Tal es la que organizada por las tres artes: Dramática, lírica y cosaica (sic), destinadas al beneficio del que tiene el alto honor de dedicaros del modo siguiente: Después de tocar la orquesta algunas piezas escogidas, se abrirá la escena con la nueva comedia jamás representada en esta ciudad: *A Madrid me vuelvo*, concluida cantará D. Joaquín González una excelente aria de bajo. Sigue D. Santiago Candamo con el nuevo y jocoso unipersonal titulado *Con el dinero se casan muchos no con las mujeres*, compuesto de escenas sentimentales y jocosas, cantará en él la canción nacional conocida por *La zaraza*. Dará fin con el gracioso sainete nuevo nominado *El Globo de Roberson*. Que terminará volando el Sr. Candamo desde el piso del teatro, hasta perderse de vista según la dirección que le de el viento al globo, el que será despedido de la escena echando fuegos artificiales.[170]

A Madrid me vuelvo, una de las comedias que popularizó a Manuel Bretón de los Herreros, de los escasos autores que realizó algún aporte meritorio al decadente teatro español en este período del siglo XIX. La comedia no demoró mucho en llegar a Cuba y se estrenó en La Habana alrededor del año 1828, en el teatro Principal. Puerto Príncipe disfrutó de ella, según el anuncio, seis años después. El unipersonal (monólogo) es posible que fuera escrito por Candamo. En cuanto a la canción "conocida por la Zaraza", suponemos que sería la que ha llegado hasta nosotros: "Por el vino y las mujeres/ se pierde un chico, de mucha gracia/ ¡Zaraza!/ Y cuando va de paseo/ se contonea con mucha guasa/ ¡Zaraza!/ Zaraza no me entretengas/ Zaraza que tengo prisa/ Zaraza corro a ponerle/ cuatro botones a la camisa (sigue)". Su

---

[170] Ibíd. miércoles 17 de diciembre de 1834. No. 1124. Este artificio, festivo vuelo en globo, ya lo había realizado en La Habana el actor Manuel García. Suponemos que estaría a cargo del maquinista (tramoyista) Juan de Mata,
y quizás este truco motivó su incorporación a la compañía.

ascensión en globo, por si sola, a pesar de las calamidades de la época, sería motivo suficiente para atraer público.

Candamo cantó nuevamente un miércoles 26 de noviembre en *La Política y la Crianza al día*. El domingo 7 de diciembre salió al escenario como figurón de un carácter que a todos sorprenderá hasta el más alto grado, en la comedia, *Capricho de amor y celos* o *El amor hace cosquillas* [171] (Fermín del Rey). La misma noche se transformó en un valiente soldado, en el sainete *El valiente y la fantasma*, agregando a la nota, picarescamente, que sostenía varios encuentros con las fantasmas.

En 1835 declaran oficialmente que la ciudad está infectada por el cólera. El gobernador Francisco Sedano comienza a tomar medidas, contradiciendo a algunos médicos que opinaban que la infección y las muertes nada tenían que ver con la terrible peste. Las justificaciones populares pululaban, algunos achacaban la epidemia a una "estrella con rabo", manifestación de la ira divina.[172] Sin embargo, las funciones teatrales no fueron suprimidas. El 10 de enero sube al escenario *El peón de Bayamo*, siempre presente en el repertorio de Candamo, de la que el cómico hacía una verdadera creación al bailar el *Ataja, primo*.[173]

El sábado 17 de enero, día en que habían anunciado el beneficio al actor Bardanca, se suspende la función *con motivo de hallarse indispuestos de salud la mayor parte de la compañía dramática*. Al parecer una infección nada grave, el cólera no se llevó a la tumba a ninguno de sus integrantes.

Candamo prosigue sus presentaciones hasta el día 3 de marzo y posteriormente, continúa la actividad teatral, con otras compañías llegadas al teatro.

El día dos de febrero Candamo ofrece un disparate escénico, pone en escena *La hermosura desgraciada y Reinar después de morir*, de Luis Vélez

---

[171] Estrenada en el Principal de La Habana el 15 de agosto de 1803, como *El amor hace cosquillas. Gaceta de Puerto Príncipe* 25, noviembre y 6, diciembre.
[172] Juárez Cano, Jorge. *Apuntes de Camagüey*. Ob. cit. p. 80. Sedano falleció contagiado por el cólera el día 14 de septiembre, ejerció su cargo por más de veinticuatro años.
[173] *Gaceta de Puerto Príncipe*. 9 de enero 1835.

de Guevara, invirtiendo los sexos. Es lástima que hubiera escogido para este fin jocoso una obra con los valores de esta pieza del dramaturgo español, que él mismo representó en otras ocasiones. Advierte Candamo que *para hacer más sorprendente la diversión, están repartidos los papeles en el orden siguiente:*

D. Inés de Castro, Reina de Portugal................Santiago Candamo.

D. Blanca, Infanta de Navarra......................D. Joaquín González.

D. Pedro, Príncipe de Portugal......................D. Bernarda Denis.

D. Alonso, Rey y padre de D. Pedro............... Un niño de 9 años.

Brito, Criado de D. Pedro........................... D. Joaquina Rivera.

Coello, primer Consejero del Rey................. Un niño de 6 años.

Aldo González, segundo Consejero del Rey........José Franco.

Personages, niños y acompañamientos. Resto de la compañía y comparsas

Esta trasutación de papeles bien ensayada y dispuesta, va llena de jocosida

Des y sales por lo que creo firmemente llenará los deseos de sus dignos espectadores.[174]

---

[174] Respetada la ortografía original. *Gaceta de Puerto Príncipe*, 1ro. de febrero 1835. La idea es copiada de los cómicos habaneros que se presentaban en el Diorama. En el *Diario de La Habana* del martes 19 de febrero de 1834. No. 42 anuncian que se presenta en el teatro Diorama para la "celebración de la proclamación de la Reina Isabel II" y también con motivo del carnaval, una función con la obra *El desdén con el desdén*, de Moreto *en que trocados los personajes el mismo embarazo en que se hallarán estos para sostener con toda al propiedad un carácter que le es violento.*
Diana= Hermosilla/ Cintia= Mata/ Fenicia= Méndez/ Laura= Covarrubias/ Carlos= Garay/ Príncipe= Sra. Rubio/ Conde de Fox= Sra. Pautret/ Conde de Barcelona= Sr. García/ Polilla= Sr. Castillo.

En esta temporada Candamo presentó como edificantes aportes teatrales: *El varón de Monte Pino* (Leandro Fernández de Moratín); *El barbero de Sevilla* (aria de Rossini); *La Marcela o cual de los tres* (Bretón de los Herreros) y *El monstruo de la fortuna* (Calderón e la Barca). Como divertimientos preferidos por el público, raciones de estrafalarios sainetes y las comedias de Fermín del Rey, Álvaro Cubillo, Rodríguez Arellano y compañía, grises pero complacientes siempre con el gusto del auditorio.

La función finalizaba con tonadillas y bailes, también con los sexos invertidos. El anuncio concluía con unas décimas de Covarrubias, que eran de la predilección del público. Y en la que advertimos su espontánea jocosidad no exenta ya en esos años de criollismo.

Como esta función va a ser
con los papeles trocados
me toca por mis pecados
ser esta noche mujer:

Mas se sabrá componer
con gracia tan primorosa,
que campeando por hermosa
entre trigueñas y rubias,
han de decir Covarrubias
es una hembra muy graciosa.

Mas por si en esta ocasión
trastornada la cabeza
con el garbo y gentileza
de mi airosa proporción.

Me demuestra tu pasión;
seas joven, viejo o muchacho
desde ahora te despacho,
y ten por cierto entendido,
que soy hombre de fingido
y de veras soy un macho.

Del 19 de noviembre de 1834 al 3 de febrero de 1835, Candamo totalizó 23 funciones. Finalizó sus presentaciones con *El pintor fingido*, de Vicente Rodríguez de Arellano; *Reine el placer* (quinteto) y *Abre el ojo o La jeringa* (sainete).

VIII

Al despedirse en Puerto Príncipe, Candamo parte hacia Trinidad, donde permanecía todavía el teatro provisional que bautizaron con su nombre, pero se encontraba en condiciones deplorables, el tiempo había hecho estragos al caserón de madera. Se propuso adecentarlo para reabrirlo y presentarse con sus cómicos. Trató de interesar al ayuntamiento y a varios acaudalados, pero todo fue infructuoso, llegó a darse cuenta que estaba luchando con un imposible y desistió de sus propósitos.

En noviembre de 1835 enferma y ya el "gracioso, figurón y director" no llevará más el teatro a los pueblos del interior del país. El día 16 dictaba testamento ante el escribano José Antonio de Silva. Al día siguiente es enterrado en el cementerio general de Trinidad. Había cumplido los sesenta años de edad. Como buen juglar su fortuna solamente consistía [...] *en un negro de Guinea llamado Dionisio y la ropa que se encuentra en mis baúles para el uso del teatro con varias comedias* [...] [175]

IX

Santiago Candamo nació en 1775 en La Coruña, Galicia, hijo de Pedro Fuentes de Candamo y de Francisca Ramona de Panadera. Se nombraba realmente Santiago Fuentes de Candamo de Panadera,[176] pero adoptó el nombre artístico de Santiago Candamo. ¿Por qué? No es difícil conjeturarlo si nos remitimos a la historia del teatro español.

---

[175] AHJLL (Archivo Joaquín Llaverías), Ayuntamiento, Actas Capitulares, leg. 33, y Protocolo, Escribanía de Joaquín Orisondo, fs, 287 vuelto-289 vuelto; APT (Archivo Parroquia Trinidad), Parroquia de la Iglesia de la Santísima Trinidad, Libro de entierros de blancos 8, fs 28-28 vuelto, núm 167. Ver: Fuentes Matons y Abelardo Estrada. Ob. cit. pp. 305-306.
[176] Ibíd.

Francisco Bances Candamo, nacido en Sabugo, con cejo de Grado, en Asturias, en 1662 y fallecido en 1704 en Lezuza, fue un prolífero comediógrafo cuyas obras vieron la luz en 1722 en dos tomos: 21 comedias, autos, zarzuelas, con sus loas y entremeses correspondientes, sin que estuviese incluida toda su producción. Según los críticos abordó temas históricos, mitológicos, fantásticos, *en un estilo exageradamente culto y en extremo gongorino*. Bances adquirió fama como Candamo y sus comedias *corrían sueltas con el nombre de Candamo*.[177] No podemos predecir si tenían algún parentesco, pero no es ilusorio entrever al menos admiración.

¿Qué nos ha quedado de Candamo? Muy poco. Estos testimonios de su vida trashumante, papeles y solicitudes en expedientes. También un monólogo, presumiblemente escrito por él, en el que narra las peripecias de un bebedor que ha dejado el vicio a causa de las aventuras que sufre cuando su nariz adquiere el color de su *compañero Brande*. El unipersonal es ocurrente, si tenemos en cuenta la época a que pertenece y sobre todo, que está escrito confiando en la interpretación del actor que lo represente. Tiene una serie de cubanismos y dos alusiones a Puerto Príncipe: "Mi nariz llegó a ser su Plaza de Recreo" y más adelante: "Un feo y horrible toro divisó mi nariz [...] y enseguida partió para mí con una ligereza de una máquina de vapor en un camino como el de Nuevitas a Puerto Príncipe". Apareció en la *Gaceta de Puerto Príncipe,* el sábado 11 de julio de 1846, con esta breve introducción: *Este chistoso cómico, en su papel de un bebedor reformado cuenta la historia siguiente.* (Anexo 1.2).

También sobreviven dos fragmentos de una carta, en la que, por supuesto, menciona el hambre y la miseria. Es una misiva dirigida a la actriz Bernarda Denis, como ya sabemos residente en esos años en Puerto Príncipe, que suponemos escrita antes de efectuar su último viaje al Príncipe, y la que nos fue mostrada por el Dr. Nicolás Meso de Varona.[178] El deteriorado documento, de reducida extensión, constaba

---

[177] Díaz de Escovar y Lasso de la Vega. ob.cit. t. I. p. 208.
[178] Felipe Pichardo Moya, en su *Estudio crítico* sobre *Espejo de paciencia,* edición facsímil y crítica a cargo de Cintio Vitier, Comisión Nacional Cubana de la UNESCO, 1962, p. 30, nota, escribe: Doña Cupertina de Varona y de la

solo de dos párrafos, sufrió los embates de ciclón Flora (la residencia del Dr. Meso se inundó por su cercanía al desbordado río Hatibonico), según él era prácticamente ilegible desde antes de la inundación.

> *...lo misero de aquí no puede compararse allá cuando partí. Es que el hambre obliga a emigrar. Recyerdo a Galicia y la Coruña, la plaza y el puerto. Por acá dejaré un día los huesos y mi lengua. El teatro ha sido...[...] Que preparen bujías en (ilegible) para la araña del Coliseo si es que está allí y la hoja de la lata no pereció, siento el hedor del sebo pero creo que en remedio en [...]*

En nuestra amena conversación con el Dr. Meso, nos refería que Candamo era muy popular en Puerto Príncipe porque fue uno de los que representó comedias tempranamente. "Lo muestra —nos decía— ese monólogo que me revelaste, publicado años después de sus presentaciones en el Príncipe. ¿Quién lo publicó? Demuestra como lo recordaban.

Laureano Fuentes refiere que cuando se destruía el ruinoso teatro en Santiago de Cuba, se encontró, en el cuarto de útiles, una caja antigua que había servido de banquillo y al levantarla, se desclavaron las tablas del fondo y quedaron en el suelo varios libros y comedias, listas, cabos de velas, un triángulo de acero, con el cual se acompañaba la música y una gran carpeta de cartón que contenía varios papeles de música... que bien poco se podía ver. Había fechas de 1818. *Esta caja no se había abierto desde la época de Candamo*, dice don Laureano.[179]

Siempre que leo esta descripción asocio la caja con su baúl, su único tesoro, con sus disfraces y comedias. Uno de los "baúles magos" de que hablaban los viejos comediantes españoles. Esos cofres repletos de sorpresas donde dormían desde la barba postiza hasta los trajes cargados de piedras imitando las preciosas, baratijas de vidrios. Y medito sobre la etapa que nos habla Fuentes, y pienso que parte de esa época la realizó Candamo con su "trípili-trápala", los vuelos en globo

---

Torre, viuda de Meso [...] distinguida dama, que llevada de su amor al pasado, y a costa de sacrificios y desvelos, ha sabido reconstruir inteligentemente gran parte de la genealogía y la historia principeñas [...]
[179] Fuentes-Estrada. ob. cit. p.157.

con fuegos artificiales que salían de los escenarios, los teatros de madera gestados a su paso, en difíciles partos, extrayéndolo todo de su mágico baúl. Pienso también que la época que ayudó a forjar Candamo, estuvo marcada para él con la angustiosa supervivencia.

III Andrés Prieto: una compañía profesional

En 1810 arriba a La Habana un actor "sobresaliente en los teatros de la corte" que ocupó el primer lugar en lo cómico como en lo trágico según un suelto del *Diario de La Habana*. Los empresarios Manuel Azian y Juan José Sotillarena le ofrecen dirigir la compañía de aficionados del antiguo Coliseo, el Principal de la Alameda de Paula. De ella sabemos mucho más que de muchas otras que a imagen y semejanza de las españolas actuaron en la isla. Se conocen sus integrantes en la temporada de 1810-1811 y que al año siguiente se dedica a tragedia, comedia, ópera y baile y cuenta con carpintero, cobrador, escribiente, sastre, peluquero, portero, guardarropía, contratista de luces, orquesta, maestro tramoyista y los habituales «consuetas».[180] Es la primera profesional que conoce La Habana. Para Serafín Ramírez, en *La Habana artística*, su caballo de batalla fue *El delincuente honrado*, de Jovellanos, mientras Yolanda Aguirre cree que debutó con *Pelayo* y no se hizo sentir especialmente en lo dramático sino en lo lírico, con el estreno, entre otras, de *El califa de Bagdad*, de Boieldieu.[181] De acuerdo con los anuncios de la prensa, deduce era un repertorio de calidad, no solo por las comedias de magia, sino por las versiones de Shakespeare y de *El cid* de Corneille.

En el prólogo a *Teoría del arte dramático*, escrita por Prieto en 1835, a petición del Real Conservatorio de Madrid, su editor contemporáneo, Javier Vellón Lahoz, apunta valiosos datos biográficos. Pero hay un vacío sobre La Habana y la capital de México en el relato aún muy desdibujado de la vida de este actor de mundo, polémico y trashumante.[182] ¿Qué edad tiene cuando llega a Cuba? Si entre 1801 y 1804 se desempeña como sexto galán de la compañía española de

---

[180] Ver anexo no. 2.1
[181] Ramírez, Serafín y Aguirre, Yolanda. ob. cit. "De Andrés Prieto a Andrés Pautret". pp. 37-53.
[182] Prieto, Andrés. *Teoría del arte dramático*. Edición, introducción y notas de Javier Vellón Lahoz. Madrid: Fundamentos, 2001.

Barcelona, (proviene de Reus), pasa de "actor barba" de carácter anciano en 1805 a primer "barba" y así es "embargado" a Madrid, debe haber comenzado su carrera a finales del siglo XVIII. En 1805 debuta en Madrid en las compañías del Príncipe y los Caños del Peral y empieza su relación de aceptación-rechazo con el gran cómico nacido en Cartagena, Isidoro Máiquez, desenvuelta entre la lealtad a su maestro y sus deseos de no ser relegado. Prieto se forma en su escuela –un estilo natural que producía un efecto realista en el auditorio– y aunque en 1806 consigue representar uno de los papeles del gran actor en *El opresor de su familia*, de Duval, es el "segundo" de Máiquez. Tras la invasión napoleónica, acompaña a su maestro a Granada y Málaga, donde resiste a la ocupación francesa, sigue a Bayona y luego a Cuba ya que el anuncio de los asentistas del Principal tiene fecha del 22 de abril de 1810 y serán ellos los que lo contratan y "ajustan" a los actores. Prieto había logrado ser primer barba.

Cinco meses después arriba a La Habana y a solo seis días de su llegada, debuta con *Pelayo*, de José Manuel Quintana, el 12 de septiembre de 1810. [183] La empresa sufre un "quebranto" de más de cuatro mil pesos pero lo contrata. Los actores del patio "no han tenido método que imitar" y se disponen a recibir "dóciles y contentos" la "doctrina" del director. Para compensar el esfuerzo, exigen un moderado aumento del precio de la entrada. [184]

Desgraciadamente, no he hallado comentarios sobre su debut. La primera crónica (anexo 2.2) del jueves 13 de septiembre de 1810, es el beneficio al actor José Ángel Oceguera. Se representa *Gloria del Valle de Roncal o el héroe D. Mariano de Renovales,* del Patán Marrajo, seudónimo de un autor de la localidad, ya que así está firmada una obra impresa en 1808, atribuida por Bachiller y Morales a José de Arazoza, de la imprenta del mismo nombre, firma que usa en sus artículos jocosos. [185]

---

[183] Leal, Rine. Ob.cit. p. 226.
[184] Aguirre, Yolanda. ob.cit. Incluye el suelto del *Diario de La Habana* no.12. p. 36.
[185] Firmada *Conversación del cura de la aldea con dos feligreses refutando la nueva ilustración francesa*. Impreso, según Pérez Beato, en La Habana, 1808, debido a su papel y tipografía. Se hace referencia a *El Aviso* publicado por esas fechas.

Un espectador escribe al *Diario de La Habana*, defraudado por el "abandono" de un cómico que descuidó su ejecución, pendiente de la «palangana» en la que echaban las pesetas en la puerta: "No quieren los actores, estudiar; los ensayos no tienen de tal más que el nombre: así está V. un día y conocerá que algunas piezas salen buenas por casualidad" [186] (2.2). Se acostumbra colocar en los beneficios una bandeja a la entrada del teatro para que el público aporte su contribución. Es muy probable que a pesar de las injusticias de la crítica, la compañía que encontró Prieto era, como ha expresado el Regañón, deficiente, pues reunía actores experimentados llegados de la península y aquellos cuya única instrucción consistía en leer "las viejas comedias y los disparatados romances y entremeses que se vendían en la librería de la Plaza". El arte de representar les era desconocido "por falta de originales". [187]

Aparte de las obras referidas en las crónicas, Pérez Beato menciona entre las puestas del mes de enero de 1811, *La novia impaciente, Hacer castillos en el aire, Estafa, pompa y pobreza, El héroe de Somosierra o sea el empecinado* y los sainetes *El majo de repente, La madre e hija embusteras* y *El maestro de niños o las roscas*, así como que el 28 de abril Covarrubias protagoniza *La casa de hombres solos* [*sic*], que debe ser *Los hombres solos*, de Ramón de la Cruz, cuya entrada cuesta un real menos que las anteriores, de cuatro reales. El 10 de junio se representa la comedia *Los títeres* a beneficio de Gamborino.[188] Se conoce por *El Lince* que *Finezas de Inglaterra en la nación española y jura de Fernando VII*, por el marqués de la Romana, se representó el 12 de febrero con una danza patriótica, una marcha nacional por Sabatini y Polanco junto con el sainete *El chasco de*

Bachiller y Morales, Antonio. *Apuntes para la historia de las letras y de la instrucción pública de la isla de Cuba*. La Habana: P. Massana, t. II. La Habana: Imprenta del Tiempo, 1860. p. 120.

[186] A partir de aquí las crónicas del anexo 2, halladas por Jorge Antonio González y revisadas por Miguel Sánchez, se identifican con números para su más fácil localización.

[187] *El Regañón y el Nuevo Regañón*. ob.cit. pp. 487-488, 328. Prólogo de Lezama Lima, José. "Buenaventura y el Regañón".

[188] Pérez Beato, Manuel. ob.cit. no. 6 febrero 15 de 1893. pp. 86-89.

la sambumbiería de San Lázaro, atribuida a Covarrubias. Costaba 4 reales. En beneficio de Melchor Vichot. *El Lince* 12 de febrero de 1811.

El 21 de abril de 1811, Bufo Siriaco, crítico asiduo, le lanza una suave «pedrada» a la compañía. Carece del prospecto con los nombres, sueldos y obligaciones de los actores, pero cree que estos "se esforzaron en agradar al público" y pronostica "que las comedias de la presente temporada, tendrán en la escena toda aquella propiedad, que sólo se ve cuando son dirigidas y representadas por buenos actores". Se observa un progreso notable. Sin embargo, clama por "trajes decentes" pues sin ellos "se pierde la ilusión" y se horroriza cuando en la ópera *La Isabela* aparece "un niño negro" para "disgusto general", ya que es "ridículo y despreciable, la notable diferencia del color del hijo al de sus padres, que lo hacía inverosímil" (2.3).

Ensayada y dirigida por Manuel García, contó con notable actuación de Mariana Galino e Isabel Gamborino, "gesticulación" de Miguel Gómara, primer bufo de la ópera de Cádiz, (profesor de música declaran sus documentos de embarque) [189] y seguidillas manchegas bailadas por Manuela García Gamborino y Joaquín González, coreógrafo del Principal. Debe ser la "ópera jocosa-seria" de Luciano Francisco Comella (1794) quien se empeñó en "llamar óperas a los dramas en que se canta algo con los nombres de cavatina, recitado, aria, dúo, terceto y aún seguidillas boleras". Pero el cronista escribe que "no es ópera ni a por un sueño". [190] Música y texto son de Comella a partir de la comedia de Leonardo de Argensola aunque Blas de Laserna escribió una con el mismo título y letra.[191] Sin embargo la representada en la isla debe ser la compuesta para Los Caños por Joaquín Bidangos, presbítero tenor de la capilla de la Encarnación en Madrid, a manera de

---

[189] Archivo PARES. Madrid. Arribadas 441, no. 261.
[190] *Continuación del Memorial literario instructivo y curioso de la Corte de Madrid.* Madrid: Imprenta Real, 1794. p. 237.
[191] Moreno Mengíbar, Andrés. *La ópera en Sevilla en el siglo XIX*. Universidad de Sevilla, 1998. p. 353.

pasticcio con trozos de óperas italianas "mal zurcidos y peor combinados".[192]

Con Prieto arriban actores y actrices de "recitado" y canto (2.1). Isabel Gamborino formó parte de las compañías de la Cruz y los Caños del Peral. Proveniente de Los Sitios, se da a conocer en 1804 con *La moza de cántaro* y al año siguiente, canta en el coliseo de la Cruz *El hospital del amor* con música de Esteban Cristiani. Su hermana Manuela se especializa en baile. Galino debuta antes, el 7 de agosto de 1799 en Madrid, en el Coliseo del Príncipe, en la compañía de Francisco Ramos, presentada por Antonia Prado, esposa de Máiquez. Oficiala de guantero, se impone por su bonita voz como segunda en el Príncipe y en 1802 gana 18,000 reales anuales en los Caños.[193] Seis años más tarde actúa en Granada, precedida de esa fama, junto a su esposo Josef Alfaro, pendientes ambos de "embargo" a Madrid o Aranjuez.[194] Juan Pau pasó de soldado a tenor con un sueldo de 16,000 reales; Juan Muñoz era excelente *caricato* y Manuel García [¿Reyes?], tenor, *el malo*, de Valladolid, poseía experiencia musical. El adjetivo lo diferencia de Manuel del Pópolo Vicente García y de otro Manuel, hermano de Prieto. Manuel Vicente se convirtió en cantante y compositor relevante para el cual Rossini compuso las partes de tenor de algunas obras. Sin embargo en la isla "El poeta calculista" se publica como anónima en *Diccionario de las musas* y un artículo de *La Cartera* (1840) se limita a contar cómo su mal carácter influyó en el temor de su hija, la gran Malibrán, al interpretar Desdémona.[195]

---

[192] *Gaceta Musical* no. 24. 15 de abril de 1856.
[193] Cotarelo y Mori, Emilio. *Isidoro Máiquez y el teatro de su tiempo.* Madrid: Imprenta José Perales y Martínez, 1902. p. 66.
[194] Ver Oliver García, José Antonio. *El teatro lírico en Granada en el siglo XIX (1800-1868).* Universidad de Granada, 2012. pp. 61-62.
[195] González del Valle, Manuel. *Diccionario de las musas: donde se esplica lo mas importante de la poetica teorica y practica con aplicacion de la retorica y mitologia en lo que se juzga necesario.* [sic] Nueva York: Casa de Lanuza, Mendia y G. 1827. Durand, Pierre. "Una representación de Otelo en los Estados Unidos". *La Cartera.* Vol. 5. (julio 1840) pp. 155-156.

Desde su arribo Galino es una atracción. Según Miguel Aníbal de Narco, el 22 de abril de 1811 encanta con sus "gorjeos", aunque está molesto por las interrupciones, el desorden y el palmoteo del público y la actitud de los "inciviles" que exigen a gritos la repetición de un aria "como si fueran seguidillas o canción patriótica", lo que es como repetir "las relaciones en una comedia, los párrafos en la historia, o la salutación en un sermón" y no está de acuerdo en fatigar así a los actores (2.4). Con Prieto, el público aprende el comportamiento y las convenciones del teatro.

Los actores de verso tienen dotes musicales por lo que resulta difícil limitarlos a una estricta disciplina. El sevillano Hermosilla hizo en 1807 en el coliseo de Cádiz la comedia de gracioso *La fuerza del natural* de Moreto y al año siguiente se anunció en *Los viejos fingidos*, de Ramón de la Cruz, con una cavatina. Junto a Sabatini, García y Pau trabajó en la Compañía Cómica de esa ciudad. Con Galino interpreta en 1809 *La Isabela* y el sainete *El lugareño en Cádiz*, de Juan Ignacio González del Castillo. [196]

En La Habana el 1ero de mayo de 1811 se estrena *Numancia destruida* y el comentarista la sigue texto en mano como la mayoría de los espectadores. Pero defrauda porque "no se desplomó un edificio, no se vio arder un palitroque, ni un cartón, y solo se vio una llamarada que sin ofender cosa alguna, se desapareció como un relámpago". Cuando Megara dice a Cipión "romano injusto, ya no existe Numancia", un espectador quizás exclama "Numancia está tan intacta como la hora en que fue construida," ya que habituado o deseoso de ver acción sobre la escena a lo comedia de magia y dispuesto a exigir fidelidad a los decorados sugeridos por Ignacio López de Ayala, el público no se satisfizo. Muchos se fueron a mitad de la función y volvieron solo para oír a la Galino en la tonadilla. Comienza la decepción con el director a quien se sugiere "ser imparcial" y distribuir "los papeles con arreglo a la habilidad y carácter de los individuos de la compañía sin ningún espíritu de partido" (2.5). Ensayada y dirigida por

---

[196] *Diario Mercantil de Cádiz* número 94, abril 4, 1807; *Diario Mercantil de Cádiz* 146, 27 de mayo de 1809; *Diario Mercantil de Cádiz* número 90, marzo 31 de 1807.

Andrés Prieto, trabajan Gamborino, Carrillo, Alfaro, Rosal, Palomera, Oceguera y Valdés. Si bien Prieto desempeña esa función, fungen además como responsables artísticos Rosal, Alfaro, las Gamborino, Sabatini, Valdés y Carrillo. Termina con la tonadilla *Hipólita y Narcisa* por Galino, Manuel García y Manuel Prieto así como *El disfraz venturoso* por Hermosilla. [197]

Para estas fechas se presentan programas de concierto, ópera y las tradicionales tonadillas que, aunque ya en declive en la península, son el plato más gustado de las representaciones, pero casi no son reseñadas. *La travesura*, de Etienne N. Méhul, *El barbero*, de Paisiello, *Los dos presos*, de Dalayrac y otras partituras "dignas de respeto" –argumenta Carpentier– están en repertorio, pero cuando toca la orquesta, dirigida por Juan Peña, el público la recibe con dureza. "¿Mas de qué sirve que el Sr. Pau, la Sra. Galino y otros buenos cantores se esfuercen en agradar al público, si tropezamos a cada rato con una orquesta compuesta de maestros y malos discípulos?" Sin embargo, *El poeta calculista*, de Manuel Vicente García, interpretado por Juan Pau, "llenó enteramente el gusto del público" a pesar de que fastidiaban los monólogos. (2.6). Es imposible saber si Pau cantó las arias de la famosa opereta –con el celebrado "Yo que soy contrabandista" aplaudido en París en 1809– o solo las de recitado como el «libreto» publicado por Manuel González del Valle. [198] El éxito de Pau fue tal que solicitan sustituya a García en *La Isabela*.

Con *Otelo*, Prieto recibe un gran reconocimiento así como Palomera, Rosal y Alfaro.

> ¡Qué bien ejecutó todos los lances, y en particular aquel de la última escena en que embargados sus sentidos por el amargo pesar que lo devoraba por haber dado muerte a su amante Edelmira se prepara para el suicidio! Su semblante, sus miradas, la suspensión, y en fin todos sus movimientos indicaban del modo más vivo su confusión y su despecho (2.7).

---

[197] Pérez Beato, Manuel. *El Curioso Americano* no. 6 (febrero 15 de 1893). pp. 86-88.
[198] González del Valle, Manuel. ob. cit.

En la isla, lejos de su maestro, Prieto hace a sus anchas los personajes trágicos de Máiquez y hasta es muy probable, las mismas versiones castellanas de Teodoro Lacalle, adaptadas por Duci. [199]

Sin embargo, incidentes varios (Prieto anunció una comedia nueva y "con todo panegírico" ofreció una repetición) y cancelaciones por enfermedad, conducen a una airada carta de un tal Barbatexa, quien lo acusa de fingir su dolencia para no actuar así como de ser desagradecido con la acogida recibida. "La Habana no es un villorrio, sino una ciudad de las que están en el primer rango, que hay mucha gente ilustrada, muy pocos bobos y mucha generosidad y hospitalidad, y que si V. sigue en estos términos nos dará pruebas nada equívocas de su ingratitud a los muchos favores que le han dispensado" (2.9). Prieto contesta, avalado por dos médicos, ya que necesitó presentar pruebas de que, aquejado de una terciana doble, estaba en cama. Se defiende ya que "se ha engañado a este ilustre público con una impostura evidente, designándome con mi propio nombre y apellido para hacer más odioso a un individuo, que con tanto esmero procura desempeñar su arte" (2.10). Se suceden los comentarios encontrados.

La prensa hurga en su dolencia y de paso, en los problemas internos de la compañía. También trascienden rasgos de su personalidad. Según un espectador, está "poseído de la presunción del pavo", tiene a la compañía dividida en "partidos" y se ha granjeado el odio de algunos de sus compañeros. A los habituales al teatro les disgusta su sueldo de quinientos, pero también "la mala repartición de los papeles, la poca disposición de las decoraciones, el hedor del alumbrado de las candilejas, que causan quejas del público y los actores, principalmente las cantarinas; los gritos inoportunos del Sr. Granados y lo que mortifica éste también con su apestoso cuarto a los que consumen cerca de él" (2.11).

---

[199] Cf. *Neoclásicos y románticos ante la traducción*. Lafarga, Francisco, Palacios, Concepción y Saura, Alfonso. eds. Universidad de Murcia, 2002. Ver Clara Calvo. "Románticos españoles y tragedia inglesa: el fracaso del Macbeth de José García Villalta". pp. 59-72.

En nombre de los abonados, un podatario defiende a Prieto aunque critica las comedias de amoríos en las que se «derriten» en miel Rosal y Sabatini y convierten en "lupanar un lugar consagrado a corregir las costumbres, presentando buenos modelos" (2.12). María Sabatini contesta con una "Primera zurra al falso podatario de los abonados al teatro", ocho páginas en octavo, del 1ero de octubre de 1811. [200] Casada con Antonio Hermosilla, llegó con él y su hijo Antonio desde Cádiz. [201] No sobrevive el texto de la *zurra*, pero sí muchas referencias a la tragedia que tiene en vilo a la ciudad. José Alfaro, esposo de Mariana Galino, celoso de Antonio Rosal, apuñala a la operática en su casa de la calle Luz número 1 y creyéndola muerta, se suicida. Es el 9 de agosto de 1811, La Habana vive su segundo escándalo y la vida íntima de los cómicos, en primer lugar la de Prieto, sale al ruedo público. Mariano de Rey Aguirre escribe veintiséis décimas sobre el trágico suceso "que excitaron una hilaridad general por sus absurdos" y fueron muy comentadas y satirizadas por sus palabras inventadas y sonoras así como una obra en verso sobre la catástrofe. [202]

El *Diario*… publicó el acta de una reunión de los empresarios del teatro en la que se estipula con precisión cuántas funciones deben representar Prieto y Rosal (su sustituto) y las condiciones de trabajo de la compañía de las que se infieren relaciones muy tensas entre sus integrantes (2.13).

Alfaro –primer actor de una compañía de Málaga que optó años antes por una plaza de maestro de Declamación– pierde la vida, Galino sale ilesa y a los dos meses canta su popular *Isabela*, que todos saben de

---

[200] Trelles, Carlos Manuel. *Bibliografía del siglo XIX*. Matanzas: Quirós y Estrada, 1911-1915. t. I. p. 67.
[201] Juzgado de Arribadas de Cádiz. Archivo PARES. ES.41091.AGI/25.268.4.
[202] Bachiller y Morales, Antonio. *Apuntes para la historia de las letras y de la instrucción pública en la isla de Cuba*. Tomo III. Habana: Imprenta del Tiempo, 1861. p. 144 y Trelles, Carlos M. *Bibliografía cubana del siglo XIX*… t. 1 ob. cit. p. 87.

memoria. [203] Un admirador escribe que Galino posee "buena voz, particular destreza y un conjunto de todas las gracias. No puede darse prueba más completa que la que ha presenciado el público en la ópera de *La travesura* y experimenta en *La Isabela*." Celebra su adecuado vestuario al "presentarse en el teatro con una decencia que debiera imitarse" (2.16).

Prieto alcanza un gran momento en *Orestes,* de Vittorio Alfieri, probablemente traducido por Dionisio Solís.

Yo, Sr. Redactor, había visto lleno de admiración el encanto, que en la noche del 9 produjo en todo espectador sensible la pasmosa, interesante y nunca bien ponderada ejecución que del Orestes hizo ese actor, singular en sus miradas, su ademán, sus actitudes, su majestuosa marcha, su bella persona, su elocuentísima gesticulación y digno del común aprecio, más que por todo, por la decencia y decoro con que aún en sus acciones más cariñosas trata a este ilustrado público (2.17).

Chumbito escribe al *Diario...* el 21 de noviembre de 1811: quiere ver representar a Prieto *El delincuente honrado*, de Jovellanos. Un comentario probablemente irónico ya que Covarrubias se excusó de su mala interpretación de la misma obra, representada de improviso. [204] Se solicita incluir en el repertorio *Entre el ruido de las armas gritan las leyes o degollación de Luis XVI,* escrita por *una musa del suelo habano* (2.16). Con el tiempo, las cartas al *Diario...* contienen demandas en lugar de juicios sobre los espectáculos y aluden a rencillas, rivalidades y problemas entre los actores. A pesar del descontento, el público considera la compañía como algo propio, requiere que determinado papel sea interpretado por un actor de su aprecio, solicita la repetición o inclusión de una pieza o se adhiere a su intérprete favorito. Se comentan las pérdidas de la compañía, la baja calidad de los programas y se discute por qué algunos actores tienen dos beneficios. Alguien se

---

[203] Soria Tomás, Guadalupe. "La Junta de Teatros y la instrucción actoral (1799-1804)". *Acotaciones.* julio-dic. 2009. pp. 9-32.
[204] Leal, Rine. ob.cit. p. 228.

disgusta con *Armida y Reinaldo*, de Vicente Rodríguez de Arellano, elegida por Rosal, quien se esfuerza por sostener su crédito "como que de él depende mi subsistencia; que para conseguirlo he procurado hacer uso de las piezas [...] que se representan en todos los teatros de la península, principalmente en los de la Corte" (2.20). Un cómico se interesa por la rebaja del sueldo a los artistas. Otro argumenta que los empresarios pierden dinero por el desorden, pero ganan porque poseen repertorio, mejoras en el teatro, guardarropías y disfrutan de cuatro palcos en cada función.

Cuando el 31 de marzo de 1812, Galino, probablemente harta de esas menudencias, avisa su partida, se desata el furor en una ciudad que no quiere despedirse de su estrella (2.24). Para disuadirla, la empresa le ofrece los *quinientos* más satirizados de la historia. Ataques poéticos, epigramas y décimas caricaturizan el egoísmo de la cantante, cuyo canto no es tan *fino* para que cueste *quinientos*.

> Que la viuda esté afligida,
> e implore auxilio divino;
> todo esto importa un comino;
> no hay que romperse los sesos;
> que a bien que quinientos pesos
> tiene Mariana Galino.
>
> ¡Que la Habana esté indigente!
> la marina no pagada,
> su infantería arrancada,
> su tesorería insolvente;
> que de miseria la gente
> reniegue de tal destino;
>
> Todo esto importa un comino;
> no hay que romperse los sesos
> que a bien que quinientos pesos
> tiene Mariana Galino.
>
> Que la casa de indigentes
> la miseria esté llorando:

> que en Paula estén clamoreando
> mil infelices dolientes;
> que doncellas inocentes
> por pobre no hallen destino;
> todo esto importa un comino;
> no hay que romperse los sesos;
> que a bien que quinientos pesos
> tiene Mariana Galino. [205]

Prieto se ofende. Galino ganaría casi más que él. Los desencuentros siguen en los periódicos. Se hace un alto a la controversia, los cómicos olvidan sus desavenencias y dedican una función a la "afligida patria", mientras los empresarios precisan a Prieto, a quien le recuerdan que "el público sensato no puede ver sin disgusto los celos y rencillas de la compañía de actores porque son desagradables y fastidiosas". Galino no se marcha, contenta con su sueldo, pero Prieto, humillado, contesta con laconismo, como en una salida teatral: "No puedo aceptar el partido que Vds. me proponen sin ofender mis intereses, y lo que es más, mi estimación cómica" (2.27).

Su presencia a lo largo de las crónicas citadas y en catorce números revisados del *Diario de La Habana* es intensa. Prieto actuó tres años en La Habana. en una temporada única. Aquí algunos anuncios correspondientes al mes de octubre de 1811.

> *A una grande heroicidad pagar con otra más grande* [de Antonio Valladares de Sotomayor] en la que ejecutará el papel principal el Sr. Prieto. Intermedio de baile y se dará fin con el gracioso sainete *El agente de sus negocios.* 1 de octubre de 1811
>
> *Si una vez llega a querer la más firme es la mujer,* [de José de Cañizares] en la que ejecutarán los papeles principales la Sra.

---

[205] "Los Quinientos". "Datos para la historia del teatro en Cuba". *El Curioso Americano* 12 (mayo 15 de 1893). pp. 179-180.

Gamborino y el Sr. Prieto. Una buena tonadilla. Saynete. *Los pajes golosos* [de León Marchante]. 3 de octubre de 1811.

El amor y la intriga, en la que harán los papeles principales la Sra. Sabatini y el Sr. Andrés Prieto. 22 de agosto de 1811.

Comedia de gran teatro, cuyo adorno, decoración y tramoyas han sido hechas y pintadas por el célebre maestro europeo, D. Juan Aparicio, a quien la casualidad ha conducido a este país. La obra es *Hay venganza que es clemencia,* retocada y arreglada por el Sr. Castillo y dirigida por el Sr. Rosal. Intermedio de canto por la Sra. Galino. Sainete. *El antropoceno o el resucita muertos.* 24 de octubre de 1811.

El examen de sus maridos. Intermedio de baile y final de fiesta con un sainete. 31 de octubre de 1811.

Aparicio, maquinista y pintor del Teatro Cómico de Sevilla, se destacó en el montaje del aparato escénico de *La toma de la plaza de Oczakow,* de Comella, el 25 de junio de 1806 y junto a Vicente Moreno y otros asistentes, logró que se ofreciera "con todo su correspondiente teatro". [206] Natural de Algeciras, llega a la isla por azar y también así se menciona en la autobiografía del esclavo Juan Francisco Manzano, su ayudante por unas horas en Matanzas, cuando transformaron juntos un "escaparate viejo" en una cascada. Manzano, quien trabajó como peón para el pintor, reconoció que era diestro en su arte. [207] El creciente papel que trampas, practicables, tablas, pendientes y otros artilugios tiene en la representación hasta muy entrado el siglo, en ocasiones rebaja o desplaza al actor ya que el público busca y reclama "comedias de teatro".

En octubre de 1812 llega Teresa Canal, graciosa y característica que al año siguiente está casada con Rosal, vecino de La Habana y solicita regresar de España con él, entonces de treinticinco años.

---

[206] Plaza Orellana, Rocío. "La pintura de escena sevillana (1795-1815). Escenógrafos del teatro cómico". *Laboratorio de Arte* (2010).pp. 553-564.
[207] Manzano, Juan Francisco. *Autobiografía de un esclavo.* Wayne State University Press, 1996. p. 114

También vino la primera dama Antonia Rodríguez, ajustada con 250 pesos, cincuenta más que Covarrubias, cantante de los teatros de Cádiz en 1799.[208]

El triunfo del Ave María, atribuida a Rosete Niño, es una de las más gustadas de 1814 por las truculencias. Rafael Palomera, caracterizado como el moro Tarfe, salía del patio de butacas a desafiar a los cristianos mientras Carlos, de igual apellido, a caballo por la entrada de lunetas, sostenía en la mano la cabeza del moro.

Rine Leal despide a Prieto en 1815, dos años después del incidente con Galino, aunque no brinda detalles de sus actuaciones. El repertorio de este año difiere de manera sensible en la calidad de los textos respecto a los elegidos por Prieto quien, de acuerdo a Vellón Lahoz, vuelve a Granada y hace temporada en Barcelona.[209] En esa ciudad se junta con Peluffo, Robreño, Viñolas y Molina, a los que presumo debe haberles hablado de la isla pues muchos están próximos a viajar. Lucha

---

[208] Saldoni y Remendo, Baltasar. *Diccionario biográfico-bibliográfico de efemérides de músicos españoles*. Volúmenes 3-4. Madrid: Imprenta Pérez Dubrul, 1880. p. 286.

[209] Relación incompleta de obras: *Ir por lana y salir trasquilado, El bruto de Babilonia, La madre hipócrita, La venganza festiva, Cleopatra y Marco Antonio, El mudo de Arpenas, De donde tienen, El marido sofocado, La casualidad contra los cuidados o los bigotes del moro, A el amor de madre no hay afecto que le iguale o Andrómaca y Pirro, Esposo y trono a un tiempo o sea el mágico de Serván y tirano de Astracán, Las minas de Polonia y tirano de Sadomir, Quien escucha su mal oye, De un engaño otro mayor y de otro sacar verdad, Lo poco que hay que fiar en lágrimas de viuda, La piedra fundamental o el buen gobernador, El picarillo en España y señor en la gran Canaria, Aviso a los casados, Lo que pasa entre herederos, El caballito jaleado, Eurídice y Orfeo y los sainetes El tonto tirulito o los pichones, El chasco del mantón, El soldado tragabalas y cureñas, Los tres huéspedes burlados, Tía mía de mi alma, El maestro de tunantes y las tonadillas Los maestros de la Raboso con la famosa tirana del trípili trápala, El presidiario, Los hidalgos de Medellín, El desengaño feliz o el negrito, las óperas Ricardo corazón de león, El vaso de agua o la intriga del billete, El maestro de la niña, Una travesura, La escuela de los celosos, La Isabela, La feliz casualidad, El duende fingido o secreto y números de canto como Los pichones, dueto pantomímico del Sr. Rosales y la Sra. Manolita El chasco de la fuente o los aldeanos* y el baile *El fandango. El Curioso Americano* no. 8. marzo 15 de 1893. pp.120-121.

por apoderarse de los personajes de Máiquez –vive su gran momento profesional– hasta que en 1824 huye a Francia y se le pierde el rastro. Pero en Cuba su figura no se desvanece. El 18 de agosto de 1813 Antonio Peojan le critica a Francisco Covarrubias y a la empresa del Principal "su escandalosa parcialidad, por su atrevimiento de chocar con la opinión pública, que clamaba por Prieto, y en fin, por su acreditada ineptitud o falta de conocimientos para saber calcular y apreciar el verdadero mérito de este admirable actor". Se representa *El cerco de Calahorra o La constancia española* y al parecer Covarrubias hizo un comentario desatinado del cual tuvo que retractarse. Prieto se ha marchado o está en vísperas de hacerlo (2.28). [210]

Dos décadas después, en las *Memorias de la Sociedad Económica*, un autor anónimo recuerda a quien "obtuvo por mucho tiempo y en diversas temporadas teatrales la mayor aceptación pública". Reconoce que los progresos en el arte de la declamación "no son suficientes a formar muchos Máiquez ni aún muchos Prietos. [...] Seamos francos, después de Prieto no hemos visto un actor que arrancara aplausos puros, espontáneos y un entusiasmo legítimo". [211] Pérez Beato, al hallar una edición de *El marido cortejante o la lección y la educación o las dos primas hermanas*, impresa en 1825, se pregunta más de cincuenta años después, si era obra del muy respetado actor. [212]

---

[210] Pérez Beato, Manuel. *El Curioso Americano* no. 5. (1ero de febrero de 1893). pp. 68-69.
[211] Anónimo. "Revista artística. Crónica insular". *Memorias de la Real Sociedad Económica de La Habana*, t. I. La Habana: Imprenta del Gobierno y la Sociedad Económica, 1846. pp. 47-60.
[212] Pérez Beato. ob. cit. *El Curioso Americano* no. 6. (15 de febrero de 1893). p.1.

IV Covarrubias y Prieto

Sin embargo, lo más importante de la temporada habanera de Prieto ha sido pasado por alto, su vínculo con quien se considera el padre del teatro cubano, Francisco Covarrubias. ¿Quién es el habanero que compite con Prieto en popularidad? Un actor natural. Nacido en La Habana el 5 de octubre de 1775, abandona sus estudios de cirugía, como escribe su biógrafo José Agustín Millán, y en lugar de "domeñar las dolencias del cuerpo humano", es "dueño de las pasiones, señor de las voluntades y objeto de los aplausos". Y así permanece en la memoria desde que debutó en 1800 hasta que se despide del público el 22 de noviembre de 1848, después de casi cincuenta años en los escenarios pues aparece ocasionalmente en funciones y beneficios. Si nos detenemos en su retrato, ¿litografía de 1841?, reproducida por Larrondo y Maza, [213] es imposible adivinar en el rostro cansado de ojeras profundas, al actor grácil, ocurrente y desenfadado que nos ha legado la posteridad. Se le atribuye a su familia una posición económica decorosa, ya que estudia latín y filosofía, alcanza altas calificaciones como alumno de Tomás Romay y llega a graduarse de Bachiller en Derecho. Muchas conjeturas existen alrededor de sus inicios como aficionado en comedias caseras y en un "teatrico de Jesús María" al interpretar *El tetrarca de Jerusalén,* de Calderón de la Barca, el monólogo *Guzmán el bueno,* de Tomás Iriarte y *El Hannibal,* soliloquio lírico de Juan Ignacio González del Castillo. Dicen que cuando eligió ser cómico, su familia se encerró de riguroso luto.

Cuando el empresario José Eustoquio de la Fuente (especulador resuelto y sin dinero lo llama Ventura Pascual Ferrer) solicita cómicos para el Circo del Campo de Marte, carente de ellos pues al cierre del Coliseo muchos partieron a México, prueba suerte como gracioso contra su voluntad pues se empeñaba en ser galán. Pero con Canuto en *Más sabe el loco en su casa que el cuerdo en la ajena y natural vizcaíno,* de José

---

[213] Larrondo y Maza, Enrique. *Francisco Covarrubias: fundador del teatro cubano,* La Habana: Cultural S.A., 1928.

de Concha, y Perico en el sainete *La hija embustera y la madre más que ella*, el 2 de noviembre de 1800, su destino se decide. Será gracioso, figurón. El sagaz Pascual Ferrer, a pesar de que le señaló una acción impropia de las manos, tropel en las palabras y versos mal entendidos, escribió en *El Regañón* que lo hizo "con bastante acierto" y lo consideró adecuado para los papeles de *bajo cómico*. Sentenció benévolo: "No se puede pedir más para el desempeño de tal paje que lo que hizo este actor". [214] Desde entonces se integró a los llamados cómicos del país que en 1806 se nombran con más propiedad Cómicos Habaneros.

No todas sus actuaciones fueron documentadas como la de Canuto. El 12 de enero de 1804 canta y baila con Agustina Pereira la tonadilla *La viuda y el sacristán* y el 14 hace *Al primer tapón zurrapa* de ¿José María Vaca de Guzmán? mientras el 21, *El muelle de Cádiz o el chasco del indiano*. La primera podría ser de Rosal (Carpentier) o del mexicano Manuel Flores Ramírez que, según la transcripción, brinda muchas posibilidades a ambos intérpretes. [215] De ser esta, certificaría el sostenido intercambio entre los cómicos del patio y el teatro de la Nueva España. Pereira es cantatriz y Covarrubias pudo haber encarnado al avispado sacristán devenido pretendiente. La segunda, es un largo monólogo adaptado para la escena. No he encontrado datos sobre *El muelle de Cádiz o el chasco...* pero abunda el tema del indiano que prueba fortuna en el nuevo mundo. En 1805 hace *Marta la Romarantina*, de José de Cañizares, sobre la que perdura su recuerdo, disfrazado de diablo con una coleta encarnada. Pero tanta claridad lo turbó y hubo tal delirio de "silbas y bravos" que no pudo decir palabra hasta el final de la función. Se supone que las primitivas representaciones, a cielo raso, eran a las cuatro de la tarde.

Se despide en varias oportunidades para viajar a México, pero no se ausenta. En 1807 hace *América y Apolo*, atribuida a Manuel de Zequeira por Mitjans, *El avaro*, de Molière y *El criado de dos amos* de Goldoni, junto al italiano Stefano Comoglio y Manuel Badillo, así como alterna con la graciosa Antonia Rodríguez. Su fama llega a Matanzas

---

[214] *El Regañón...* ob.cit. p. 93.
[215] López Mena, Sergio. "Una tonadilla del siglo XIX". En *Literatura Mexicana*. Vol. 4-2-(1993). pp. 499-505.

cuando actúa en la calle de Medio y se declara "rey de la mojiganga". En 1810 durante la representación de *Los prodigios de la magia y jardín de Falerina*, (debe ser *El jardín de Falerina o el mágico prodigioso*, de Calderón) Hermosilla se convertía en cochino y Covarrubias en mono como parte de los trucos de la comedia.

En 1812 ya es preponderante. Prieto gana quinientos pesos de sueldo, Antonio Palomera, su director suplente, la mitad, y él como "gracioso" cobra 200 y un beneficio, de acuerdo a "Apuntes para la historia del teatro en La Habana". [216] Si Prieto viajó por el mundo, conoció a Talma, fue discípulo de Máiquez y triunfó en Madrid, Barcelona, París, México y La Habana, hay escasos datos suyos, mientras el cómico habanero tiene tres biografías y es personaje de varias piezas dramáticas muy populares, entre ellas *Los apuros de Covarrubias o lo que fuere sonará*, de Diego Castillo. Es un comediante tan reconocido que se le considera el creador de un teatro a pesar de que no sobrevive ninguna de las obras que escribió. En 1812 representa *El peón de tierra adentro*, por muchos años muy aplaudida. Y dos años después ya usa el título de don, hasta entonces no adjudicado a ningún cómico habanero.

Serafín Ramírez, al citar la biografía de Covarrubias escrita por José Agustín Millán, cree que fue popular "en la misma España, a tanta distancia entonces de nosotros, ya que el insigne Máiquez dijo más de una vez: «Dos buenos actores posee Cuba: uno es Prieto, y el otro Covarrubias, porque me lo ha celebrado Prieto»".

> [...] En efecto, toda la Habana sabe que este último gran actor, al terminar cada noche sus admirables papeles, se retiraba á su cuarto y allí permanecía cerca de una hora, recostado y abstraído de todo, hasta que repuesto y sereno de las fuertes emociones que acababa de experimentar se marchaba á su casa cabizbajo y silencioso. Pues bien desde que Prieto aplaudió por primera vez á Covarrubias ya

---

[216] "Apuntes para la historia del teatro en La Habana". *La España Artística*, no. 47 (13 de septiembre de 1858). pp. 366-367 y no. 48 (20 de septiembre de 1858). pp. 372-373. Primera parte firmada por P. de la H. y la segunda por Francisco Maeztu.

no volvió á poner en práctica su antigua costumbre, muy al contrario, apenas acababa de trabajar se sentaba entre bastidores, envuelto en una capa *para desde allí contemplar,* decía, *aquel talento, aquella gracia sin igual.* [217]

Cuando muere de pulmonía, según Rosaín, el 22 de junio de 1850, *El Heraldo* de Madrid reproduce el obituario de la prensa habanera:

> Distinguióse Covarrubias como actor jocoso, único género dramático a que se dedicó y en el cual logró muchos y justos triunfos por espacio de más de cincuenta y seis años. Era tan estimado del público habanero, que aún en sus últimos años, a pesar de su larga y afanosa vida, y del abatimiento que debía infundir en su ánimo la situación desvalida en que se hallaba, cuando se anunciaba su nombre en cualquier función casi siempre se lograba una entrada numerosa.[218]

Sin embargo, más que datos categóricos, su biografía nos hace preguntas. Millán lo considera un gran actor pero un escritor "menos que mediano". Bachiller y Morales afirma que no se distinguió como autor. Y como tuvo la "prudencia digna de imitarse" y no publicó sus obras, así reza su obituario, han quedado en el enigma, a pesar de que fueron "alusivas a las circunstancias de la época o a nuestras costumbres más notables." [219]

Pero la bibliografía definitiva, aportada por Rine Leal, es un andamiaje bastante frágil ya que son apenas títulos. *Desbarros de Covarrubias y feria de Candelaria* (1804), *Las tertulias de La Habana* (1814), *La feria de Carraguao (*1815), *Este sí que es el chasco* (1816), *Los velorios de la Habana,* (1818), *El tío Bartolo y la tía Catana* (1820), *La valla de gallos en los baños de San Antonio* (1820), *El milagro de un santo catalán* (1821), *Las virtudes del Zurriago periódico de Madrid* (1822), *El peón de tierra adentro* (1825), *El forro de catre* (1825), *El gracioso nuevo de La Habana* (1825), *No*

---

[217] Ramírez, Serafín. ob. cit. p. 26.
[218] *El Heraldo.* Madrid. 10 de agosto de 1850. p. 3. *Diario de la Marina.* 26 de junio de 1850.
[219] Bachiller y Morales, Antonio. *Apuntes...* ob. cit. t. II. Cap. XXXIII. 1860. pp. 45-55.

hay amor si no hay dinero o Doña Juana y el limeño (1826), *Los paquetes y El moribundo* (1827), *El montero en el teatro o El cómico de Ceiba Mocha* (1829), *El gracioso o el guajiro sofocado* (1830), *La brevedad sin sustancia*, *La carreta de las cañas* (1831), *El mundo acaba en San Juan o el aura Blanca* (1839), *Los dos graciosos* (1841), *Quién reirá el último o cuál más emprendedor* y *El chasco de la Sambumbiería de San Lázaro*. [220]

A partir de estos, la opinión interesada de Millán, admirador y continuador de su teatro costumbrista, sus contemporáneos y la suya propia en su célebre décima ("Si del teatro nacional soy fundador en La Habana") se construye el mito del teatro nacional. Pero las valoraciones de D. A. F. en el *Diario de la Habana* de mayo de 1841, citadas por Bachiller, no son sobre sus textos, sino sobre sus más notables actuaciones, a saber como guajiro en *La valla de gallos en los baños de San Antonio* y Morales en *Los apuros de un gracioso*. La proximidad con algunos sainetes de Ramón de la Cruz aventuró a Arrom a manifestar que "cambia el ambiente de estas piezas y transforma a payos, chulos y toreros en tipos criollos como monteros, carreteros y peones de tierra adentro". [221] Según este argumento *Los payos en el ensayo* de Cruz se corresponde con *El montero en el teatro* del cubano o *Las tertulias de Madrid* con *Las tertulias de La Habana*. Si esta idea es válida entre 1944 – publicación de la historia del teatro de Arrom y 1975, primer tomo de *La selva oscura*– hoy parece una noble intención de los historiadores. Cruz escribe más de trescientas obras y solo en tres o cuatro de Covarrubias cree encontrarse alguna afinidad.

Del mismo modo se oscurece su relación con la música, ya que se le atribuye crear el "sainete con música" tomada del "contexto sonoro de la época" [222] pero la definición de sainete, según el Diccionario de Autoridades de 1726, ya es "obra o representación menos seria en que se canta y baila, regularmente acabada la segunda jornada de la comedia". El caricato comienza con obras «musicales» ya que tanto el

---

[220] Leal, Rine. ob.cit. p. 149-150.
[221] Arrom, José Juan. *Historia de la literatura dramática cubana*. New Haven: Yale University Press, 1944. p. 36.
[222] Ruiz Elcoro, José Luis. "Surgimiento y desarrollo de la zarzuela cubana". *Clave* no. 3 (2005). pp. 2-24.

Guzmán como el *Hannibal* son melólogos en los que la música sin letra, glosa o apoya las emociones del actor en su discurso hablado. En Covarrubias la intención pudo ser paródica.

Está registrado canta "La Cirila" en *Las tertulias...*, introduce canciones y tonadas de moda como "Tata, ven acá" en *Los velorios de La Habana*, "La cachicamba" en *Quién reirá...*, "Las amonestaciones" en *El montero...* sin contar que en *El paquete...* y en *El forro ...* cantaba, pero sin embargo "Apuntes para la historia del teatro en La Habana", no es benévolo con su habilidad para el canto. En *Las tertulias...* hizo reír sobremanera por su desentono. Lo mismo se reitera cuando interpretó "El caramelo" en *Este sí es chasco*, "fuera de tono y muy desagradable". El "desentono" no aparece en ninguno de los recuentos biográficos conocidos pero perfila su secreto: trabaja con sus recursos y limitaciones, tiene mucha intuición y se comunica con el público. Es el gracioso absoluto que canta "vestido de maja" la tonadilla en *La brevedad sin sustancia*. El padre del teatro cubano cultiva temprano la dramaturgia del actor y no es un autor de textos a la manera tradicional.

Sin embargo, la verosimilitud de los datos del artículo de *La España Artística* (a ocho años de su muerte) obliga a repensar afirmaciones repetidas a lo largo del tiempo. Allí se acota que en *La valla de gallos en los baños de San Antonio*, Covarrubias hace el guajiro jugador, García, el forastero preguntón y Pau, el borracho. Su estructura recuerda un texto de 1812, *diálogo entre los dos amigos*, presentada como "continuación" y hallada en la Biblioteca Digital Hispánica de Madrid.[223] Si bien no tiene el humor que se le atribuye al fundador del teatro cubano, sí el formato de la obra breve para intercalar dentro de un espectáculo de mayor duración así como el personaje recurrente del extranjero inquisitivo. *Continuación del diálogo entre los dos amigos* está firmada por El Tierradentro amigo del taquígrafo y publicada por la Imprenta del Gobierno y Capitanía General en La Habana, 1812. ¿Cuál es la trama escrita por El Tierradentro?

---

[223] *El tierradentro amigo del taquígrafo. Continuación del diálogo entre los dos amigos.* Habana: Imprenta del Gobierno y Capitanía General, 1812.

Luis, recién llegado, desea saber más de la ciudad e inquiere con Lucas, conocedor de la situación de la isla, cuya descripción no puede ser más patética: la "hacienda" se encuentra destruida ya que "todo va por una rutina" no vieja sino "revieja, es decir, de tiempos antiguos que se adoptaban sistemas tan complicados como absurdos é ininteligibles". Hay una contaduría "con más contadores que dinero que contar" y quienes deben proporcionar al pueblo posibles ventajas, no hacen nada, entretanto "el pobre, el infeliz, el pueblo padece sin alivio." La imagen del nativo es demoledora. Cuando le preguntan sobre el estado del teatro, Lucas responde que está en el mismo lugar, en la Alameda de Paula, ni se ha "agrandado ni achicado" y promete ir esa noche para confirmarle el rejuego entre cómicos y empresarios.

Podría ser una pieza de Covarrubias que en esos años representa pequeñas obras con Prieto. Este podría haber interpretado al recién llegado Luis, preocupado por la hacienda y la factoría y pudo ser impresa pues Millán llega a conocer así *El forro de catre*. Significativo es que Tierradentro es el personaje de otra obra suya, *El peón de tierra adentro*, cuya primera versión es de 1811. Un argumento a favor de Francisco como su posible autor es su falta de brillantez, ya que según Mitjans no aspiraba a un "repertorio inmortal" sino a "satisfacer modestamente los caprichos de las circunstancias" ya que "los escribía de prisa, con más ímpetu de improvisador que reflexión de literato".[224] Un argumento en contra, desde luego, es que Trelles la relaciona como anónima y lo más importante, mi imposibilidad de documentarlo si no le dedico tanta energía como Octavio Smith a la identidad del autor de *El príncipe jardinero*.[225] Los más cautelosos dirán ¿cómo se le ocurre? ya que la primera noticia la publiqué en mi blog. Pero en el fondo, ojalá no sea de Covarrubias para no destruir el mito de que el fundador de nuestro teatro es autor de obras desconocidas.

---

[224] Mitjans, Aurelio. *Estudio sobre el movimiento científico y literario de Cuba*. La Habana: Imprenta de Alvarez y Co., 1890. Prólogo de Rafael Montoro. pp. 103-104.
[225] Smith, Octavio. *Para una vida de Santiago Pita*. La Habana: Letras Cubanas, 1978.

Otras representaciones suyas son *San Cristóbal patrono de La Habana* (1820), en beneficio a Pau, *Don Quijote en las bodas de Camacho* [texto de Juan Meléndez Valdés con música de Pablo Esteve] en la que Covarrubias era Don Quijote y Pau, Sancho, y *El forro de catre*, en la que Manuel García imitaba a un Don Juliano, vendedor de agujas.

Si los textos y sus dotes musicales plantean interrogantes, su creación del negrito es todavía más conjetural. Ninguno de sus títulos se asocia con los esclavos negros. En ellos se nombran peones, monteros, guajiros, carretas de caña, los periódicos Tío Bartolo, Tía Catana y El Zurriago, un catalán, localidades de La Habana, famosas ferias como La Candelaria y detalles de tierra-adentro, pero nunca un calesero, un zapatero, un esclavo, una fiesta, una mulata o un rumbón. A partir de tres incursiones mencionadas por Leal, se ha esquematizado como creador del negrito. Un diálogo con Prieto (14 de diciembre de 1812), la tonadilla *El desengaño feliz o el negrito*, del 16 de enero de 1815 y su interpretación del negro Domingo en *Pablo y Virginia* de Francisco Pastor en 1838. El primero, "cantando y bailando al estilo de su nación",[226] es un diálogo como los de los entremeses de Simón de Aguado (*Los negros*, 1602) sobre los amoríos entre Dominga y Gasparillo, enfrentados a la represión de sus amos, en la tradición de Quiñones de Benavente (*El negrito hablador y sin color anda la niña* y *Los sacristanes burlados*), con personajes negros bufonescos, infantilizados y de habla estereotipada. La segunda es una tonadilla desconocida. Y la tercera es más problemática aún. Escrita más de dos décadas después, es un drama pastoril en tres actos, basado en la novela de Saint-Pierre, puesta al verso y *acomodada* al castellano por Pastor. No es el negrito que reconoce la tradición. ¿Se embadurnó la cara estilo *minstrel* para interpretar el negro bueno en la versión sentimental de la novela francesa? Según el *Índice de obras censuradas*, el Censor General tachó acotaciones y muchos diálogos del negro.[227]

---

[226] Leal, Rine. ob.cit. p.151.
[227] *Índice de las piezas dramáticas permitidas sin atajos ni correcciones, de las permitidas con ellos y de las absolutamente prohibidas, presentado al Gobierno civil de la isla por el censor principal de teatros de esta capital en cumplimiento de la disposición superior por la*

Sin embargo, aunque parezca increíble dado el carácter difícil de Prieto, hay que creer a Millán cuando dice que este llevó la fama de Covarrubias a Madrid, ya que taciturno como era, no regresaba a su casa después de las funciones. Envuelto en una capa, se escondía para admirarlo detrás de los bastidores. No hay alguien más a quien preguntar. ¿Cuándo le comentó Prieto a Máiquez sobre el sainetero? No imagino en qué momento de las ambivalentes relaciones entre ambos, tuvo oportunidad de hablarle del caricato, pero los actores sudan y se desgastan detrás de los telones, conversan y tienen momentos de intimidad. Ningún otro contemporáneo reparó en esta amistad. En *Teoría del arte dramático* Prieto no menciona a ninguno de sus compañeros de profesión de México o La Habana, pero actuó con Covarrubias como atestigua este anuncio inserto en el no. 425 de *Diario de La Habana* del martes 29 de octubre de 1811.

> Comedia: *Un montañés sabe bien donde le aprieta el zapato*, [de Luis Antonio José Moncín] en que executarán los papeles principales, la Sra. Sabatini y los señores Prieto y Covarrubias. Intermedio de música y se dará fin con un gracioso sainete.

Es muy probable que en su dramaturgia influyan desde luego los sainetes de Ramón de la Cruz, muy populares en los repertorios, pero también los del gaditano Juan Ignacio González del Castillo, ya que en fecha muy temprana se representan *Los palos deseados, El soldado fanfarrón* y algunos otros con locaciones de Cádiz, de donde provienen muchos intérpretes. No se trata de la traslación directa de los payos, pajes, usías y soldados de González del Castillo ya que Covarrubias es original, sino la poética del sainete y algunas temáticas, entre ellas, la metateatralidad que llega a los bufos del 68 pues en sus obras irrumpen «ensayos», graciosos y cómicos.

que se le recomienda la formación de este registro. La Habana: Imprenta de Gobierno y Capitanía General, 1852.

A la vuelta de Prieto en 1829 la fama de Covarrubias está en ascenso. Cuando el teatro ha empobrecido por las desavenencias e intrigas de los cómicos, Pascual Ferrer, en un diálogo imaginario, avizora la solución.

D. C.–Mire Ud., yo no temo aventurar una opinión que tal vez parecerá extravagante, pero que en mi concepto tendría buen resultado. Si se trata de atraer las gentes, de hacer numeroso el concurso y de que los cómicos tengan que comer, el único arbitrio es entregarle el teatro a Covarrubias.

D. D. –¡Hombre de Dios! ¿qué es lo que Ud. dice? ¡a Covarrubias!

D. C.–Sí señor, a Covarrubias. ¿Se espanta Ud. de que lo proponga para director de la escena?, pues no sería la primera vez que lo fuese, si no en el nombre al menos en el efecto, y a fe que sus compañeros y él no hicieron mala cosecha. Que se le encargue de la elección y la disposición de las funciones, que tome el mismo empeño que pone para arreglar sus beneficios, y verá Ud. si acude la gente. Las follas, los vuelos y la bulla atraerán la concurrencia, se llenará el teatro para ver disparates escénicos, y Ud. y yo seremos los primeros en llevar a nuestros hijos para que vean títeres y volar los elefantes. Los aficionados volverán a acostumbrarse a asistir a las comedias, el atractivo de la reunión hará que continúe la concurrencia, y tendremos esa distracción por las noches, hora en que no sabe uno que hacerse."[228]

El caricato aseguraba el entretenimiento. A Covarrubias le quedan sus mejores años. Entre 1830 y 1841 se llenan sus beneficios. El público acude para oír sus divertidas ocurrencias y populares décimas impresas como sueltos. Se publica su biografía, su retrato litografiado y se le llama "perpetuo de todas las compañías" ya que desde el Circo del Campo de Marte donde su carrera *principió,* de acuerdo a la décima

---

[228] *El Regañón...* p. 464.

citada por Bachiller, recorrió todos los escenarios y complació agradecido a sus seguidores. En 1844 la empresa le rescinde el contrato y el cómico anuncia que muy a su pesar, abandonará el suelo que lo vio nacer. Pero no se va, resiste a ser vencido, y actúa de forma esporádica. En una de sus últimas funciones o la que se ha establecido como tal (un beneficio en el Liceo del 1ero de octubre de 1845) se retrata a sí mismo como "un buque desmantelado".

> El hado cruel y severo
> con tesón inexorable
> me ha perseguido implacable
> hasta mi nuevo astillero;
> pues cuando en el carenero
> mi buque estaba atracado
> a carenar preparado,
> no hubo trabajo aquel día
> y así tengo todavía
> el buque desmantelado.
>
> II
> Con mi buque en alta mar
> sufrí destrozos varios,
> que sin muchos operarios
> no se pueden reparar
> y así por poder lograr
> carena buena y entera
> con bulla muy placentera
> (pues con los de adentro cuento)
> acudan ciento por ciento
> los operarios de afuera.
>
> III
> Tan inmensa vena a ser
> esta reunión nunca vista
> que no pueden pasar lista
> al entrar en el taller;

y así veré con placer
que para que salga entero
mi buque del carenero
por valor extraordinario
viene a servir de operario
todo el público habanero.

Miércoles 1 de octubre próximo. [229]

El día 3 se informa que hubo escasa concurrencia, pero el caricato no se amilana, reaparece... y participa con un bailable en *Los abates chasqueados* en el beneficio del gracioso andaluz Joaquín Ruiz. En noviembre de 1846 interpreta *A un cobarde otro mayor*, de Antonio María de Segovia. Recibe la aceptación de siempre.

---

[229] *Diario de la Marina.* 1ero de octubre de 1845.

V El mundo de Covarrubias

Con los actores viajó la música de los repertorios, entre ellas las tonadillas. En *La jitanilla en el coliseo* (1776) de José Castel, se hallan estas cuartetas. [230]

Alegrémonos, neglillos,
con el baile y la sonaja,
que en la casa de la novia
tomaremos chocolata.
(Hablado)
 (Cantado.)
Achí, Achí
que todo lo neglo
bailan lo cumbé.
La la la, lu lu lu,
Le le le.
La la la, !u lu lu,
le le le.
Que vi va lo neglo
y viva el cumbé.
Que viva lo neglo
y la diversión.

En *Los negros* de Luis Misón (1761) hay un diálogo hablado entre un negro y una negra, aunque se desconoce la música. [231]

NEGRA y NEGRO.
Cantemo zeguidilla
como los bancos,

---

[230] Subirá, José. *La tonadilla escénica III. Transcripciones musicales y libretos*. Madrid: Tipografía de Archivos, 1930. p.65.
[231] Subirá, José. *La tonadilla...* t. III. ob.cit. p. 111.

porque también los neglos
nos alegramoz.
(Baila con taconeo.)
(Hablado.)

NEGRO. Negla.
NEGRA. Neglo
NEGRO. Vaya.
NEGRA. Vaya.
NEGRO. Chi.
NEGRA. Chi.
NEGRO. Zamba.
NEGRA. Zamba.
(Cantado)
NEGRO.
Ven, negla mía.
NEGRA. No canze, mi neglito
la tonadiya.

España devuelve en su música la versión de los negros, festiva y caricaturizada como se cree fue el diálogo de negritos entre Covarrubias y Prieto. En la tonadilla Abana de 1763, Tomasita dice: "Atención señores míos Tomasita pide hoy que quiere contar un lance" [...] "No dudo que en la Habana el Morro ardiese" ["si hoy los ríos se arden"], según los apuntes de Subirá. [232] Los personajes del nuevo mundo —como en la habanera— viajan desde la isla. Hay indios e indias en una criolla de Laserna (1780), quien también escribe un *Chasco de las negrillas*. En *Los señores fingidos* (sainete lírico) de Antonio Guerrero (1753), una chusca embarca en el puerto de La Habana.

En el puerto de la Habana
una chusca se embarcó,
y del mar en la campaña

---

[232] Subirá, José. *Catálogo de la Sección de Música de la Biblioteca Municipal de Madrid. Teatro menor, tonadillas y sainetes*. Tomo I. Madrid: Ayuntamiento, 1965. p. 286. La nota completa en el Catálogo de la Biblioteca Nacional de Madrid.

tormenta el bajel corrió.

Y el chusco la dice,
viendo su aflicción:
"¿Oyes, chusca? ¡Eh!
No te aflijas, no;
que si es que te ahogas,
aquí quedo yo.

Pero ya serenó el mar
y de Cádiz ya se ve
la pulida población.
Alarga la vela;
iza la mayor.
Tum, tum, y aquí la tonada
señor, acabó.
En la popa y en !as velas
luego el viento les sopló,
y a violencia de dos vientos
en dos aguas naufragó. [233]

Las tonadillas se cantan en ultramar y aunque en todos los casos no exista constancia de su escenificación, llegaron en la memoria de los intérpretes. Gamborino, Galino y García entre otros, son también tonadilleros. Entre febrero de 1790 y marzo de 1791, Rine Leal anota que de sesenta y cinco obras representadas, cuarenta y tres eran tonadillas escénicas. La costumbre continuó y todavía en las primeras décadas del siglo XIX tiene enorme popularidad. Para Alejo Carpentier "las mejores creaciones del género desfilaron por el escenario del Principal" y no olvidó a las cantarinas de sus escritos de juventud. [234] Pero a pesar de cultivarse en años de olvido y ocaso en España, de acuerdo a José Subirá, no hay en la isla estudios específicos de la

---

[233] Subirá. ob.cit. t. III. pp. 19-20.
[234] Carpentier, Alejo. *La música en Cuba.* En *Ese músico que llevo dentro. Obras Completas.* t. XII. México: Siglo Veintiuno Editores, 1987. p. 283.

tonadilla si se descuenta una reseña de Julián Orbón y como me sugiere Enrique Río Prado, un texto de Jorge Antonio González. [235]

Sin una revisión exhaustiva de la prensa, es casi imposible determinar cuáles fueron cantadas en La Habana y quiénes sus autores, compositores o intérpretes (el libretista es generalmente anónimo) aunque algunas se atribuyen a ilustres como Luciano Comella, Ramón de la Cruz y Tomás Iriarte. [236] Se sabe que en la primera función anunciada en el *Papel Periódico de La Habana* (1790) después de *Los áspides de Cleopatra*, de Francisco de Rojas Zorrilla, siguió la tonadilla *La buñuelera y el catalán* (1775) de Pablo Esteve, de la cual Subirá hace estos apuntes. [237]

E. A la fábrica nueva
de mis buñuelos...
A. Nos casaremos luego
y habrá aquel día
un jolgorio que asombre
las Maravillas.

José Agustín Caballero, severo censor eclesiástico, en su *Cuaderno de consultas,* prohibió una tonadilla que presentaba a las habaneras con "un vicio muy común a todas las mujeres que han llegado al grado de corrupción". [238] Lucas Sáez entretuvo al público dos veces a la semana, jueves y domingo, con funciones consistentes "en una composición dramática generalmente cómica, una pieza corta en el primer

---

[235] Orbón, Julián. "Las tonadillas". *Orígenes* 10 (1946) pp. 23-28. González, Jorge Antonio. "Índice alfabético de tonadillas escénicas cantadas en teatros de La Habana de 1790 a 1832". *Revista de la Biblioteca Nacional* (oct-dic. 1951) pp. 175-184.
[236] *El Curioso Americano.* febrero 15 de 1893. no. 6. Año I. pp. 86-87.
[237] Subirá. Catálogo. ob.cit. p. 47.
[238] Caballero, José Agustín. *Obras.* La Habana: Biblioteca de Clásicos Cubanos. Universidad de La Habana, 1999. Ensayo introductorio, compilación y notas de Edelberto Leiva Lajara. pp. 331-332.

intermedio y en el segundo, una tonadilla o una seguidilla". [239] De 1802 data una "tonadilla a tres" bajo el título de *Un gaditano en La Habana*. [240] Muy popular en la temporada de 1811, *Los maestros de la Raboso* (tirana de Laserna de 1780) cuyo sonoro Trípili-trápala, entusiasma al público, cantado por Pau, Prieto y Gamborino. Según Cambronero, integra el repertorio de la actriz Mariana Raboso quien presenta al público las habilidades de sus maestros, un poeta y un compositor. En algún momento de su recorrido se le introduce el estribillo del trípili tomado de *Los hidalgos de Medellín*.

Una vieja en la cazuela
tan grande suspiro dio,
que apagó las candilejas
y mató al apuntador.

Trípili, trípili (Bailan),
trápala, trápala,
que esta tirana se canta y se baila.
Anda, chiquilla,
dale con gracia,
que me has robado el alma. [241]

Según Le Guin su pegajoso estribillo es el que sigue. [242]

La tiranilla en el día
es lo que más gusto da
Donde está este sonetillo

---

[239] Guiteras, Pedro José. *Historia de la isla de Cuba*. V. 2. J. R. Lockwood, 1866. p. 145.
[240] Carpentier. Ob. cit. p. 284.
[241] Cambronero, Carlos. "Las tonadillas". *Revista Contemporánea*. Tomo XCIX: 113-128. p. 120.
[242] Le Guin, Elisabeth. *The Tonadilla in Performance. Lyric Comedy in Enlightenment Spain*. University of California Press, 2013. p. 217.

Toditos pueden callar.
Trípili, Trípili, trápala.

El estribillo es muy popular en la isla y todavía se canta a mitad del siglo. [243] Y de acuerdo al controvertido Laureano Fuentes Matons, en Santiago de Cuba, los actores españoles aliados con Nolasco Boza narraron acontecimientos locales en sus cuartetas, un repertorio de "lo que pasaba en la ciudad" cuyas letrillas sobre los sucesos del día anteceden al «teatro de relaciones». [244] En 1823 se representa *Los embrollistas de amor, el diablo y ella peor,* sainete de 1800 para siete personas, la tonadilla *El sacristán y la tortolita* seguida del sainete *A un buen chasco otro mayor* y al final, la música de Boza. Después del ocaso del teatro, los intérpretes vuelven en 1828, dedicados más a la música que al teatro de recitado. [245] Manuela Molina, Mariquita Cañete y Juan de Mata interpretan en el Diorama habanero *Los gitanos celosos o la solitaria* con las coplas del Trípili (1837).[246]

No es difícil establecer que las primeras imágenes de los negros que influyen a Covarrubias provienen de las tonadillas. *Los negros*, de Luis Misón, imita la fonética de los "negros establecidos en la América Española" junto a moros, gitanos, gallegos y vizcaínos. Esenciales o secundarios en el teatro del Siglo de Oro, no provienen del comercio de esclavos en América sino de su presencia en las ciudades de Andalucía. Están en la poesía, los villancicos, los entremeses y casi todo el teatro menor desde Lope de Rueda. Por otra parte y es lástima que no se ha profundizado, los personajes negros son representados "por actores blancos con la cara y las manos pintadas" escribe Baltasar Fra Molinero y cita una acotación del entremés anónimo *Los negros de Santo Tomé:* "ponénse las máscaras y salen danzando": los ladrones se

---

[243] Subirá. *Catálogo*. ob.cit. pp. 67-68.
[244] Cf. Villabella, Manuel. "Tras las huellas de un figurón" en este libro.
[245] Fuentes Matons, Laureano y Estrada Abelardo. ob.cit. pp. 127-131, 280.
[246] Ortiz Nuevo, José Luis. "Huella de lo andaluz en teatros y otros espacios públicos de La Habana en la primera mitad del siglo XIX". *Cuba y Andalucía entre las dos orillas*. Navarro García, Jesús Raúl. ed. CSIC Press, 2002. pp. 229-260.

enmascaran como negros para huir de sus captores. Son tipos diferenciados: la negra, la mulata, el negro y el *negrillo*. [247] Covarrubias no tiene que esperar por los *minstrels* para pintarse de hollín el rostro.

Fernando Ortiz y Alejo Carpentier hurgaron en el legado áureo. "Adviértase como en el teatro popular de Cuba –escribió Ortiz en "El choteo" (1937)– que recuerda el estilo de la escena española de los siglos XVI y XVII, el papel del "negrito parejero", prodigiosa creación realista del teatro urbano, de valor universal como un Arlequín o Payaso o cualquier otro tipo de la *commedia dell'arte*, ha sido siempre, que nosotros sepamos, desempeñado por un actor blanco. Es necesario que en nuestro teatro [cubano] sea un negro quien haga de negro, quien haga lo suyo." [248]

El *neglillo* se transforma en *negrito* y la música traída de España se fusiona con la original de la isla. Cuando Alfredo Zayas precisa el origen de la palabra "guaracha", cita la función de una compañía española, a beneficio de Covarrubias, en el Tacón, el 3 de agosto de 1840, en la cual María de Jesús Pérez y Tomás Villanueva, especializados en el zapateo de Cádiz y la Cachucha gaditana, bailaron "las graciosas boleras de la guaracha" y el día 6 "las boleras y el jaleo de la guaracha".[249] Bachiller y Morales afirmó que nuestra veta cómica se basaba en la "sociedad europea a que estamos acostumbrados" ya que "pocas veces se ha introducido un negro en la escena sin alcanzar ningún silvo [*sic*], no obstante que Lope de Rueda no haya dejado de hacerlo en su arte". [250] Covarrubias, nunca silbado, sino seguido y

---

[247] Fra Molinero, Baltasar. *La imagen de los negros en el teatro del siglo de Oro*. México: Siglo Veintiuno, 1995. p. 25, 48.

[248] *Albur: revista cultural cubana*. Ivizate González, Diana María y González Cruz, Iván (eds.) Valencia: Generalitat Valenciana, 2002. p. 647.

[249] *El Curioso Americano*. Dic. 15 de 1892. Año I no 2. p. 19. Zayas cree que Pichardo en su *Diccionario Provenzal* confundía el término con la reunión de gente para bailar, llamada en La Habana una *bachita*, una *jarana* y en Puerto Príncipe, una *guaracha, un perico ripiao*.

[250] Bachiller y Morales, Antonio. "Gran teatro de Tacón". En *Paseo pintoresco por la isla de Cuba*. ob.cit. pp. 157-161.

admirado, no interpretó «negritos» sino el singular gracioso, al parecer desafinado pero ocurrente y oportuno.

Entre 1839 y 1840 sin embargo un primitivo negrito como tipo teatral ocupa los escenarios. María Cañete se disfraza de "negrito cautivo" y en el Diorama y el Principal se bailan y cantan números de «negritos». En 1830 Manuel García hizo el negrito Candonga de *La cautiva amazona* cantando acompañado del tiple "Ea mamá ea".[251]

---

[251] Cf. Ortiz Nuevo, José Luis. ob.cit. p. 232.

VI El poeta y el cómico

En 1826 se encuentran en la capital de México un poeta desterrado y un experimentado actor. Sostienen una ácida y desventurada polémica en las páginas de *El Iris*. El poeta de veintitrés años es el cubano José María Heredia, autor de la "Oda al Niágara" y el actor, el español Andrés Prieto, residente allí desde enero, a su regreso de Francia, donde ve actuar a Talma y a Mademoiselle Mars. El poeta, acusado de conspirador, huyó de Cuba y después de una estancia en Nueva York –donde publica su poesía– llega a México y funda con los italianos Claudio Linati y Florencio Galli, *El Iris*, periódico de crítica literaria destinado al bello sexo, que aborda además temas políticos, filosóficos y sociales. Mientras el presidente Guadalupe Victoria le ofrece hospitalidad al desterrado de ideas libertarias y ardorosa poesía romántica, el cómico trashumante llega al Teatro Principal. Desde su primer número del 4 de febrero de 1826, *El Iris* se decanta por el teatro, de acuerdo al prospecto escrito por Heredia.

> El teatro merecerá nuestra atención particular, pues siendo la escuela de las costumbres y el espejo de la vida, no puede ser indiferente a ningún miembro nacional de la sociedad; siendo nuestro objeto propagar y generalizar los principios del buen gusto, no nos ceñiremos a hacer observaciones sobre la representación y el desempeño de los actores, sino que presentaremos también nuestras consideraciones críticas sobre los dramas y bailes más notables que se ejecuten.[252]

A pesar de su juventud, el redactor tradujo a Horacio a los ocho años, realizó varios intentos dramáticos, entre ellos "El campesino espantado", sobre la atrocidad cometida contra un esclavo negro, actuó

---

[252] Heredia, José María. *Crítica literaria*. Selección y prólogo de José María Chacón y Calvo. Clásicos Cubanos. Academia Cubana de la Lengua. La Habana: Editorial Pablo de la Torriente Brau, 2002. pp. 52-54.

en piezas de aficionados en Matanzas y refundió varias obras. En México escribe crítica literaria y teatral, divulga la creación greco-latina, estrena *Sila* en 1825 y traduce sobre todo, poesía francesa. Heredia, alma de *El Iris*, es muy estimado.

Los redactores de la publicación también valoran a Prieto y, según Claps Arena, Galli lo consideraba "uno de los mejores actores europeos", con méritos comparables a los primeros intérpretes trágicos de Italia, Francia e Inglaterra. [253] Lo apreció por su interés en la cultura catalana, pero aún más "después de haberle visto y oído y haber llorado en sus representaciones". [254] De ahí su contrariedad al notar que todavía en marzo de 1826 no aparecía su nombre en cartelera y responsabiliza de ello a Andrés Castillo, quien acapara el escenario mexicano, o al excesivo sueldo solicitado por el español.

Recién llegado a la capital de México por recomendación de Manuel Eduardo Gorostiza, hombre de letras y embajador de ese país en los Países bajos, Prieto empieza como director del Teatro Principal, precedido –según Olavarría y Ferrari– de sus méritos en Barcelona y sobre todo, como "segundo" de Isidoro Máiquez, quien transformó en España el arte interpretativo. [255] Mientras algunos se muestran complacidos con un actor de renombre, "el vulgo de ignorancia recalcitrante se unió á los actores existentes en México, envidiosos y tacaños, para censurar en Prieto lo que no eran capaces de comprender los unos y de

---

[253] Claps Arenas, María Eugenia. *El Iris. Periódico Crítico literario*. En Estudios de Historia moderna contemporánea de México. http://www.historicas.unam.mx/moderna/ehmc/ehmc21/263.html

[254] Chacón y Calvo precisa que Galli es autor junto a Buenaventura y Carlos Aribau de "Oda a la lengua catalana", primer director de la Biblioteca de Autores Españoles y miembro de la redacción de *El Europeo*. En Reyes de la Maza. ob. cit. p. 176. Se presume el origen catalán de Prieto cuyo rostro figura junto a Malibrán, Márquez y Cayron en uno de los medallones de la fachada del Teatre Principal de Barcelona.

[255] Rubió, José. *El teatro o sea el origen de la tragedia, comedia y ópera con un compendio biográfico de los actores que han sobresalido en el teatro español*. Barcelona: 1830. Prieto ocupa el segundo lugar después de Máiquez.

imitar los otros". ²⁵⁶ Los periódicos reflejan la ambivalente recepción. La desorganización de la compañía, las decisiones extremas de la empresa (aumentar el precio de los abonos), las envidias del medio teatral y las opiniones a favor y en contra tienen a Prieto como blanco. Luis Reyes de Maza agrega el sentimiento anti-español y las consecuencias de una grave descortesía cometida por Prieto cuando el presidente Victoria acudió al teatro.²⁵⁷

Gorostiza y Prieto se conocen en Madrid y el primero debió recomendarlo a sus amigos en México, aunque la "Necrología" de Isidoro Máiquez, escrita por Gorostiza, no es muy entusiasta con Prieto. No le discute su derecho de enemistarse con Máiquez "pero sí [...] que el agradecimiento no es su virtud favorita". ²⁵⁸ Reconoce en cambio que conquistó su puesto en México "palmo a palmo", pese a las "desalmadas" campañas. Prieto sin embargo "no se olvidó de su protector" y representó sus obras *Indulgencia para todos* y *Don Dieguito* junto a las de Moratín y Molière. ²⁵⁹ Tampoco a su maestro Máiquez. Escoge para debutar con *Los templarios*, el día de San Isidoro (4 de abril) de 1826. Apenas transcurridas veinte entregas de *El Iris*, una nota firmada por Linati y Galli, reproducida por muchos periódicos mexicanos, entre ellos *El Sol*, informa que Heredia se separa del proyecto. ¿El motivo? Para algunos, su polémica con Prieto.

> Señores editores del *Sol*. La guerra escandalosa que se ha encendido entre dos personas que deberían apreciarse

---

²⁵⁶ Olavarría y Ferrari, Enrique. *Reseña histórica del teatro en México*. Tomo I. México: Imprenta La Europea, 1895. p.230.
²⁵⁷ Reyes de la Maza. Luis. *El teatro en México durante la independencia (1810-1839)*: UNAM, 1969. p. 21.
²⁵⁸ La *Necrología* de Isidoro Máiquez incluida en *Manuel Eduardo de Gorostiza y su tiempo, su vida y su obra* de Armando de María y Campos difiere en extensión y carece de las notas como la original en *El Cetro Constitucional* 2 (32-36) y *El Cetro Constitucional* 3 (3-20) p.18.
²⁵⁹ Cf. María y Campos, Armando de. *Manuel Eduardo de Gorostiza y su tiempo, su vida y su obra*. México: [s/e] 1959. pp. 376-390. p.42.

mutualmente, el chiste de pésimo tono con que se han propuesto sostenerla, y por fin, el ser amigos del uno y compañeros de la redacción con el otro, nos obliga a cruzar nuestras plumas con las suyas y valernos de todo el prestigio de nuestra amistad para hacerlos acabar de contienda. ¿Cuál es el origen del pleito entre el Sr. Prieto y el Sr. Heredia? La crítica de éste contra una pieza traducida del francés por aquél. No teniendo presente el Sr. Prieto que el redactor de un periódico crítico no puede ser un apologista, contestó de modo algo picante a las observaciones que su Aristarco le hizo en *El Iris*, y éste, en defensa de sus escritos, perdió también de vista el mérito de su adversario. Con este motivo, el Sr. Prieto escribe una segunda contestación que prueba todo lo que es capaz el *genus irritabile vatum*. En medio del sentimiento que nos causó su lectura, por la poca delicadeza con que está concebida, el abuso que hace de una expansión *amical* y la ninguna consideración que le merece la armonía que debe reinar entre los redactores del Iris; rogamos al Sr. Heredia que la deje sin respuesta y nos prometemos de la educación del Sr. Prieto que éste sea el último tributo que paga a aquella especie de *manolismo literario*, que no es lo que forma el elogio de la erudición española. Oficina del Iris, 7 de junio de 1826. Linati y Galli (*El Sol* 1438).

En 1826 Prieto está en México activo y batallador. Por esas fechas José María Heredia lo ve actuar. En su nota sobre "Inés de Castro y Los Templarios", escribe: "…jamás ha estado el teatro peor que ahora". Sobre *Los templarios*, de Raynouard, exclama: "¡Cuán grande era la expresión de su fisonomía! ¡Cuán nobles sus actitudes, y cuán maestras las inflexiones de su voz! ¡Qué sobrenaturales y fulminantes sonaban en su boca las palabras elocuentes de gran maestre!" Pero eso no le impide afirmar: "Recibió el tributo de aplausos que merece, pero por lo mismo que lo admiramos, sentimos más la falta de Garay". [260] Las constantes de Heredia en *El Iris* son el precio de los abonos, los intermedios que interrumpen la ilación, la ausencia de Diego María

---
[260] Reyes de la Maza. ob.cit. p. 183.

Garay (a quien dedica más de un poema) y la bailarina Gamborino. Una de sus molestias mayores, los trece mil pesos de sueldo a recibir por Prieto y la operática Rita González Santa Marta. No está solo. Hay abundantes comentarios en la prensa de espectadores y abonados con felicitaciones y reparos.

Heredia se suma al desacuerdo general con el rumbo de El Principal, y según Olavarría, a los "malquerientes de los españoles". Aunque elogia la ejecución de Prieto como *barba* en *El anciano y los jóvenes*, cuyo desempeño excede sus esperanzas, cuando lo ve en *Pelayo*, de Quintana, el 10 de mayo de 1826, le critica no utilizó para su montaje la edición de 1821, pero sobre todo, que sustituyó *patria* por España para actualizar la obra, lastimó los versos, señaló a un personaje mientras se dirigía a otro y le faltó vehemencia y calor. Afirma, categórico, que hubo un "fatal desempeño" de los actores. "Apenas hubo actor, sin exceptuar al principal, que no estropease algún verso por carta de más o menos." En sus artículos de *El Iris*, no se deslumbra ante la gran figura, sino se detiene en los restantes componentes del espectáculo, como la "ridícula y absurda costumbre" de interpretar cantos y bailes en los intermedios. Discrepa de la selección del reparto, la calidad de los textos, los "mal zurcidos dramas de la escuela francesa corrompida en olvido del teatro español" y repara —con malicia adolescente— en los calzones rotos de un actor, la obesidad de una actriz y el uso de una espada «muy de moda» para el cántabro en *Pelayo*. Certifica que "no aparece el influjo de los celebrados talentos de Prieto" y recuerda el vacío irreparable de sus intérpretes favoritos. [261]

Aunque su contacto con la escena ha sido intermitente, escribe con candor y curiosidad y solo por ser la influencia definitiva en la vocación teatral de la Avellaneda, su crítica ha debido estimarse más. Cuando escogieron a Tula como primera actriz en el *Abufar...* de Ducis, traducida por Heredia, en su natal Puerto Príncipe, "llena de gozo y entusiasmo" comenzó a estudiar el difícil papel con el que alcanzó fama de *artista trágica*. "Desde entonces mi amor al teatro se hizo una pasión

---

[261] Heredia. ob.cit. pp. 56-57.

absoluta." Piensa en el "Homero americano" en medio de una tempestad cuando se aleja de Cuba. Pero Prieto no es un novato, le molesta la crítica y quiere contestarle cuando aconsejado por unos amigos "suspende" el envío a la prensa de su comentario. Los señalamientos de Heredia lo irritaron. Intentó apoderarse de los papeles de Máiquez, en especial los trágicos, se "atrevió" con *Pelayo* y fracasó estrepitosamente con *Otelo*. Una estocada cuando es dueño de la obra cumbre del repertorio de su maestro, resucita un fantasma. Días después, Heredia critica su traducción de *El marido cortejante*, de Casimiro Bonfour, que Prieto, según Vellón Lahoz, vio el 30 de septiembre de 1824 en París, por la baja calidad de la impresión, las faltas de ortografía, los galicismos, las palabras mal usadas, las incongruencias, el empleo reiterado de *Madama*, aunque matiza se refiere al autor y no al actor a quien felicita por su "ejecución bellísima del D. Diego. "En su acción, en su gesto, en su tono estuvo singularmente feliz". [262] *El Sol* de México del 23 de junio, entre otros, divulgó la venta del folleto –en la librería Recio por 12 reales– con un retrato del actor firmado por Linati. Posiblemente es la edición llamada «de Flandes» por Prieto con el mismo grabado reproducido en la edición española de su *Teoría*...[263]

Prieto responde con un texto, incluido en varias ediciones de *Crítica literaria* de Heredia a partir de *Revisiones literarias* (1947), prólogo de José María Chacón y Calvo. [264] Un "comunicado" sin aclaración y sin el artículo de Heredia que lo origina. El poeta riposta en "A Andrés Prieto, alumno de Melpómene y Talía" el día 4 de junio y Prieto envía a *El Sol* (edición 1430 del 6 de junio de 1826) el comunicado antes

---

[262] *El Iris: periódico crítico y literario, por Linati, Galli y Heredia*. Ed. facsimilar. Introd. María del Carmen Ruiz Castañeda y Luis Mario Schneider. México: UNAM, 1988. pp.71-72.

[263] Bruselas, Imprenta de Francisco José Hublou, 1825. En su primera página hay una litografía del actor realizada por Fraquirá y Linati. Citado por Vellón Lahoz p. 23.

[264] *El Sol* no. 1084 del 2 de junio de 1826. Hemeroteca Digital de México. Reproducido en Luis Reyes de la Maza. *El teatro en México durante la independencia* (1810-1839): UNAM, 1969 pp. 192-201. Otras críticas incluidas en los anexos, no están en su selección.

"suspendido" citado por Heredia. (Ver anexos 3). Prieto considera que es "despreciable" [...] y ha faltado al decoro "que se deben los hombres, y más que todo, al que se debe al público".

> [...] Nada es más útil que la justa crítica pues por ella se corrigen los errores o descuidos a que está sujeto aún el mejor artista; pero debe ser imparcial e hija de una observación exquisita e infatigable.

Irritado, piensa que no lo valora como sí el público de París y se esfuerza en «perjudicarlo» para ensalzar a sus protegidos. Si el primero es una nota dolida pero galante en la que recuerda sus méritos y las opiniones favorables recibidas por su traducción, el "suspendido" es profundo y meditado, pero hiriente. Prieto explica por qué le faltó "fuego" en *Pelayo* ya que el actor está sujeto a cambios —como la naturaleza— no es un autómata y reacciona junto a sus compañeros y sobre todo, ante el contacto con el público. Cuando el artista no consigue enardecer a los espectadores, se "debilita y desmaya". Le faltó vehemencia por "la desconfianza de sus compañeros" con su desentonos y tropiezos y por "la frialdad del público", ya que quien había "tenido la gloria de conmover y arrebatar en otros países a los espectadores más apáticos", no obtenía ninguna reacción.

> [...] sin olvidar que el actor cuanto mejor sea, más desigual se presenta en la parte física, pues así como la naturaleza (sin dejar de ser bella) hoy es débil, mañana fuerte, aquí estéril, allá fecunda, así son sus producciones y solo los autómatas son siempre iguales mientras dura el resorte que da impulso a sus movimientos.

Prieto discute sobre técnica actoral con argumentos emocionales a partir de una crítica injusta y en medio de un acalorado desencuentro. Atacado, quien escribe en *Teoría...* que "no son bastantemente apreciados los talentos de los cómicos", es enjuiciado y desacreditado por un crítico adolescente. Prieto le recuerda sus treinta años de trayectoria, el estímulo que el público le ofrece al actor y la cualidad efímera del teatro: "El actor se anima a medida que el espectador se complace". Dolido por la incomprensión de Heredia de su necesidad de usar una peluca "con que usted (pobre hombre) me piensa satirizar [...] ¿sería mejor que me presentara bajo el aspecto de un cazurro motilón cual usted parece?", la discusión, a ratos ingenua, termina con un duelo de ofensas mutuas.

El contexto es fundamental. Heredia es un desterrado político acogido por el gobierno de Guadalupe Victoria y Prieto, un actor de mundo, con prestigio y experiencia, a quien le surge un adversario molesto y algo pedante que lo aprecia, pero suspira por la ausencia de Gamborino y de Garay. Según Olavarría y Ferrari, además de las intrigas de los actores, reinaba "la mala voluntad contra los españoles" (circulaba un papel insultante, "Odio eterno a los gachupines que intentan nuestra esclavitud", de Ignacio Paz) y de ahí la indiferencia de los espectadores, no identificados con *Pelayo*. En el camino, un Regañón en *El Sol* 1.457, explica no aplaudieron a Prieto "porque no nos puede ser placentero el patriotismo de los Godos, porque fue siempre servil, y siempre el rey era antes que la patria con quien confundían a esos miserables enemigos de la especie humana". Ofendió a Heredia, concluye y atacarlo era "atacar el decoro de un público que aprecia demasiado sus virtudes y su talento."

Si la polémica de *El Iris* pertenece a un ámbito restringido y es comprensible que Prieto no aludiese a ella en *Teoría del arte dramático* por no hablar de sí mismo, la complementa y enriquece. En *Teoría...* reivindica emplear «representación» en lugar de «ejecución», como señaló a Heredia y a partir de una cita de Talma, discute si debe emplearse *hacer* la tragedia o *perform a tragedy* y se decanta "con la modestia que lo caracteriza" por recomendar "representar", "hacer el papel de otro". Su explicación en *Teoría...* sobre el significado de la vehemencia o el fuego concuerda con la justificación de su falta de calor en *Pelayo*. Por otra parte, el prólogo a su traducción y refundición de *El marido cortejante o la lección*, de Bonjour, apéndice incluido en *Teoría...*, aclara muchos malentendidos, pues Prieto escribe en el prólogo –que Heredia no leyó– que se proponía "una imitación, no una traducción literal". Otros temas se infieren de la polémica, entre ellos, el papel de la crítica teatral.

La única alusión a América del maestro honorario de Declamación del Real Conservatorio, adelantado del teatro español en el Nuevo Mundo, es al "teatro perubiano". Cuando recuerda las virtudes cívicas y patrióticas de los cómicos, piensa en La Habana de 1812. El capitán general Juan de Apodaca asiste a una función cuya recaudación los actores españoles donaron a "las urgencias de la patria" invadida por las tropas de Napoleón. Mariana Galino es la primera en dispensar su parte. Doce mil duros en dos años, anota Prieto, mientras evoca la solidaridad de los cómicos con los desastres, la expresividad y el "infatigable accionar" de los habaneros. [265] Nada más. La crónica de la representación del 21 de abril de 1812 "para socorrer las urgencias de la patria afligida" existe: se recaudaron ochocientos pesos que partieron a Cádiz en el bergantín El Cazador. [...]

Sin embargo, Prieto no escribe sobre las decenas de obras representadas en la ciudad ni cómo le influyó el contacto con una realidad nueva y el intercambio con actores naturales como Covarrubias.

Reconciliado con Heredia, Prieto estrena el 8 de enero de 1827, en México, su tragedia *Tiberio*. El poeta quiso reparar el "funesto" ejemplo de *Sila*, adaptado de Etienne Jouy, y escribe a Domingo del Monte "he personificado la tiranía en el más pérfido de los emperadores, el vil y profundo Tiberio, tragedia en cinco actos que representará Prieto dentro de algunos días." [266] Los mexicanos no creen zanjada la polémica y presionado por la opinión pública, declara:

> He llegado a entender que algunas personas habían dicho que yo me había mostrado descontento de la ejecución del Sr. Prieto en la tragedia que he dado últimamente al teatro y me apresuro a desvanecer tal equivocación. El eminente actor de que se trata ha ganado en esta vez un título más a su establecida reputación y su admirable talento fue acaso el elemento más decisivo del aprecio con que el público recibió a *Tiberio* que en el señor Prieto respiraba *todo entero*, en la plenitud de su pérfida y monstruosa tiranía. Así tuve el gusto de manifestarlo a él mismo y ruego a ustedes lo

---

[265] Prieto, Andrés. ob.cit. 136.
[266] En Del Monte, Domingo. *Centón epistolario*. Tomo I. Ensayo introductorio, compilación y notas de Sophie Andioc. La Habana: Imagen Contemporánea, 2002. p. 76.

hagan al público su atento servidor que b.s.m. José María Heredia (El Sol 2309). [267]

Al año siguiente Prieto es expulsado del país. Está convencido –de acuerdo a varios abonados al periódico– que una conspiración le obstruye los medios de servir al público y calla porque está cansado de gritar para obtener lo que desea. [268] Actúa con desgano, se cuenta, cuando su deportación es inminente y aunque logra aplazarla por un tiempo, finalmente se marcha. En 1829 se establece por segunda vez en Cuba como director del Principal. Retorna a tres años de su polémica con Heredia y a catorce de su primera estancia. Lo acompañan los cantantes Rita González de Santa Marta y Andrés Castillo junto a Teresa Canal. Pero ahora no es la única compañía ya que desde 1827 funciona un teatro en la calle Cienfuegos, en el barrio de Jesús María, y en 1829 se inaugura el Diorama.

"Fastidiado el gobierno con las continuas quejas y disgustos que había en la formación de la compañía, reunió a los principales individuos de los tres teatros, la temporada siguiente y con unas justas condiciones, los hizo cumplir sus deberes. Los partidos se aumentaban y las ganancias iban siempre a menos, y los cómicos, desesperados, renegaban del teatro", escribe Buenaventura Pascual Ferrer. [269] Al finalizar la cuaresma del año 1831, concluyen sus contratos, "echando pestes los unos de los otros".

Se rumora que al reorganizar la compañía Prieto prescindiría de Teresa Canal, Garelli (?) y Gómara, así que se conjetura este y Sabatini se adelantan y regresan a España. Pero el ambiente no fue el mismo para Prieto, según Leal, "una figura anticuada".[270] A pesar de que actuó en el Diorama recién inaugurado junto a Bernardo Avecilla, Antonio Hermosilla y otros, "desengañado y en parte rechazado", según Leal, parte a España en 1831 o tal vez 1832, en un viaje La Habana-Nueva

---

[267] Reyes de la Maza. ob. cit. p. 219.
[268] Reyes de la Maza. ob. cit. p. 227.
[269] *El Regañón...* ob. cit. p. 494.
[270] Leal. ob. cit. 240.

York en el que permanece once días bajo un temporal, sin alimento. [271] Hay quien lo da por muerto antes. Blanco Cuartín aventura que su cadáver "fue al muladar por la tacha de infame con que las partidas apellidan a los histriones que cantan danzan y declaman por dinero". [272] El Vapulante [sic] lo menciona por última vez en el *Nuevo Regañón* al advertir la "pedantería" de ciertos anuncios, y en especial uno muy gracioso del beneficio de Prieto "(llamado allí el *menor*, a la francesa)". La crónica, fechada 28 de diciembre de 1831, se refiere a una función en Matanzas para la que "había luchado con infinidad de ideas" y al fin consagró a la fiesta del día de los inocentes, "así si el público se engaña no tiene que quejarse".[273] Una inocentada es el punto final de la influyente estancia de los Prieto.

En Madrid lo espera un puesto honorario en el Real Conservatorio y el encargo de la obra que no llega a ver publicada, en la que vierte su experiencia de actor culto –inteligente escribe Moratín– y de dilatada carrera en varios y disímiles escenarios: *Teoría del arte dramático*. A pesar de atribuirse ideas ajenas como propias, es una de las más completas recopilaciones sobre el arte del actor escrita en nuestra lengua. Conservada manuscrita, a manera de centón, sintetiza y glosa nociones sobre verdad escénica, ilusión, imitación y otras categorías válidas, contadas y recreadas a partir de su propia práctica y la vivencia de los intérpretes a quienes tuvo cerca. Prieto habla a través de otros y casi nunca de sí mismo. "Todos nacemos originales y morimos copias", escribe. Pero persiste en traducir. En 1833, Fígaro, al criticar el estreno de *El expósito en Londres*, drama del actor Desforges, traducido del francés por Prieto a partir del *Tom Jones* de Fielding, cuenta que desde las lunetas alguien le gritó *errasteis la vocación*. Se le critica el lenguaje de la obra. "¿Qué quiere decir tanta *madama* como a cada paso se encuentra?" El penúltimo acto del actor, empecinado en traducir, recuerda las advertencias del impetuoso Heredia. [274]

---

[271] Prieto, Andrés. *Teoría del arte dramático*. ob. cit.
[272] Blanco Cuartín, Manuel. "Teatro chileno i teatro español". *La Revista Nueva*. Año 1, tomo I (mayo-julio 1900) pp. 286-320.
[273] *El Regañón...* ob.cit. p. 494.
[274] Fígaro. *La Revista Española*. 4 de junio de 1833. pp. 613-614.

VII De *El peón de Bayamo* al estreno de *El Conde Alarcos*

A partir de 1815 hay un gran trasiego de actores. Ese año llega Juan López Estremera –ajustado como bufo y galán– quien al año siguiente estrena obras de su autoría, a saber *Nerón y Los niños expósitos*. Tres años después, Heredia lo ve actuar en México como Haradin en *Los piratas en el bosque de los sepulcros* y le dedica una canción de alabanza. En 1822 se ha unido a María del Rosario Sabatini, Galino, Gamborino y García Reyes. Desde Cádiz viene Diego María Garay para una corta estancia porque en 1824 debuta en México –se marcha con Manuela Gamborino– y no es hasta después de su expulsión de ese país que alcanza relieve en La Habana con la apertura del Diorama. [275]

Diego María, actor de la Compañía de Cádiz, actúa allí en 1820 en un beneficio en el que se ejecuta una obertura de Beethoven antes de representar *Los templarios*. Distinguido por su osadía y personalidad, según Adolfo de Castro, al montar la tragedia *El Numa*, de Juan Ignacio González del Castillo, se "tomó el trabajo" no de hacerle algunas anotaciones sino de "trastornar varias escenas", añadir personajes y aumentar un acto. [276] No es extraño que cuando arriba a la isla ¿en 1822? se le considere para dirigir la rama de verso de la compañía del Principal en la que estaban delimitadas comedia, ópera y baile. De acuerdo a las observaciones de *El Revisor Político y Literario* existió un "plan" de Garay, publicado en *El Indicador*, con el epígrafe "no haya en la ciudad teatros si no reina en ellos la sabiduría y la ley", tal vez por el

---

[275] Blas Osés cuenta a Domingo del Monte un cotilleo teatral: Al regreso de Gamborino, y en ocasión de una puesta de *Oscar* que esta interpretaba, le dice que se *largó* a México con Garay siendo casada y abandonó a sus hijos. *Centón epistolario*. Tomo I. p. 433.

[276] González del Castillo, Juan Ignacio. *Sainetes..: con un discurso sobre este género de composiciones por Adolfo de Castro*. Cádiz: Carruana, 1846. p.XXI.

"desorden" de la compañía por la que se imponen multas a los actores. ¿Acaso se suspendió un ballet por la fuga de los recién llegados bailarines Carolina Olivier y Jean Rousset? La publicación objeta la propuesta de Garay (dirección de tres y una junta consultiva) y es partidaria de que la dirigiera quien más tiempo pudiera dedicarle, así como de facultar al director para imponer multas cuando los "silbidos y otras muestras de desaprobación pública" no hicieran mella en los actores que por desidia o caprichos descuidaban el estudio de sus papeles. La compañía atraviesa una situación tan deplorable que no consigue trescientas personas que abonen cien pesos para echarla a andar. [277] En 1824 José Antonio Cintra cuenta a Del Monte que comienza la temporada con *La Isabela*. Pero discute su "popularidad".

> ¿si será por que s. m. de la señora Isabela no se desdeña de ser representada en las mismas tablas donde se ha ejecutado al "Catalan Serrallonga" al "Rosario perseguido" á "Blanca y Moncarin" y otra turba de piezas que con justicia pueden ser consideradas como la canalla del reyno teatral? ¿ó tal vez por que permite ser estropeada por Reyes y Palomera? ¿ó acaso por que no se averguenza de ser oida por la turba del patio y la cazuela? [278]

Y el día 25 de agosto de 1825 los actores representan *El buen gobernador* en homenaje a Dionisio Vives, de acuerdo a un aficionado en la selección de José Severino Boloña. [279] Garay se va a México. Cuando regresa, ya el pintor Juan Bautista Vermay de Beaumé, director de la Academia de San Alejandro, había solicitado los terrenos anexos al jardín Botánico para un Diorama como los de Daguerre en París. El 8 de julio de 1828 muestra los dibujos creados por sus alumnos. Pero su intento teatral, a tono con su personalidad polifacética (Agustín Zárraga le dedica su traducción de *Hernani*) es menos conocido. Garay quiso transformarlo en sala de espectáculos. Una versión más cruda señala que se encontró "sin colocación" (Prieto al frente de El Principal y

---

[277] *El Revisor político y Literario*. no. 6 (1823). pp. 6-8.
[278] Carta de Cintra del 20 de abril de 1824 en *Centón epistolario*. Tomo I. p.58. Se respeta la ortografía del original.
[279] Boloña, José Severino. *Colección de poesías arregladas por un aficionado a las musas*. La Habana: 1833.

Antonio Rosal del teatro de la calle Cienfuegos) y gracias a "insinuaciones" de sus amigos, Vermay acepta construir un foro de 292 lunetas, 49 palcos, 132 sillones y cazuela de gran tamaño. El 24 de octubre de 1829 abre como teatro. Prieto, Garay, Avecilla, Hermosilla, Rosal, Covarrubias, Miguel Valleto y García integran la compañía, y entre las damas, brillan Manuela Molina, la «inimitable» Teresa Canal, Josefa Dubrevill e Ignacia Cabrera. [280] Canal, característica, llegó un poco después de Prieto. Valleto vino expulsado de México y Manuela ha sido su compañera en Barcelona junto a Rosa Peluffo y Concepción Samaniego. En la isla ha gozado de aceptación en varios escenarios, sobre todo en Trinidad, donde el año anterior se presentó en un teatro provisional de la calle Gloria con *El desdén con el desdén* y *El sacristán santo*, como Compañía de Cómicos de la ciudad. [281]

Como el objeto para el que se pidió el terreno se había «distraído», Vermay exhibe sus dioramas del cementerio Pére La Chaise y la casa de calderas del ingenio Valvanera, pero debido a que el poco público sostenía escasamente los gastos, lo dedica por completo a la escena y a los bailes de máscaras. [282] En 1832 se representan *Pelayo* y *El duque de Viseo*. Garay interpreta allí *Oscar*, de Vincent Arnault, con decoraciones de Vermay. [283] Y es posible que en gratitud a Heredia, a quien le había estrenado en México *Sila* (1825), *Cayo Graco* (1826) y *Abufar o la familia árabe*, repita en 1829 en La Habana esta versión.

En 1834 el Diorama tiene nueva pintura, mejoras en el enrejado del pórtico y el despacho de boletines, aunque nunca perdió, según Ugarte, su "irregular figura", concebida para otro propósito. Ese año Diego María Garay, María Cañete, Andrés Castillo y Covarrubias representan el sainete *El alcalde toreador* (Diego hacía el majo y Covarrubias, su primera espada) con una corrida de toros «real». Andrés Castillo, a toda orquesta y vestido apropiadamente, interpreta

---

[280] Ugarte, Luis A. "Teatro del Diorama". *Paseo pintoresco por la isla de Cuba*. ob. cit. 149-155.
[281] Marín Villafuerte, Francisco. ob. cit.
[282] Conde de San Juan de Jaruco. "Vermay y su teatro". *Diario de la Marina*. 25 de enero 1948. p. 35.
[283] Aguirre, Yolanda. ob.cit. p. 57.

El negrito vendedor o el aguardiente de caña. Castillo y Garay fueron diez años antes, en México, los más ácidos críticos de Prieto.

El Diorama deja de funcionar por un tiempo hasta que en 1839 lo alquila la academia de Declamación y Filarmonía de Cristina, para funciones de aficionados. Antonio Lucas Ugarte está a cargo de su sección de Declamación y Antonio Raffelin, de la de Filarmonía, pero se desconoce bastante su funcionamiento, apenas que hubo pocas "señoritas aficionadas", nunca más de seis u ocho socias.

Antonio Hermosilla se une a Andrés Fidalgo y Félix Soloni (estrena en Matanzas *Atreo*, versión de José María Heredia de Jolvot de Crebillon, el 16 de febrero de 1822) con María Sabatini, José Ferrer y Jesús Bueno, entre otros artistas conocidos. Bernardo Avecilla llega en 1828, hijo de Antonio, taquillero de El Príncipe, quien en 1801 solicita una plaza de "acompañamiento" y es primer galán de ese teatro a partir de 1820 (tercero después de Máiquez y Prieto). [284] En 1831 la compañía no está "muy sobrecargada de actores" y *El Nuevo Regañón* solicita echen al fuego los sainetes indecentes y asquerosos como *El viaje al otro mundo*, *La madre e hija embusteras* y *El tirulito o los pichones*. La escena está en "decadencia": carece de óperas y hay "poca afición a las representaciones teatrales". "El busilis está en cómo se resucita el teatro haciéndolo más concurrido"–escribe– ya que el edificio de la Alameda es pasto de ratones y alacranes. Recomienda entregarle la dirección a Covarrubias, "que tome el mismo empeño que pone en arreglar sus beneficios y verá usted si acude la gente." [285] El caricato despliega su creatividad para llenar el teatro por todos los medios (anexo 4).

Hermosilla, Avecilla y Galino se refugian hasta donde se sabe en el teatro de la calle Cienfuegos y Apodaca, en Jesús del Monte, dirigido por el poeta Francisco Pobeda y Armenteros, cómico de vida errante, autor de una única pieza, *El peón de Bayamo* (1828), perdida como las de Covarrubias. Nacido en 1796, si se conociese más su biografía, existiría un testimonio increíble de lo que Rine Leal llama "supervivencia artística". Quejoso de su olvido, el 14 de junio de 1879 José Triay y un

---

[284] Soria Tomás. ob.cit.
[285] *El Regañón*... ob.cit. "Teatro". pp. 443-448.

grupo de jóvenes le organizan un beneficio en el teatro Lazcano de Sagua la Grande donde la vuelve a representar. Si su gusto poético "se ha formado en el estudio que por su profesión ha tenido que hacer", como atestigua López Prieto, Lope y Calderón le hicieron bien a su obra dramática, tal vez una versión lírica de los peones costumbristas y rudos de Covarrubias con una ingenua apropiación de Calderón. [286] El *Peón...* de Pobeda pudo ser una variante del de tierra-adentro de Covarrubias y quizás fue representado por alguna de las compañías en las que figuró como actor. A pesar de una vida de sinsabores y penurias, el llamado Trovador cubano, ha sido muy estimado póstumamente como poeta.

En 1834 una compañía de ópera italiana llega al Principal. Se cumplió el vaticinio que cinco años atrás Mesa desde Madrid comunica a su amigo Del Monte: el «furor» filarmónico ha derrotado el teatro. Rossini ha oscurecido a Lope y Moratín. El 16 de enero se estrena *Elisa e Claudio*, de Saverio Mercadante y el Principal se señala como una plaza lírica con la presencia de Adelaida Varessi Pedrotti, Elisa Papanti y Juan Bautista Montresor, entre otras figuras. Pablo Veglia, profesor de idiomas, se duele en una crónica de haber visto vacíos los palcos en una representación de *Maleck-Adhel*, del duque de Rivas. ¡No había nadie! y lo califica de injusto abandono. La afición favoreció la ópera italiana y las estrellas contratadas por el empresario Brichta, y no al elenco de Garay, Mata, Hermosilla y la Douvrevill.

A finales de la década, Gregorio Duclós y Pedro Viñolas están al frente de la compañía del Principal, integrada por María Cañete, Vicenta Lapuerta, Josefa Alberdi, Francisco Garay, (hijo de Diego María Garay) y Francisco Pavía, a quienes se unen al año siguiente, Rosa Peluffo y Francisco Javier Armenta, de paso desde Barcelona rumbo a Puerto Rico. Desde luego, está Covarrubias. La pérdida mayor es la de Diego María quien muere el 3 de febrero de 1837. Actor tribunicio, impresionó cuando al llegar a la capital de México en 1824, sin su equipaje, se dirigió al "respetable público" para confirmarle ha

---

[286] López Prieto, Antonio. *Parnaso Cubano*. Habana: Miguel Villa, 1881. pp. 156-171.

hecho todo a su alcance para lograr un nuevo alumbrado de proscenio y un telón de boca así como lucidos trajes para las comparsas, convencido de la utilidad del teatro culto "para desterrar los abusos que ocupan la escena" y estar a la altura de la ilustración mexicana. La batalla por su ajuste y el de Manuela García Gamborino ¿su pareja? y su rechazo a trabajar con Prieto y Avecilla llena páginas de comunicados en la prensa donde contó con incondicionales admiradores. Gracias a su presencia en Cádiz, San Juan, México, La Habana y Matanzas, es uno de los actores más influyentes de la década. Interpreta *Otelo* en 1835, año en que también hace el *Oscar,* arreglado por Juan Nicasio Gallego y *La Zoraida* de Cienfuegos.

En enero de 1837, Heredia asiste al Diorama a ver a Hermosilla durante su corta y trágica visita. El actor ensaya *Macías,* de Larra, pero cuenta a su madre que tuvieron la fatalidad "de marcar la silla" en la que se sentó "poniéndole un letrero".[287] Último encuentro del poeta con sus actores ya que admiró como nadie a Estremera, Diego María Garay y la bailarina María Pautret.

Pero la apertura del Tacón es el antes y el después del quehacer del intérprete ya que acceder a "uno de los mejores teatros del nuevo mundo" fue legitimación. Inaugurado el 15 de abril de 1838 con *Don Juan de Austria o la vocación,* de Casimir Delavigne, traducción de Mariano de Larra, antes abrió para banquetes y bailes de máscaras durante los carnavales. Ocho mil personas entraron al edificio y hubo más de quince mil curiosos. Desde el primer día recibió admiración unánime. Celebrado por nativos y viajeros, fue una atracción. La Condesa de Merlin escribió que "sólo los primeros teatros de las grandes capitales de Europa pueden igualar al de La Habana en la belleza de las decoraciones, el lujo del alumbrado y en la elegancia de los espectadores que llevan todos guante amarillo y pantalón blanco. En Londres o París se tomaría este teatro por un inmenso salón de gran tono."[288] Otros fueron más efusivos y apasionados. La Habana

---

[287] María y Campos, Armando de. "Heredia autor teatral en México". *Crónicas de teatro de Hoy.* México. Ediciones Botas, 1914. pp. 178-183.
[288] Santa Cruz, Mercedes. Condesa de Merlin. *Viaje a La Habana.* Madrid: Imprenta de la Sociedad Litográfica y Tipográfica, 1844. p. 29.

poseía un teatro de acuerdo a su jerarquía, obra de un comerciante que "hará eterno el renombre de su actividad": el catalán Francisco Marty y Torrens, quien tuvo que vencer la "poca afición de la muchedumbre al teatro" para mantener abierta su empresa. [289]

Pardo Pimentel escribió que era "espacioso, ventilado, claro, diáfano, que hace tolerables las reuniones de cuatro y cinco mil personas por espacio de tres y cuatro horas en aquel ardiente clima, en que los hombres van a la Misa del gallo con levita de lienzo". También habló de la celosía por la que se veía desde el tocado hasta el abreviado pie de las habaneras, advertido antes por la Condesa.[290]

Unos meses después, un desorden oscurece el estallido romántico cuando el 9 de agosto, en un disturbio, pierde la vida un espectador al que entraron a palos por decir que la obra era *detestable*. Se representaba *Don Pedro de Castilla*, "drama caballeresco en cuatro jornadas, en prosa y varios metros", del dominicano Francisco Javier Foxá. José María de Andueza desaprobó la cobardía de los amigos del autor (Ramón de Palma, Quintín Suzarte, Anacleto Bermúdez) quienes "se empeñaron en que [...] debía agradar a la fuerza" pero resaltó sus valores a pesar de que a su juicio no era un drama histórico. [291] Pero a la larga, como vaticinó, el incidente perjudica a Foxá, se cancela la tercera representación y la censura no se apiada del texto, perdido o secuestrado hasta hoy. Domingo del Monte lo cuenta el 25 de agosto a José Luis Alfonso, ya que

> hubo una de garrotazos y cachetinas entre los dos bandos, que alarmó a la autoridad. El viejo Ezpeleta, que según el dicho vulgar, *ni afloja ni aprieta*, cojió miedo y mandó suspender la tercera representación, para la cual iban apercibidos griegos y troyanos de gruesas porras. Dos hermanos del autor, oficiales del Ejército,

---

[289] Bachiller y Morales "Gran Teatro de Tacón". En *Paseo pintoresco...* ob. cit. p.160.
[290] Pardo Pimentel, Nicolás. *La ópera italiana o manual del filarmónico*. Madrid: Aguado, 1851. p.64.
[291] Andueza, José María de. *Isla de Cuba pintoresca, histórica, política, literaria, mercantil e industrial*. Madrid: Imprenta Boix, 1841. p. 55.

están presos, á un pintor españolito me lo dejaron tan mal parado que toda la cabeza se la descalabraron y llenaron de chichones: dícese que después ha habido desafíos entre mozos de acá y de allá." [292]

Si Foxá provocó el *Hernani* de nuestro romanticismo, no se queda atrás *Guillermo,* de Andueza, estrenado el 26 de julio. El «Guillermito» escribe Milanés, mientras desde su apacible Matanzas avanza con lentitud aplastante la escritura de *El conde Alarcos*. Escribe cuando puede, a veces antes de almorzar y de acuerdo a las cartas, en mayo de 1838 empieza el tercer acto ya que por la mañana trabaja "a lo mercantil" y debido al calor, compone "hoy un trosito, mañana otro y considere V. como saldrá una cosa hecha tan á pedazos como va este conde Alarcos." [293] Lo da por concluido el 26 de julio y se lo envía a Del Monte, apenas un mes antes del estreno.

Era de esperar que José Jacinto no faltase al acontecimiento, pero aquejado de una "fluxión muy fuerte", encarga a Domingo del Monte, su amigo y protector, diga de su parte a los señores cómicos "que toda mi esperanza descansa en ellos, que tengan la bondad de esmerarse y sacar lucido mi trabajo que a esto seguirá mi eterno agradecimiento".[294] Ellos lo invitaron a viajar ocho o diez días antes para ver "si no hay nada que poner o quitar" dice a sus padres, pero no abandona la casa ni se atreve a gastar dinero. [295] Antonio Rosal lo compra a Del Monte para su beneficio: Milanés cobra catorce onzas. En las cartas próximas al día señalado, se preocupa porque en los carteles se escribe *El conde* de *Alarcos,* que juzga "insonoridad", y aunque no tiene tiempo, avisa de los "adefesios" (No es un capitán de la guardia, sino de la "guarda"), errores tal vez de la copia de trabajo de los actores. [296]

---

[292] Del Monte, Domingo. *Centón epistolario*. ob. cit. Tomo II. p. 207.
[293] Del Monte. ob.cit. 181.
[294] Ibid. 228.
[295] Ximeno y Cruz, Dolores María de. *Aquellos tiempos... Memorias de Lola María*. Tomo I. La Habana: El Universo, 1926.
[296] Carta de Milanés del 9 de septiembre en Del Monte. ob. cit. p. 228.

Mientras Milanés se enclaustra en su aposento matancero, en La Habana, el 11 de septiembre de 1838, *El conde...* enloqueció a la gente. Si en la de Foxá se armó la «sarracina», la capital apaña con entusiasmo al nuevo autor. Se llenan cuartillas sobre el texto dramático, entre ellas, la reservada y extensa crítica de José Quintín Suzarte en *La Siempreviva* o el artículo de José Z. Zacarías del Valle, quien comentó a Anselmo Suárez ¡Qué drama! ¡Incomparable! Pero los diarios se ensañan con los actores de la compañía de Gregorio Duclós (intérprete del Conde), a quien se achacan fallos de memorización y excesiva frialdad. Se argumenta que ensayaron dos o tres veces y no estudiaron sus papeles. Blanca fue interpretada por Vicenta Lapuerta; Leonor, por Rosa Peluffo, Juan de Mata fue el rey de Francia y Francisco J. Armenta, el Trovador.

Acerca de los actores, Andueza brinda un testimonio irremplazable. A su juicio Duclós

> [...] sin disputa es el más sobresaliente de cuantos se han presentado en la Habana de muchos años a esta parte, reúne cualidades poco comunes, tanto en el género trágico como en el cómico. Hermosa presencia en las tablas, voz llena y sonora, arranques felices, hijos del sentimiento de las situaciones, y gracia natural: pocos le ganarán en facultades artísticas. Duclós es un comodín en el teatro; así representa la parte de Edipo, como la del protagonista en la pieza de *El ramillete y la carta* y siempre a gusto del público: para él no hay dificultades, porque su audacia, el ahínco con que se posesiona del carácter que representa, es superior a los obstáculos que encuentra: nunca le domina la escena; al contrario, él la domina siempre, porque nada le embaraza, porque representa como si estuviera en su casa, porque la mayor parte de las veces hace olvidar que es Duclós el que habla.
>
> Este actor, como sucede generalmente a todos los que se encuentran dotados de brillantes disposiciones, suele abusar de ellas, y en particular del torrente de voz que le distingue, y sin embargo, es preciso decir en honor de la verdad, que no es suya la culpa. El público de La Habana es un público indulgente, y aplaude a menudo lo que en otro teatro, en Madrid, por ejemplo,

se silbaría. Así es que aplaude a Duclós, cuando este grita, y Duclós lo hace porque sabe que de aquel modo da gusto al público. ¿Y cuál es el cómico que se resigna, si arde en su corazón una chispa de amor propio, a hacer lo que debe, si una belleza ha de pasar inapercibida [*sic*], y si convirtiéndola en un defecto del arte está seguro de obtener aplausos? [297]

Rosa Peluffo llegó con Armenta desde Cádiz alrededor de 1830. Había integrado el elenco del Príncipe después de actuar en Sevilla y Barcelona. En La Habana en 1831 participa de un beneficio a Dionisio Blinó, globonauta cubano, como la coqueta de *La reconciliación por la locura,* de Eugene Scribe, arreglada por Bretón de los Herreros, trabajó con Covarrubias en una obra suya, *La carreta de las cañas,* en el Diorama y le proporcionó al caricato el libreto de *Escuela de mujeres* de Molière con su demostrado interés por obras, refundiciones y traducciones y a algún director el manuscrito de *La abadía*, de Castro, según el *Índice de piezas dramáticas censuradas*. [298] Covarrubias explica en un suelto cómo se originó el programa y le agradece a Peluffo (Anexo 4). Andueza escribe:

> es alta, de hermosa presencia, y su voz se acomoda sin violencia a todos los afectos que desea expresar: en la comedia es amorosa y sensible, maneja la ironía con toda la malicia que su buen uso requiere, pero donde brilla principalmente su artística habilidad es en el drama de pasiones: y no es posible en efecto una Doña Sol más perfecta que la Peluffo en el *Hernani*, ni otra Doña Isarel De Segura como ella en *Los amantes de Teruel*.

Su oponente, Vicenta de Lapuerta, con una "voz, si bien dulce y melodiosa, apenas llega a entenderse desde las lunetas". Tenía un defecto físico en un pie que el cubano Francisco Alonso corrige

---

[297] Andueza. ob. cit. p.16.
[298] *Indice de las piezas dramáticas permitidas sin atajos ni correcciones...* ob.cit. p. 46.

mediante una cirugía en el tendón de Aquiles.[299] "Los únicos papeles que desempeña con acierto, son los sentimentales: la he visto en el Angelo de Victor Hugo, representar a gusto del público el de Catalina, y el de Leonor en *El trovador* de García Gutiérrez: sin embargo, le faltan, además de la escuela y el desembarazo, muchas dotes para que pueda rivalizar con la Peluffo." Andueza prefiere a Rosa y escribe para ella *María Ruiz de Padilla*.

Juan de Mata es otro favorito. Representa al "terrible *barba* trágico, el festivo *barba* cómico, el apuesto galán, el gracioso en fin [...] y todos naturalmente, todos con admirable propiedad".[300] Matas Ibarzábal llegó a La Habana alrededor de 1810, abandonó sus estudios de leyes para aceptar personajes en la compañía de Miguel Valleto con la que actuó en La Habana y Matanzas y a saber por Villabella, fue tramoyista con Candamo.

Duclós –no había actuado en Madrid– resalta por su manera de representar "como si estuviera en casa", para perplejidad de los críticos, que no entendieron pasaba de la extrema efusividad a la inmovilidad con un tono tan pausado que parecía no "representar" el papel.[301] Antonio Hermosilla hubiese sido su rival, pero ya era un veterano, que "sale siempre encorvado a las tablas, propio del carácter de ciertos barbas", pero "una falta notable en los galanes, los cuales quiere el público que sean derechos y gallardos. Su voz era cansada, gangosa y de mala calidad y cada vez que toma aliento el público escuchaba una especie de hipo o resoplido desagradable". "Inimitable en la comedia de costumbres, carece de las facultades principales inherentes a todo buen cómico."[302]

---

[299] Rosaín, Domingo. *Necrópolis de La Habana: historia de los cementerios de esta ciudad: con multitud de noticias interesantes*. La Habana: Imprenta del Trabajo, 1875. p. 284.
[300] Andueza. ob. cit. p. 17.
[301] Críticas de Ramón de Palma del 19 de septiembre y del *Noticioso y Lucero* citadas por Leal. p. 305.
[302] Andueza. ob. cit. pp. 17-18.

Gabriel de la Concepción Valdés, el poeta Plácido, le dedicó poemas a muchos de ellos: Hermosilla, Lapuerta, Josefa Galindo, (la Leonor de *El trovador*), Manuela Martínez y a la joven Carlota Armenta. Su madre, Concepción Vázquez, bailarina originaria de Burgos, actuó en El Principal y su padre Diego Ferrer Matoso, fue peluquero de teatros.

Vicenta Lapuerta siguió interesada en Milanés y quiso comprarle para su beneficio *Un poeta en la corte* mientras él deseaba publicarla por suscripción, a pesar de ser "algo dificultoso [...] porque la censura ha de ejercer en ella sus acostumbradas mutilaciones, como porque los cómicos nuestros, que casi nunca se enteran de las miras del autor ni saben dar á cada verso la intención que él les prestó, harían de ella una mala representación y me ofrecerían á una luz desfavorable".[303] En varias misivas del *Centón...* se preocupa por el dinero que debe solicitar a Lapuerta. Finalmente, el empresario Marty se niega al beneficio y Duclós dice que no paga más de seis onzas. Las cartas documentan la difícil relación mercantil entre el poeta, los cómicos, la empresa y el mecenas. Cuando Del Monte le contesta que veinte onzas es demasiado, Milanés, tan frágil, le responde:

> V. allá en sus adentros se figurará que estoy muy mercantil y muy aritmético: pero [...] después de muchas reflexiones que he hecho sobre este punto, que nosotros los literatos cubanos hemos dado en la simpleza de considerar muy bello el desinterés en la venta de nuestras obras: por este motivo no hay carrera literaria en Cuba: por esta causa se ríen de nosotros cómicos é impresores quienes, á costa de nuestras vigilias, se llenan ampliamente los bolsillos.—Por lo tanto no creo, caro amigo, que pedir 20 onzas á la S.ta Puerta sea ponerle un dogal á la garganta, como que no imagino que las actrices sean tan infelices, como V. me las pinta, si he de dar credito á lo que yo mismo les he oido y otros muchos me refieren.—Asi, mi resolucion última, es que V. le diga, en caso de no acceder á dar las veinte pálidas, que no hay nada convenido y

---

[303] Del Monte. ob. cit. p. 495.

me devuelva el drama: que yo no trato más que de imprimirlo por ahora". [304]

Pero Milanés no se transa por un precio inferior al que suelen venderse los dramas madrileños. Seis años demoró el poeta en ver publicada *Un poeta en la corte* por dilaciones varias y porque deseaba un censor "menos intruso" como Ramón Medina, no muy cruel con *El conde Alarcos*.

[304] Del Monte, Domingo. ob. cit. p. 508.

VIII Teoría y crítica sobre el intérprete

Entre los años 30 y 50 el arte del actor está en el punto de mira con la publicación de tratados, consejos y ensayos que nutren la escasa reflexión propia constituida por los comentarios del Regañón, el *Diario de la Habana* o *El Aviso*, la exhortación de Someruelos y los textos de Manuel de Zequeira, ya que la polémica entre Heredia y Prieto ha sido ajena. [305] Data de 1823, un documento publicado en Santiago de Cuba, dedicado más que al intérprete, a la relación entre el actor y el público en el interior del teatro: "Sátira sobre varios abusos que se notan en el teatro de Cuba", atribuida al poeta Francisco Muñoz del Monte, también profesor de oratoria (ofrece en 1847 en el Liceo clases sobre Elocuencia del púlpito). [306] El autor con su "peseta" compra "la libertad del labio" (pagar la entrada lo faculta para emitir su veredicto) y critica al actor "que con tibieza /la furia pinta del feroz Egisto!" o al "palurdo y lego" que desmedra "al gran Quintana" para emitir sus nada complacientes observaciones no solo sobre los intérpretes sino acerca de la experiencia en el ambiente del teatro, con el humo insoportable de los cigarrillos y el sofocante calor.

La atención del espectador se interrumpía con las conversaciones, la venta de confituras, los cucuruchos pasados de mano en mano por los palcos, las murmuraciones y las "tretas amorosas" dirimidas en el recinto.

El mocito galán, que se acalora
Al lado de su bella Dulcinea,
Gasta el tiempo en charlar con la que adora.
Mientras uno conversa y chichisbea,

---

[305] *Principios de literatura acomodados a la declamación*, de Félix Centrillón (1832), *Noticias sobre el arte de la dirección que puedan ser base de una grande utilidad a los alumnos del real Conservatorio*, de Carlos Latorre (1839), entre otros.
[306] En *El Papel del Gobierno* de esa ciudad, el 13 de mayo de 1823. Fuentes Matons, Laureano. ob.cit. pp. 160-164.

Otro menos galán y comedido
las tablas con frecuencia taconea
i el pobre espectador enfurecido,
Perdiendo la ilusión y la paciencia,
el hilo de la pieza echa en olvido.

Hombre culto, es contrario a las comedias antiguas.

El público ilustrado solo ama
corrección, sencillez, gusto, elegancia:
lo demás ni lo alegra ni lo inflama.

Como el Podatario de los abonados en 1811, defiende el gusto natural del vulgo "tan sano/como el sabio más grave y más instruido", pero señala con Iriarte que "si al vulgo le dan paja, come paja/y si grano le dan, bien come grano". Es la misma idea de Cervantes: "no está la falta en el vulgo, que pide disparates, sino en aquellos que no saben representar otra cosa." [307] Con las apreciaciones del Regañón, es el más vívido retrato de la vivencia del espectador.

Entre los libros publicados en la península, el más agudo– el de Zeglirscosac– no tiene suficiente eco ni siquiera allí. Establece una teoría de las emociones (veinticuatro actitudes de la admiración a la rabia) y recapitula cómo cada actor puede aprender a sentir lo que dice y a manifestarlo en el tono y los ademanes consecuentes, cuando al representar tantas obras diferentes tiene que "hacer lo que no siente". Además, esboza el papel del director de escena, responsable de los "preparativos", capaz de trazar un plan que incluye hasta la pintura,

---

[307] Cervantes Saavedra, Miguel de. *Don Quijote de la Mancha*. Capítulo XLVIIII. "Donde prosigue el canónigo la materia de los libros de caballerías, con otras cosas dignas de su ingenio". Edición de Francisco Rico. Centro Virtual Cervantes.

como responsable de la "reunión y armonía de las partes". [308] Al menos en La Habana, el director se menciona pero las principales funciones relativas a los decorados, la distribución de los papeles y el trazado del plan, recaen en el primer actor y es natural que sea el divulgador de conocimientos y modelos. [309] Muchos tratados se publican a la luz de la Reforma de teatros llevada a cabo en Madrid para restituir propiedad y decencia a la escena y devolver el respeto hacia la profesión del cómico.

Lejanos ecos se advierten en "Advertencia a los cómicos" (1830) con consejos útiles para "contribuir a que sean menos sensibles los defectos de los que se dedican a esta profesión". [310] Se insta a los actores a "cultivar sin cesar sus órganos", "que los ejerzan, que sepa sondear el corazón humano, conocer sus extravíos" así como a "poseer en toda su perfección el idioma nacional" ya que "antes de ser actores es preciso saber hablar." "El buen cómico debe olvidarse de que se presenta a las tablas para agradar, este cuidado distrae muchas veces, y hace perder los medios de conseguirlo".

> Siempre que saliere al teatro ha de tener particular estudio en situarse de manera que sea visto y escuchado cómodamente por todos los espectadores.

> Asimismo deberá ser entendido distintamente, aún cuando hable bajo, y cuando hubiere de levantar la voz procurara contenerla en sus límites sin esforzarla demasiado, de suerte que no sea agria o

---

[308] Zeglirscosac, Fermín Eduardo. *Ensayo sobre el origen y naturaleza de las pasiones, del gesto y de la acción teatral, con un discurso preliminar en defensa del ejercicio cómico, escrito por D. Fermín Eduardo Zeglirscosac, y adornado con trece láminas que contienen cincuenta y dos figuras, las cuales demuestran los gestos y actitudes naturales de las principales pasiones que se describen, grabadas por el profesor D. Francisco de Paula Martí. Obra útil para los que siguen la profesión cómica, y para los que se apliquen al estudio de las bellas Artes de la pintura, escultura y grabado.* Madrid: Sancha, 1800.
[309] Cf. Millá Gacio, Luis. *Tratado de tratados de declamación.* Madrid: 1913.
[310] *La Moda o Recreo Semanal del Bello Sexo.* tomo I. Sábado 10 de abril de 1830. pp. 350-352. Reproducido en Boudet, Rosa Ileana (ed.). *Escritos de teatro: crónica, crítica y gacetilla.* Ediciones de la Flecha, 2013.

disonante, y en fin en todas sus variaciones es preciso que su tono conserve la unidad del género y de la escena.

Por lo que respecta a las gesticulaciones, convendrá que las omita muchas veces, mas bien que hacerlas ridículas, ellas son malas cuando son falsas, quiero decir, cuando no van acorde con las expresiones, cuando son débiles, cuando no exprimen los sentimientos sino, fríamente, cuando son excesivas o más fuertes de lo que dicen las palabras, cuando se contradicen, cuando los brazos no acompañan la expresión, o cuando los ojos indican lo contrario de lo que dice con la cabeza, y finalmente cuando son poco variados. Hay actores, cuyos semblantes conservan siempre la misma configuración. Es menester mucho estudio en evitar este defecto, la monotonía del rostro arguye demasiada insensibilidad, y así debe variar de gesto aun cuando se digan las mismas palabras, pero siempre ha de guardar cierta conformidad con las circunstancias.

Todo actor ha de aplicarse con esmero a representar el carácter de su personaje, para que en su frente aparezca unas veces la ambición, otras la rabia, otras el odio, y otras el amor.

Siempre que saliere sobre el teatro ha de cuidar de que su marcha sea decente, y en todos sus movimientos nos ha de ofrecer un aire majestuoso o ridículo, según la persona que imitare.

Por último tendrá el mayor conato en no mendigar los aplausos del público con ciertas miradas tiernas y estudiadas que chocan a los espectadores. Que siga el movimiento de las pasiones, que evite ciertos ademanes simétricos y compasados que ofenden al buen gusto, que no esté pendiente del apuntador porque este cuidado enfada y priva de la ilusión y sobre todo, es indispensable que el que quiera interesar sobre las tablas, sepa toda la obra de memoria, que se dedique a pensar, a sentir y a consultar la razón y la naturaleza, que es la que siempre ha de dirigirnos en todas nuestras operaciones.

El artículo, aparecido en la revista editada por Domingo Del Monte y José Jesús Villariño, recuerda la problemática del actor en momentos de replanteo de su profesión, después de las dificultades internas surgidas a la salida de Prieto y el éxodo de varios intérpretes. Ocho años después se publica "Crítica. Su aplicación a las representaciones teatrales" escrita por un anónimo redactor. [311]

> Duele mucho a nuestros actores el que se les censure en lo más mínimo, y creyéndose infalibles, no oyendo más que a su pandilla, a la menor tacha que se presente a su sin igual mérito, se irritan, se exasperan y lo que peor es, se obstinan en sus malos hábitos, y cada vez empeoran, hasta que se acaba el prestigio, se desvanece la moda, como todo lo que tiene fundamentos tan aéreos, y queda lo malo y lo que peor es, no pudiendo soportarle nadie, incluso los que antes palmoteaban o daban garrotazos con más furia: algunos ejemplares pudiera citar, si no me hubiera propuesto huir de todo nombre propio. El actor se obstina en sus malos hábitos, he dicho, y a la verdad ¿cómo ha de salir de ellos? ¿Qué han estudiado, en la gran generalidad, estos pobres actores? ¿De dónde vienen a la escena? O son hijos de otros, y heredaron sus rutinas con sus pelucas y sus vestidos de romanos y turcos; o son algunos artesanos de disposición y viveza, que leen algún tanto mejor que la generalidad de los de su clase, (que no son los que mejor leen en el mundo), ahuecan más la voz y se estiran y manotean con más énfasis y mayor energía; y de comedia de aficionado a teatro de la legua, saltan en fin a la escena, donde después se hinchan muy envanecidos, y se creen superiores a Garrick y a Talma, y dicen con menosprecio, ese pobre Máiquez aprendería ahora lo que es

---

[311] *La Cartera Cubana*. Vicente Antonio de Castro. Tomo III. Habana: Imprenta de Palmez, 1839. pp. 39-45. Reproducido en Boudet, Rosa Ileana (ed.). *Escritos de teatro: crónica, crítica y gacetilla*. Ediciones de la Flecha, 2013.

declamar si volviese de la otra vida; ¿es extraño pues que nada sepan los que nada han aprendido?

Al contrario de Andueza, excelente crítico pero interesado en estrenar como lo hizo, *La Cartera* discute el rechazo de los actores a la crítica. Figuras procedentes de plazas más desarrolladas, que cruzan los océanos en largas travesías y se exponen a los peligros del trópico con sus enfermedades y sus ciclones, para colmo a merced de la despiadada censura, son bastante reacias a admitir el juicio contrastante o diferente. Aparte de señalar la resistencia de los actores a ser enjuiciados, profundiza en la jerarquización vigente –por categorías y no por caracteres– por la que un actor maduro encarna a un galán y una dama entrada en años, una moza. Pero el lenguaje dista mucho del empleado por el *Regañón* o *El Aviso*. No se habla de lances o sales cómicas, sino de la interpretación del personaje y la materialidad de la escena. Todavía y hasta mucho después, el intérprete aporta su vestuario con la correspondiente impropiedad e incoherencia para el sentido total de la representación. El teatro ya no es una diversión frívola y la crítica, el "dedo perspicaz".

Se hace eco del malestar del público no solo con los egoístas empresarios que buscan obtener dinero solamente sino con la "araña" de la que caen "chorretadas de grasa" o sebo, una de las escasas menciones a la iluminación en el teatro cuyas funciones ya eran nocturnas. Bachiller y Morales, temprano detractor de la joya, reconocía el papel de la luz.

> La ilusión es mayor de noche… es hora más cómoda y además las sombras, estertores, la atmósfera del edificio como muerta, vaporosa… que sé yo… predisponen al alma para presenciar aquellas escenas románticas, oír aquellas endechas de amor y sobre todo las oraciones a la virgen…[312]

---

[312] Bachiller y Morales, Antonio. "Gran Teatro de Tacón. Alumbrado de teatros y mejoras que en ellos se ensayan." *La Siempreviva*, tercera entrega (1840). La Habana: Imprenta de la Capitanía General. pp. 251-255.

Si se considera el pobre desarrollo de la crítica, ya que, salvo los comentarios sobre la gran figura, la crónica de teatro es un añadido, una nota minúscula en la sección del periódico que avisa de vacunas, suicidios, homicidios, hurtos e incendios, se infiere la indiferencia y el desprecio con la que es recibida. Sin embargo, al omitir los nombres propios, se dificulta identificar a quiénes se refiere *La Cartera*. El intérprete, detenido en una actuación fosilizada, muestra exageraciones, gritos y otros excesos, estilo que muchos años después, se considera "declamatorio" y caracteriza la escuela española del buen decir, canon no formalizado de los actores hasta mediado el siglo XX. Desde Larra hasta Yxart, la crítica señaló los graves defectos de sus actores, enfáticos, aspaventeros, relamidos, vociferantes; lo impropio o inadecuado de la escenografía así como lo anacrónico de algunos indumentos y la falta de precisión y esmero de la *mise en scéne*.

> Los intérpretes no se saben el papel, gritan horriblemente, como si los espectadores fuesen sordos; subrayan con exceso el sentido de las palabras, temiendo sin duda que de no hacerlo así, el alcance de la frase pase inadvertido; abominan de la naturalidad, que si exceptuamos a Julián Romea, es rara avis entre los demás comediantes; hipan y gimotean, como Teodora Lamadrid, que de la misma escuela de Rita Luna, tiene siempre a mano un pañuelo en el que enjugar sus prontas y copiosas lágrimas. Se descuida la caracterización y acoplamiento de las cualidades físicas y morales de cada actor respecto del tipo a interpretar. [313]

El público habanero, sin embargo, es entusiasta y manifiesta su simpatía adhiriéndose a sus diferentes partidos y bandos. En época de Andueza, se prefería a Peluffo o Lapuerta y más adelante la afición se atrinchera, dividida entre las operáticas caricaturizadas por Luaces en *El becerro de oro*. Pero es respetuoso. "En la Habana no se silba en el teatro, lo más que se hace es manifestar señales de desaprobación, pero

---

[313] Romero Mendoza, Pedro. *Siete ensayos sobre el romanticismo español. El teatro*. En http://www.cervantesvirtual.com

con bastante miramiento hacia los actores y con no poco miedo a la autoridad". [314]

Un Duende del Teatro escribe tres artículos sobre el teatro por dentro que corresponden sin dudas al interés por los intérpretes y *Protocolo de Antigüedades* publica la biografía de Isidoro Máiquez. [315] Mientras, Lucas Arcadio Ugarte, escritor y figurón aficionado, cuenta las interioridades de la escena –y la prensa– en su pieza *El artículo y los autos* y repara sobre los cómicos de la legua en "Una comedia en un pueblo de campo".

> Era este una hermosa valla de gallos, en la que aquella noche se representaba una comedia por cómicos de la legua. Casi todo el edificio estaba lleno de espectadores, menos una parte del fondo en la que empezaba á levantarse un tablado pequeño con cuatro bastidores, y un telón en el cual se veían pintadas varias figuras tan emblemáticas, que hubiera sido empresa difícil querer interpretarlas. En lugar de lunetas había sillas con sus números en el espaldar y se hallaban mezclados mujeres y hombres, como diz que se acostumbra en otros países bien ilustrados; las cabezas de aquellas cubiertas de flores, y las de estos de sus correspondientes sombreros con motivo tal vez de evitar el mal resultado del aire que fuertemente allí soplaba, y en esto aquel teatro aventajaba a los de la capital en los que uno se abrasa de calor. Por la parte exterior del circo, había varios aposentillos que servían de palcos, y por ambos lados se subía por escaleras á dos mas, que á guisa de palomares dominaban el edificio: unas tablas en forma de gradas completaban la parte arquitectónica. Ocho velas de sebo en sus candeleros de cobre enclavados en otro tubo del mismo metal que pendía del techo,

---

[314] Andueza, José María. ob. cit. p. 55.
[315] "El teatro por dentro". *Diario de la Marina* 7, 8, y 9 de octubre de 1844. García, Joaquín José. *Protocolo de antiguedades, literatura, agricultura, industria, comercio*. Habana: Imprenta de Soler, 1845. Entrega no 4 de octubre de 1845. pp. 241-249.

y formando junto a una especie de araña que el viento tenía en continuo movimiento eran todo el alumbrado, sin que me olvide de las candilejas de aceite, que había sobre el tablado frente á los dos músicos y entre los bastidores.

Se dio pricipio á la comedía, cuyos primeros versos me dijeron ser la titulada: *El Triunfo del Ave-María*, aunque los trajes y aparato escénico me hicieron dudar un poco, lo que no es tan estraño al que vé en la capital y en los mejores cómicos muchas cosas por este estilo. Los actores algunas veces hablando, parecían niños de escuela dando la lección, otras se elevaban cantando en son desapacible: si hubo ocasión en que se olvidaban del papel, con bastante ingenio decían alguna cosa, que si carecía de oportunidad, tenía á lo menos el mérito de la improvisación. Los espectadores, con la boca abierta escuchando, parecían estasiados, y no se les cocía el pan cuando oían los gritos de arma, arma, guerra, guerra.[316]

Aunque es ficción, no difiere demasiado del recuento de Manuel Villabella sobre el quehacer de Candamo. Si el arte del cómico se registra aunque de forma precaria –se le llama cómico por lo general y no actor– y a su trabajo "ejercicio" y no interpretación, el de la cómica se asocia, como en el caso de la amante de Agustí en el Coliseo, con la indisciplina y la relajación, real o inventada. Mientras casi no hay anuncios sobre ellas, sobreviven por una injuria, una pasión o un escándalo. De Agustina Pereira, dama y cantante, compañera de Covarrubias en los Cómicos del país, se sabe poco, se esfuma a la llegada de Prieto y recorre tablados con Candamo. Sobre Antonia Rodríguez, relacionada como graciosa a partir de 1812, hay un antes en Cádiz, cantando seguidillas con María Puig y Fernando Valenzuela, y

---

[316] Arcadio (seud.) "Una comedia en un pueblo de campo". *La Cartera Cubana*. Vol. 2 (1839). pp. 70-72. Respetada la ortografía del original.

un después en 1830 bailando el Olé y *Los manglares de La Habana* a su regreso de México donde llegó a ser muy cotizada. [317]

Desde luego faltan los periódicos habaneros, pero sobre todo, no hubo voluntad de considerar las individualidades como sí a los poetas, publicistas e incluso a los comentadores del *Diario de La Habana*, del Bufo Siriaco al Cómico en Cuaresma, todos varones. La diva, la maravillosa Mariana Galino de *La Isabela*, cantatriz, ha trascendido por unas décimas satíricas, el alto precio de su canto. Y por el escándalo. No sobrevive la *zurra* con la que Sabatini contestó a las injurias de los que la ofendían por sus escenas amorosas.

Hay que estudiar a la actriz no solo por los escritos y la crónica sino por los expedientes. Manuela Molina, natural de Granada, actuó en las compañías de Cádiz y Barcelona entre 1816 y 1824, entre ellas, la de Francisco de Paula Alersi (1817). [318] Se la admiró por sus arriesgados lances, como declamar el prólogo de *Roma libre*, traducida por Saviñón. El lunes 23 de septiembre de 1823, vestida con traje de miliciana, cantó en el Coliseo de Barcelona el "enérgico y entusiasta himno patriótico" "El grito de Barcino" así como hizo Bruto en *La muerte de César* de Voltaire junto a Prieto. El diario celebró su "presencia airosa y aventajada, la propiedad de su traje y su aspecto varonil [...] ¡Qué fuego se ha notado en sus movimientos. Cuánta expresión ha sabido dar a sus palabras! ¡Cómo ha persuadido en las alusiones favorables a la libertad!"[319]

La coqueta enamorada [320] y *La heroína barcelonesa* le valieron amplio reconocimiento. Sin embargo en 1825, disipada la efervescencia liberal en Barcelona, viuda de Rafael Pelucy y deseosa de venir con su madre y

---

[317] Núñez, Fernando. "Noticias del Cádiz preflamenco (1750-1830)". En *Ocio y vida doméstica en el Cádiz de las Cortes*. Ramos Santana, Alberto, coordinador. Cádiz: 2012. pp. 133-162.

[318] Expediente de Manuela Molina. Archivo General de Indias. Ultramar, 495. N. 65, 26 p.

[319] *Diario Constitucional de Barcelona* número 268-1823, septiembre 25; *Diario Constitucional de Barcelona* número 155-1823, junio 4; *Diario Constitucional de Barcelona n*úmero 104 -1823, abril 14.

[320] *Diario Mercantil de Cádiz* número 1428, 1 de julio de 1820.

tres hijos a Puerto Rico, presenta una solicitud, avalada por su comisionado Manuel de Arriaga y un contrato firmado en Puerto Rico el 15 de septiembre de 1824 por Antonio Palomera= Diego María Garay.

En el mismo se estipula lo siguiente:

1era. Desempeñará la parte de la primera dama tanto de comedias como en tragedias y piezas formando la lista con el galán y anuencia de la dirección.

2. Será de su cargo costear todos los trajes que necesite para el lucimiento de las funciones.

3. Asistirá a todos los ensayos varios y extraordinarios que se la cite.

Por cumplir todas las obligaciones arriba se le abonará el partido de cien reales vellón bajo los términos que esté formada la compañía.

5. Se le concederá un beneficio en la primera temporada, y otro en la segunda, siendo este último libre de todo gasto.

6. Se le pagará el viaje tanto del equipaje como a toda su familia.

7. A su llegada se comenzarán los adelantamientos que haya percibido la compañía en general. Todas estas condiciones serán cumplidas por una y otra parte, a excepción de los casos consabidos, como son muerte de personal, incendio del teatro o suspensión de la diversión por orden suyo que entonces se procederá como es costumbre.

Más que acreditar su fama como actriz, Manuela debe asegurar que es viuda mediante declaraciones de testigos que vieron fallecer a Pelucy en Granada y sobre todo, que sus hijos están bautizados. El documento indica que en 1824, a la salida de Prieto y antes de abrir el Diorama, Palomera y Garay organizan una compañía en Puerto Rico. Tres años después la Molina conquistará la villa de Trinidad.

IX Los cuarenta: romanticismo amordazado

La compañía de *Alarcos* se disuelve. Los intentos de Milanés de ofrecerla a los cómicos de Matanzas a petición de Coronado, su primer apuntador, se dilatan. Finalmente *El conde...* se representa en la ciudad de los puentes el 27 de noviembre de 1839 y el mismo año la hacen los Robreño en Puerto Príncipe. ¿Quiénes son?

Una desgracia los trae a nuestras costas. Son tres hijos de José Robreño y Tort (1780-1838), reconocido actor y dramaturgo de expresión catalana, grabador de oficio y popular gracioso en el Teatro de la Santa Cruz. Su obra poética, versátil y aguda y algunas de sus piezas recuerdan las cuatro generaciones de Robreño en la escena cubana. En un grabado de su obra póstuma, se dirige al público el 11 de septiembre de 1811 en *No puede ser guardar una muger*, antes de iniciar su periplo aventurero. Una irónica décima del libro se dedica "A un actor malo y presumido."

> Es Rosio tan singular
> Tu talento en el teatro
> Que al oírte declamar
> A veces por no llorar
> Suelen irse más de cuatro. [321]

José pierde la vida en un trágico naufragio junto a su esposa Emilia Armenta y gran parte de la compañía Robreño-Iglesias después de haber actuado en Puerto Rico, Venezuela y Jamaica desde 1836. Los sobrevivientes (José, Daniel y Francisco) se establecen en Cuba y en diciembre de 1839 estrenan en Santiago de Cuba y en Puerto Príncipe

---

[321] Robrenyo i Tort, Josep. *Obras poéticas de Jose Robreño*. Barcelona: J. A. Oliveres, 1855.

bajo el título de Compañía Española en unión de Pedro Iglesias como director, Juana Díaz y sus hijas Carlota, Amalia, Miguel y Joaquín Armenta (rama materna de la fallecida esposa), Francisco Cabrera, Joaquín González y Pedro Viñolas. Representan *Casarse por interés* de Robreño padre y un repertorio variado, en el que se destaca una nueva puesta de *El conde Alarcos*, meses después de su estreno matancero. [322]

Los teatreros no perdieron tiempo. Gaspar Betancourt Cisneros la califica como "la mejor compañía que ha pisado nuestro teatro". Más de cincuenta representaciones le gana un lugar en la villa de Puerto Príncipe, huérfana de espectáculos, antes de marchar a Trinidad. Entre diciembre y mayo de 1840 alternan entre los dos lugares con intensa actividad mientras sus miembros realizan todos los oficios de la escena. El apellido Robreño comienza su influencia.

El 21 de enero de 1839 se estrena *Carolina o la dicha inesperada*, de Juana de Horta y Hernández, en el Tacón, con Vicenta Lapuerta, María Cañete, Covarrubias y una joven muy estimada, Carlota López. Desde 1837 acompañan a Mariquita, graciosa andaluza del *zalero,* Viñolas, Josefa Alberdi, Francisco Garay y Francisco Pavía.

Duclós continuó fiel al repertorio romántico –Manrique de *El trovador*, de García Gutiérrez, fue su personaje emblemático– pero en 1841, en plenas facultades, ensordece y regresa a la península. Sus hijos Matilde, Carolina y Gonzalo, ocupan su lugar, muy activos en la isla y otros países de América. Lapuerta regresa a Madrid. Cañete y Peluffo se establecen a partir del 42 en México, eternas favoritas y rivales. Según *El Álbum Mexicano*, Rosa se destaca en La Habana por sus traducciones de *Claudio Stoe* y *El destructor* y juzga sus méritos literarios a la par que sus dotes escénicas, sobre todo en personajes de carácter. [323] Cañete nace en Granada, actúa allí junto a Pinto, Latorre y Viñolas, pasa al Teatro Nuevo de Valencia y Barcelona. Contratada para actuar en el Teatro del Príncipe, en Madrid, parte a La Habana donde permanece entre 1838 y 1842. Es el «encanto» de la ciudad: actuó como "graciosa" con Duclós y cantó "La Cachicamba" con Covarrubias.

---

[322] Villabella, Manuel. *Costal al hombro*. La Habana: Unión, 1996. pp. 80-88.
[323] "Rosa Peluffo". *El Álbum Mexicano* (1849). V. 1. pp. 262-264.

Sin embargo entre 1839 y 1842, a juzgar por *El Entreacto* madrileño las temporadas son bastante pobres. En 1839 se representan *La aurora de Colón*, de Patricio de la Escosura, *Más vale llegar a tiempo que rondar un año*, de José Zorrilla, *Adel el Zegrí*, de Gaspar Fernando Coll y *Avelino o el hombre de las tres caras*. Se reseñan los bailes de máscaras mientras los cronistas hablan de acontecimientos insólitos como el terror que se apoderó de La Habana el 24 de julio de 1839 cuando un falso profeta llegó con la noticia atrasada de que ese día llegaba el fin del mundo. A veces los estrenos son una enumeración. *Harry el bastardo*, *La caja de oro*, *Dos pobres para una hija*, *Rosamunda*, *El corsario*, *El diablo*, entre otras. Pero lo más sorprendente, el papel de la censura dramática. A. F. del Río, corresponsal del periódico, escribe que *El proscripto*, de Orgaz, estaba "también proscripto [...] ya que por las manos del censor pasan cuantos dramas se presentan en La Habana y los destroza a tal punto de quitar a *Margarita de Borgoña* la corona de reina de Francia dejándole solamente la ducal."

Desde el nombramiento de José Agustín Caballero como censor de la Real Sociedad Patriótica y del *Papel Periódico* esta funciona también sobre los textos a ser representados. Y al menos a partir de 1803 hay una persona con el título de censor "sin cuya revisión, corrección o aprobación no se podrá ejecutar pieza alguna". Someruelos implanta la junta local de censura en 1811 y dos años después el *Diario de La Habana* reproduce la disposición de la regencia del gobierno del reino del 11 de diciembre de 1812 (anexo 2.26) por la que "deberá presentarse la lista de las piezas dramáticas, que compongan el caudal de la compañía, al Jefe político de la provincia, quien excluirá las que en su concepto se opongan claramente a las buenas costumbres"... Algunos bandos de policía de las sucesivas administraciones coloniales estipulan las funciones del juez de teatros y el presidente de las funciones, cargos de confianza del capitán general y a partir del bando de Vives y hasta el de Valdés, muchos de sus artículos afectan a los actores, a quienes se rebaja el sueldo por los "incumplimientos": "no tener los papeles en la memoria o la acción debidamente ensayada".[324]

---

[324] Guerra, Francisco y Valdés Noriega Sierra, Jerónimo. *Bando de gobernación y policía de la isla de Cuba/ espedido* [sic] *por Gerónimo Valdés*. Habana: Imprenta del

El objetivo era no "alterar o desfigurar la representación". Al actor no podía solicitársele la repetición de una escena como tampoco suplantar ni añadir palabra alguna.

"Nosotros [...] hemos derrocado el despotismo por malo y ensalzamos la libertad por buena: lo bueno y no lo malo es lo que queremos para nuestros hermanos de América y al defender este principio estamos convencidos de que defendemos la santa causa de la justicia y de la humanidad" escribe del Río [325] mientras Andueza señala que el "funesto influjo" de la censura se compara con "los estados de sitio".[326] ¿Por qué no se representan en la Habana *Doña Mencia, La conjuración de Venecia, Carlos II el hechizado* y otros? ¿Por qué se representan dramas mutilados? ¿Por qué cada actor beneficiado tiene que pertrecharse con una docena de composiciones?" pregunta. Si en una comedia hay un rey, cura o cualquier otro personaje con "algún lado desfavorable", esta no se escenifica si se adivinan alusiones al gobierno. El capitán general instruye al censor y la prohíbe, pero como no puede decidir solo, consulta a otros, de lo que resulta un "sistema incierto" de desconfianza, errático y contradictorio, no sustentado en la "moralidad" o la "conveniencia pública" ya que dramas prohibidos en el gobierno de Tacón se representaron en el de Ezpeleta.

Como los empresarios debían mantener los teatros abiertos, se *echaba mano de cualquier cosa* o se ponían en escena obras refundidas que asombrarían a sus autores si las vieran (*El trovador* de García Gutiérrez sin el rapto de Leonor en el convento). Las decoraciones también sufrieron ya que al prohibir las obras "cuando menos se piensa", el empresario temía comprometerse con los gastos. La censura «discrecional» como la llama, se ejerció de manera despótica, sin

---

Gobierno por S. M. 1842. y *Bando del buen gobierno adicionado por el excelentísimo señor Don Francisco Dionisio Vives*. Habana: Imprenta Fraternal de los Díaz de Castro. 1828.
[325] A. F. "Boquejo sobre el estado actual de la literatura en la isla de Cuba" s/f. *El Entreacto* 20. 5. 1840. pp. 11-12.
[326] Andueza, José María de. "La censura dramática I y II. En *El Entreacto* (s/f.) 1840. pp. 121-123, 130-131.

apelación posible, por personas sin tolerancia e instrucción, como capricho.

Aun sin leer las obras, era posible reconocer la intervención de "la cuchilla del censor; cuchilla fiera que cae sobre los dramas, como palo de ciego, o receta de médico, que araña, rasga, agujerea, según la parte noble que pilla, y se complace en destrozar al mismo tiempo que finge resentirse de los males que causa". El gobierno "ahoga allí los nacientes ingenios, porque para cada pensamiento hay una cadena, y para cada producción literaria un verdugo; si la producción es dramática tiene dos; uno para la prensa y otro para las tablas".[327]

La problemática descrita justifica la ausencia de obras en el repertorio que de otra forma son inexplicables. El actor se empequeñece y humilla al no poner empeño y cuidado, sabedor de una fría reacción. En *La Torre de Nesle*, de Dumas, "como Margarita de Borgoña se divertía arrojando al Sena a los hombres de su conquista" y no era conducta aceptable para una reina, se la removió a princesa, de lo que "resultó un drama disparatado y monstruoso, que pocos comprendieron y del que solo agradó la parte de Buridan porque el actor Duclós agrada siempre, aunque solo pueda decir los disparates que le permite decir la censura." Obligado a interpretar dramas mutilados, el actor perdió el respeto hacia la institución, si por otra parte se rumoraba que el censor leía en una "sastrería". Y si el poeta insistía, *saldrá peor que si no se representa.*

En *Isla de Cuba: pintoresca...*, Andueza vuelve al tema, a propósito de la disposición del duque de Anglona de febrero de 1841, que impide aplaudir con *palos y bastones* y estipula que los actores deben atenerse a lo anunciado en los carteles. Un control más férreo de la programación. El teatro deviene cementerio pues el público no puede manifestar su desaprobación con silbidos ni *pateo* a la española y se lo obliga a estar en silencio aunque el actor "á quien por fuerza había que tolerar, fuese uno de aquellos que ni en compañía de la legua pueden aspirar a *ración,*" Se refiere a los que desempeñan papeles ínfimos y recibían como pago

---

[327] Andueza, José María de. "Censura" II... p. 130.

ración o *racionistas*. Ramón Medina y Rodrigo y José Antonio de Olañeta Rodrigo, censor regio y fiscal de la Real Audiencia Pretorial, leen las piezas, impresas antes y sometidas a ellos por sus autores.

Entre los años 1841 y 45 la *Revista de Teatros* continúa sus denuncias sobre "la inacción y el desaliento en que yace el teatro de la Habana". En diciembre de 1841 mientras se representa *Los dos sargentos franceses y El mágico de astracán*, hay solo un "drama del día", *Rita la española*, traducida por Gerónimo de la Escosura. El corresponsal implora al general Valdés "amparo para el teatro de la Habana: ¡Ojalá podamos decir algún día: Tacón edificó el teatro, Valdés le dio vida templando la gula del censor!" [328] Argumenta que los habaneros recuerdan los tiempos de Prieto y Avecilla como un "bien perdido" ya que los actores carecen de escuela o están engolfados en el método antiguo de la declamación. Salva a Mata, el Joaquín Crapara de la época,[329] la graciosa Cañete, Barrera, y por supuesto a Covarrubias, "cargado de años", pero sobre todo le recomienda a Pancho Marty adquirir "buenos artistas". Así podría ofrecer más de trece funciones. También propone que el empresario y no los actores compren los dramas y las decoraciones.

Otra dificultad, la "escasez de galanes". Sordo como una tapia Duclós, Mata "que desempeñaba bien los barbas, no es tan feliz en los galanes" por lo que sugiere al empresario completar la compañía para que el teatro no muera "de consunción".[330] Se ha presentado *El destructor*, (traducido por Peluffo), *Numancia*, *Caín y Abel* y *Cora*, pero a consecuencia de otro «alboroto» durante su representación, se prohíben los dramas de los hijos del país.[331]

---

[328] Ferrer, A. "Teatro de Tacón". Suplemento no. 9 del 22 de diciembre de 1841. *Revista de Teatros*. pp. 8-10.
[329] Caprara fue un actor relevante fallecido en Cádiz en 1838.
[330] *Revista de Teatros*. Vol. 1 no. 9. 4 de noviembre de 1841. p. 143. Señala que Hermosilla muere de vómito en Santiago de Cuba pero la versión más fiel es que muere en México en 1844.
[331] *Cora* debe ser la obra de Ramón Francisco Valdés, estrenada en el Tacón el 26 de julio de 1841, aunque hay otra del venezolano Rafael Agostini *Cora o los hijos del sol* (1837).

Respecto a las compañías y sus intérpretes, en un Directorio de 1841 aparecen listados los actores Ramón Barrera, residente en Neptuno 151, Francisco Covarrubias, en San José 97, Gregorio Duclós, en San Rafael 120, Antonio Hermosilla, en Industria 60 y Juan de Mata Ibarzal [*sic*], en San José 98, y se relacionan como actrices dramáticas a María Cañete, vecina de Prado 38, Manuela Francesconi, de Industria 85, Juana Moliné, de San Rafael 10 y Rosa Peluffo, de San Rafael 10, asociados todos al Tacón, como los pintores Joaquín Albe, de San Nicolás 49 y Gerónimo Díaz, de Industria 60. En contraste, hay más de cuarenta músicos. Ángel José Cowley, catedrático de medicina y residente en Teniente Rey 66, se acredita como censor general de teatros. Ha promovido un Expediente solicitando que su puesto sea de nombramiento real y se le dote con la misma asignación que a los censores de imprenta. [332]

De un movimiento que produjo más de cincuenta piezas, sobreviven pocos textos impresos y algunos, solo por las reseñas. Andueza elogió la obra de Foxá y *Gonzalo de Córdoba*, de Francisco Gavito, consideró estimable *Clotilde de Bolti*, de Domingo Montalvo y *Una volante*, de Juan A. Cobo pero descuartizó *El doncel*, de López Consuegra e hizo un aparte con La *Mecontent o los pelados arrepentidos*, de Creto Gangá. Según Rine Leal *Una volante* está llena de referencias locales y tiene un diálogo natural y vivo, anticipo del recorrido del sainete, pero buena parte del romanticismo quedó entre las tachaduras de los censores, implacables contra los autores del patio, los españoles y de otros países. Trasciende la notable obra de la Avellaneda, escrita y estrenada en Madrid, mientras Luaces espera por su descubrimiento en el siglo XX. Los elogios efusivos o moderados de Andueza, reflejan la situación de la literatura amordazada que Nicolás Heredia denuncia en 1885, con su inventario de anécdotas, entre las más notables, que

---

[332] Yones, Eduardo. *Directorio de la ciudad de La Habana y extramuros...* Habana: Imprenta de Soler, 1841.

cuando una frase disgustaba al censor, este le proponía al actor que la dijese *sin énfasis*.[333]

La próxima compañía en importancia llega al Tacón en 1844 y la integran Carmen Corcuera, María de los Ángeles García, Cándida Latorre, Vicente González, Federico Sautié, Manuel Fabre, Ramón Barrera, Rafaela Espinosa, Manuel Argente, Antonia Suárez, Antonio Guía y Joaquín Ruiz, un gracioso que "lo mismo sirve para un barrido que para un fregado", especializado en sainetes andaluces como *Caramba y es la chachí*, además de tramoyista, pintor y bailarín. No es un rival de Covarrubias, el decano, pero se han reunido, para perplejidad del público, cuatro graciosos, González, Yeras, Ruiz y Covarrubias.

Desde 1842 está vigente el bando del capitán general Valdés sobre los espectáculos públicos. Algunos de sus artículos están directamente relacionados con el oficio del actor.

> No se darán silbidos, gritos o golpes, no se aplaudirá con palos o bastones, ni se harán otras muestras de aprobación, ni reprobación extraordinaria que perturben el orden y debido decoro.

> A los actores no se les podrá arrojar al tablado papel, dinero ni otro objeto alguno, ni tampoco hablar ó hacer señas, ni estos contestar, ni menos gritarles aunque se equivoquen, por ser esto contra la decencia debida al público.

Es un reciclaje de bandos anteriores y un límite a la espontaneidad. Desde luego, la censura se mantiene y el actor no puede improvisar ni "hacer gesto, ni ademanes que les den otro sentido del que ellas tengan, y se vestirá con decencia aun en aquellos papeles que representen pobreza, sin hacer nunca uso de trajes asquerosos".[334] ¿Cómo se las arregló Covarrubias para continuar entusiasmando al público o sus

---

[333] Heredia, Nicolás. "La censura de teatros en el antiguo régimen". *Revista Cubana*. tomo 2. Habana: Establecimiento Tipográfico de Soler, 1885. pp. 193–206.
[334] Valdés Noriega, Jerónimo. *Bando de gobernación y policía de la isla de Cuba*. La Habana: Capitanía General. Imprenta del Gobierno por S. M., 1842.

largos años de ejercicio le otorgaron licencia tácita para hacer y deshacer?

El autor de *El trovador*, uno de los primeros románticos españoles, el gaditano Antonio García Gutiérrez, dirige adaptaciones y arreglos del repertorio español y francés. La figura más completa desde Prieto, arribó a la isla en 1844 y obtuvo resultados ostensibles al representar éxitos madrileños, las comedia de magia *El diablo verde o lo necesario y lo superfluo* y *La pata de cabra*, obras insulsas para hacer reír con despliegue de decorados y elementos escénicos hasta ahora desusados. Entre ellas, *El encubierto y la víctima en el subterráneo*, drama hórrido-jocoso; *Matamuertos y el cruel*, de Eduardo Asquerino, *Amor de madre*, de Ventura de la Vega, en la que Corcuera "hace llorar a todos los espectadores", *El hijo de la loca*, de Soulié, *Cecilia la cieguita*, de Gil de Zárate, *Toros y cañas*, de Rubí, *La huérfana de Bruselas*, arreglo de Grimaldi, *El español de Venecia*, de Martínez de la Rosa; *El campanero de San Pablo*, de Bouchardy y *Catalina II*, de Luciano Francisco Comella, en la que un regimiento hace evoluciones militares. Comedias, melodramas, traducciones y refundiciones conquistan al público informado mediante los prolijos avisos del Tacón.

Dentro de esta oleada de teatro traducido con veinte años de retraso, se estrena *Alfonso Munio* de Gertrudis Gómez de Avellaneda, los días 30 de agosto, el 1, y el 3 de septiembre de 1844. Establecida en España desde 1836, es su primer estreno en la isla, según la prensa, una "ofrenda de gratitud". Ya se le llama "inmortal" (Tula tiene treinta años y es su segunda obra después de *Leoncia*, estrenada en Sevilla en 1840 pero rechazada aquí por el censor). Pero la tercera noche de *Alfonso...*, el *Diario de la Marina* se lamenta que una ciudad que ha prodigado oro y obsequios a «saltibancos» y «bailarines extranjeros» haya mostrado "tanta mezquindad" para recompensar a un ingenio nacional cuando está dedicada a los habitantes de La Habana. Su recaudación no llegó a quinientos y tantos, de los cuales 400 eran para la empresa mientras que en su beneficio –cuyo fruto correspondería a la poetisa– los obsequios personales remitidos a su representante no pasaron de 25 pesos, entre ellos una onza de una familia anónima. Se celebra el desempeño Corcuera, Espinosa y Guía pero sobre todo, de

Manuel Argente a quien regalaron una corona de flores. María de los Ángeles García cantó ¿La Avellanera? de Iradier.

Su calurosa dedicatoria contrasta con la indiferencia del público. Mientras *Alfonso...* estrenado en el Teatro de la Cruz, en Madrid, le ganó la aprobación general –brillante entrada en los escenarios españoles– por sus "interesantes escenas, pensamientos elevados y versificación robusta", según *El Clamor Público* del 15 de junio, interpretada, entre otros, por Teodora Lamadrid, Carlos Latorre y Plácida Tablares, La Habana se muestra distante. Un comunicado de *El Faro Industrial* se refiere a sus ingresos pero casi nada sobre su repercusión.

Al año siguiente, el 30 de noviembre se anuncia que Antonia Suárez ("matrona y característica") escoge *El príncipe de Viana* para su beneficio tras múltiples dificultades, pero no se estrena hasta el 19 de diciembre. "Drama trágico y en verso, original de la célebre poetisa Srta. doña Gertrudis Gómez de Avellaneda, nunca representada en este teatro. La justa nombradía de que goza en la república literaria esta sublime producción de la distinguida autora de *Alfonso Munio* es la mejor garantía de su mérito. La isla de Cuba puede envanecerse de haber producido a la autora de esta obra, así como yo me envanezco de ser la primera que tiene el honor de presentarla a sus compatriotas" dice el anuncio. Concluido el drama, la danza "La casa blanca", de Nicolás Muñoz de Zayas; otra de S. M. de la Torre de Hita, titulada "La farola del Morro", y la jácara andaluza "La buñolera", de Mariano Soriano Fuertes y al final, *Los dos gitanos o la solitaria*, tonadilla bailada por la actriz con Joaquín Ruiz. A pesar de las buenas intenciones y audacia de la Suárez y la buena concurrencia, *El Diario de la Marina* cree que "no puede ser objeto de un razonado juicio sopena de que sobre la poetisa recayeran culpas que no son suyas", por el poco estudio de los papeles por parte de los actores y los problemas con el Censor (la obra fue refundida por un literato amigo suyo, asegura el *Índice*) a lo que se sumó un viento del norte muy fuerte que mantuvo a los espectadores en vilo y de mal humor. Este mismo año en abril, Suárez fue muy ponderada por *El sí de las niñas*, por su maestría en la escena y la naturalidad de su declamación de "actriz completa".

Saberse mal representada, mutilada y refundida, tiene que haber repercutido en la respuesta de la Avellaneda a Ildefonso Estrada y

Zenea del 16 de julio de 1850 cuando el matancero indaga sobre la posibilidad de estrenar *Saúl* y le solicita un ejemplar. Tula le contesta que no le extraña no existan copias en la isla (los impresores, hijos de Delgado no se cuidan de venderla), pero le aclara que es "de difícil ejecución en los teatros secundarios, necesita muchos buenos actores y gran lujo en las decoraciones; si, a pesar de esto, la Empresa habanera se cree con fuerzas para presentarla en su teatro, ruego a usted me lo avise". Y como estupenda negociadora le propone en su lugar *Recaredo*, aceptado por el Español, ya que "para mí sería un placer que esta última producción mía fuese estrenada en La Habana". [335] Hasta donde sabemos *Saúl* no se estrena. Tres años después, Adela Robreño protagoniza con la compañía de su familia, *La hija de las flores o todos están locos*, una de sus obras emblemáticas. Tula acapara tres o cuatro líneas en los periódicos que en doscientos años no se han buscado bien y surge la primera gran actriz de la isla, una adolescente "nacida entre flores". Por ello la afirmación de Rine Leal ("ella sola podría haber creado un teatro") no es insulto ni depreciación, sino el reconocimiento de que una capacidad y una fuerza tan arrolladora como la de la Avellaneda no estuvieron al servicio de una escena que no la necesitó ni la reclamó.

En noviembre de 1844 Manuel Argente interpreta el *Marino Faliero* de Delavigne para situarse como intérprete, al mismo tiempo que Fabre, nacido en Sevilla en 1823, se distingue en *Hernani*. A partir de 1846 Isabel García Luna, despedida por Bretón de los Herreros con gran pesar, se desengaña de los empresarios mexicanos cuyo teatro incumple sus promesas y alterna entre Matanzas y La Habana con estrenos de gran éxito como *La Raquel*. Covarrubias se destaca. Ciertas frases en boca suya en *El lobo marino*, de Gil y Baus, producen *mucho efecto* y se anuncia como Pierrot, francés chocante por su modo de

---

[335] Figarola-Caneda, Domingo. *Gertrudis Gómez de Avellaneda: Biografía, bibliografía e iconografía*. Madrid: Sociedad General Española de Librería, 1929. Notas ordenadas y publicadas por Emilia Boxhorn, viuda de Figarola-Caneda. pp. 206 208.

hablar y comportarse, de *El rayo en las ventas de Cárdenas*, de Tomás Rodríguez Rubí. Sin noticias sobre si lo llega a representar, trabajan dos graciosos, González y Ruiz, hay poco público y Covarrubias tiene cerca de setenta años.

Se representan otras piezas de García Gutiérrez, entre ellas *Simón Bocanegra* y *Mazulme o el genio de las tumbas,* gran producción con maquinaria de Antonio Meucci y dirección de Pedro Iglesias, a partir de la construida para los Raveles, funámbulos franceses que visitaron La Habana y atrajeron tanto público que popularizaron la frase "entrada de raveles". Así todo se compara con *La redoma encantada* por su valor literario, infrecuente en los espectáculos de magia. Covarrubias se presentó con muchísima gracia en la representación de *Hernani* y anunció su beneficio con *El hombre misterioso,* arreglo de Gil y Zárate.

Gustadas son las comedias de José Agustín Millán *Sota y caballo o el andaluz y la habanera* y *Apuros de carnaval.* Su colección de sainetes impresa en 1857 contiene veinte, entre otros *El hombre de la culebra, Un chubasco a tiempo, El recién nacido, Amor y travesura o una tarde en Bejucal* y *Un velorio en Jesús María,* valiosos más allá de la crónica y el retrato de la época. Legítimo heredero del teatro vernáculo de Covarrubias, inicia la temática del "velorio" y anticipa la temática del dinero, la búsqueda de oro y la necesidad del capital en *Una mina de oro* y *Un californiano.* Precursor de la comedia cubana de Luaces con *El camino más corto* (1842) "es fundamental en el proceso de creación progresiva del cubano al enfocar aspectos que hasta su momento permanecían en penumbras y porque, a pesar de su superficialidad, su optimismo y choteo, coloca al dinero como centro de la vida y motor de las acciones y pasiones". [336] Es una lástima que sus ediciones no registren el nombre de los intérpretes.

Aunque se ha dicho que Covarrubias no tiene contrato, la prensa recoge su nombre entre los "ajustados" de 1845. Se discute si no es mejor contar con una sola primera dama, pagar un sueldo y evitar las rencillas ya que los actores podían negarse a hacer papeles que no eran de su categoría. En el beneficio a Rosal, veterano desde Prieto y *autor*

---

[336] Rine Leal. ob. cit. pp. 279-280.

de la compañía, se representa *Brígida o veinte años de rencor*, de Elzear y Blaze, traducida por Peluffo del francés, y la gran producción *El pescado y la estrella de oro*, cuyo anuncio es más que elocuente.

Sorprendente y magnífico espectáculo de maquinaria que se verificará mañana miércoles 28 de enero de 1845 con la comedia nueva en cuatro actos, no presentada en esta ciudad, su título

El pescador y la estrella de oro

Arreglada para presentarla en este local por el celebrado y distinguido poeta Don Antonio García Gutiérrez. Inventada y hecha absolutamente nueva toda la maquinaria por D. Antonio Meucci, las hermosas decoraciones por los hábiles profesores Dall-Aglio, Albi y Chizola,[337] ensayada con cuidadoso esmero por el primer actor D. M. Fabre y compuestos y ensayados los bailables con mayor prolijidad por don José María Llorente. Decoraciones y transformaciones nuevas y brillantes que se han de presentar en ese grandioso espectáculo.

1. Mar y horizonte a su tiempo se imitará una borrascosa tempestad.

2da. Montañas escarpadas que desaparecen rápidamente transformándose en:

3ero. El hermoso templo de Neptuno sobre una laguna de plata, cuyas aguas, cascadas y demás adornos son de movimiento. El Dios pasará el mar conduciendo el Príncipe en un magnífico carro tirado por caballitos marinos, y en seguida el pescador montado sobre un tritón.

4to. Plaza con la fachada del palacio del soberano.

5to. Caverna que sirve de habitación a un mago, en cuyo fondo se manifiesta oportunamente la galería que conduce al salón del baile para celebrar las bodas de la princesa y volviendo después a su primitivo estado.

---

[337] Antonio Meucci, Daniel Dall'Aglio, Joaquín Albe y Giovanni Chizola.

6to. Salón magnífico enlutado con un gran aparato fúnebre donde estará colocada la princesa difunta. Dicho salón y todos los adornos que contiene desaparecen rápidamente y en su lugar se verá

7mo. Un jardín chinesco con figuras de movimiento colocadas en sus respectivos pedestales y en el centro la princesa elevada con un vistoso adorno.

8vo. Interior de un asilo de viajeros.

9no. Gran templo de oro con escalinatas y vistosos adornos: se manifestará el Zodiaco con los signos transparentes y en el vacío que forma el centro, una ráfaga de luz que embellece el todo de esta hermosa decoración.

Se omite la explicación de otras transformaciones y juegos de maquinaria para no desvirtuar su efecto.

Bailables colocados para su adorno y suntuosidad.

Ninfa y genios.... por cuatro parejas.

Danza infernal.... por 16 individuos.

Gran sarao chinesco por 24 individuos.

Los enanos, evoluciones y furioso combate ... por 12 jóvenes.

Gran baile formando vistosas actitudes y alternados grupos con bandas, guirnaldas y arcos de flores.

Crecidos desembolsos ha hecho la empresa para presentar esta función con la suntuosidad debida al respetable público de La Habana y puede decirse sin exagerar que en ninguno de los teatros de la península donde se ha ejecutado, ha sido tan lujosamente decorada.

Las localidades y entradas serán al precio corriente de las demás representaciones."[338]

---

[338] *Diario de la Marina*. martes 7 de enero de 1845.

El aparato, los cambios de decorado, las numerosas comparsas y bailarines y las llamadas "transformaciones", sepultan o minimizan al actor para llenos completos y jugosa recaudación. La Habana gusta de los decorados con pinturas de Francisco Zucarelli, Gustavo Luch, Joaquín Albe (autor del telón del Tacón con las "tres desgracias" como se conoció popularmente y se mantiene hasta 1859) y Daniel Dall'Aglio, establecido en Cuba desde 1838 y coautor con Albe de las decoraciones del Principal y el Tacón, y sobre todo, la maquinaria precisa y bien ejecutada del experimentado Antonio Meucci. Pero ni siquiera espectáculos de esta prodigalidad y exceso logran estabilizar una compañía en el Tacón.

El 15 de mayo de 1845 García Gutiérrez marcha a Campeche, Mérida, aunque continúan los estrenos de obras suyas escritas o arregladas el año anterior. En marzo del 46 Corcuera abandona la compañía, Iglesias se une a los Robreño y en noviembre regresa Argente de México y se coloca al frente de los actores del Tacón que el día 15 estrena su alumbrado de gas con candelabros traídos del Norte. Según un informe fiscal, a muchos de ellos les ocultaron las "circunstancias del país" y aunque un sueldo de 20 a 34 era elevado con relación a la península, en la ciudad alcanzaba apenas para el alquiler de una habitación reducida, lo que explica la extrema movilidad de los actores.[339]

Aunque Argente es muy bien recibido en *El zapatero y el rey*, de Zorilla, se le sugiere estudiar el gusto del público y presentar comedias que este sepa de memoria. Como consecuencia de la censura previa, el espectador prefiere ver en escena las obras que ha leído antes.

La semana Literaria cree que el teatro está mudo como un muerto.

Los anteriores empresarios perdieron, los que vinieron en seguida perdieron también porque ningún empresario quiere serlo de teatros ¿qué tal? Dícese que el público tiene la culpa, dícese que los

---

[339] *Informe fiscal sobre fomento de la población blanca en la isla de Cuba y emancipación progresiva de la esclava...* presentado a la Superintendencia General Delegada de Real Hacienda en diciembre de 1844, por el Fiscal de la misma [Vicente Vázquez Queipo]. 1845.

actores no eran buenos, dícese que la estación, pero el hecho es que el teatro se ha quedado para ocupar puesto y nada más. Mucho se escribió sobre nuevas empresas, sobre nueva compañía, mucho se trató sobre planes y como todas las cosas en la Habana después de todo quedamos en nada, ¿es esto adelantar? Pues sea de ello lo que fuese y salga la bala por donde saliere, yo no me canso de preguntar ¿qué hay de teatro? [340]

Un escritor satírico, Bartolomé Crespo y Borbón (1811-1871), nacido en El Ferrol, periodista, dramaturgo y comerciante frustrado (intentó la fábrica de abanicos El Baño de Semiramis), reacciona contra el auge del drama romántico y la comedia *larmoyante*. Escribe *El chasco o vale por mil gallegos el que llega a despuntar* (1838), juguete cómico en un acto, en la tradición española, con una versificación aceptable y un tono apropiado. Elogiada por Andueza como "humorada", sus pretensiones "se reducen a hacer pasar un rato de alegre entretenimiento a las personas que lo lean", Crespo le devuelve el gesto y en *El Entreacto* publica su poema "A mi amigo J. M. de A." Al año siguiente, firmado por El Anfibio, uno de sus tantos seudónimos, en un libro de poesía desigual y rudimentario, arremete contra los excesos y truculencias de la escena.

> ¿Hasta cuándo esos horrores,
> esos infernales dramas
> que en vomitando llamas
> duermen los espectadores?
> ¿Hasta cuándo mas puñales,
> verdugos, horcas, venenos,
> que solo amagan los senos,
> de los menos criminales?
> [...]
> No mas horrores queremos
> en medio menos virtudes;

---

[340] *La Semana Literaria*. V. 2, 1846. p. 95.

por Dios no mas atahudes [*sic*]
pues que en Borgia cinco vemos.

¿Queréis mas envenenados
románticos, no es bastante?[341]

A partir de *El chasco...* era difícil anticipar el rumbo de su obra pero *Creto y Frasica*, firmada con su seudónimo más popular, Creto Gangá, representada el 30 de agosto de 1846, define su camino trazado definitivamente con *La boda de Pancha Jutía y Canuto Raspadura* (1847). Nace el "negrito" como personaje dramático. Ese mismo año, el 7 de septiembre, aparece *Cartas de Creto Gangá a su muger Frasica Lucumí Q. E. P. D. sobre el médico chino. Dialecto o algarabía*.

Covarrubias reaparece en *La guajira*, sainete de José Agustín Millán, como el mayoral de un ingenio, Bernabé Machete, aunque "no recordó que representaba un guajiro" dice el gacetillero. También hace junto a Barrera *Los dos preceptores*. A estas alturas el público acepta todo lo que hace. A pesar de las nuevas figuras y el empeño de muchos por reanimar la escena, un ciclón devastador destroza el Principal, acabado de remodelar por Carrillo y Albornoz, a punto de abrir con una compañía italiana, y viene abajo el Diorama. Ambos cierran. En beneficio del Tacón, también dañado, se realiza el 13 de octubre una función con bandeja en la puerta en la que ni siquiera el capitán general tuvo entrada gratuita. *Los misterios de París* y *El judío errante* están en el programa. No se cumplieron los bandos de la policía ya que Valdés suprimió las recaudaciones en la puerta.

Miguel Nin y Pons erige el Circo Habanero en las calles de Zulueta, Colón y Refugios, cuyo pequeño portal da hacia Colón, donde está hoy la fábrica La Corona. Decorado por Simón Suárez de la Cruz, era sencillo y de madera, con arcos en sus cuatro puertas. En 1853 se llamará Circo de Villanueva por el apoyo recibido del Conde.

---

[341] [Crespo y Borbón, Bartolomé]. *El Látigo del Anfibio o sea colección de sus poesías satíricas dedicadas a los estravagantes*. [*sic*].Habana: Imprenta del Comercio, 1839.

La boda de Pancha Jutía... se estrena allí el 16 de marzo de 1848, por una Compañía especial que "salió airosa de su empeño" por "la verdad con que han representado los guajiros y los negros bozales" ya que "se necesita un don natural y espíritu de observación para llegar a una imitación tan perfecta y difícil de los hijos de África, pues además de la jerigonza que constituye su idioma, la voz, la entonación, los ademanes, el modo de andar, el vestido, necesitan de un estudio aparte porque se separan de los hombres civilizados". [342] Creto consigue hacer un universo de la ingenua "boda" y presentar a Pancha y Canuto, en busca de felicidad, torpes, pero no amenazadores, sino complacientes con la sociedad blanca. En la celebración los criados reciben la «carta de libertad» de sus amos Geromo y Catana, porque les deben la vida pues los rescataron durante el ciclón. Agradecidos, son los más afortunados que salieron de Guinea. Cantan.[343]

> Bindita hora que branco
> me lo traé nete tiera.
> Ya yo son libre,
> yo ta casá
> mi su amo memo
> me libetá.

La «jerigonza» es el idioma de los negritos y sus amigos «carabelas» ya que los amos y el párroco hablan con incorrecciones pero no en "lengua".

> Canuto. ¡Jah! Pancha mi corazón
> jambre tene yo de vete...
> Porque yo, mira, purete
> que va murí de frisión...

---

[342] *Diario de la Marina*, 18 de marzo de 1848.
[343] Crespo y Borbón, Bartolomé. "La boda de Pancha Jutía y Canuto Raspadura". *Teatro bufo. Siglo XIX.* Leal, Rine. (Ed.) Tomo I. La Habana: Editorial Arte y Literatura, 1975. pp. 47-94.

Pancha
¿Qué tá disiendo, Cañuto?
Tú tá buracho, o tá loco...
¿Qué tiene tú?

El jolgorio, de larga tradición, guateque con ajiaco, cerveza y estribillos bailados y cantados, ocupa buena parte de la obra. Mientras Blas Machete canta sus coplas y toca la bandurria, hay un baile del changüí y otro guajiro "golpea el instrumento con unos palitos".

Baila, carabela,
ménialo la pata:
Cañuto son libre
casá cun Pancha.

"*La boda de Pancha Jutía...*, sumamente sencilla, con muchos chistes y el mérito de una regular versificación, acabó en medio de una carcajada" escribe un cronista. Creto, "el negrito más leído que ha llegado a estas playas", aprovecha su momento para ser noticia y comunicar en un aviso no se va a dormir como la culebra sino a trabajar para que el blanco esté contento. En abril, publica una recomendación a ir a ver la función que estará muy "güena".[344]

¡Ya lo ve ya, compañero
como branco ta cuntenta
cun cosa que o jisimo
nosotro la genta prieta!
[..] no lo jasemo bolera
ni lo drumamo la paja
como lo jase culebra
que lo drume cuando buche

---

[344] *Diario de la Marina*. "Creto trabaja". marzo 22, 1848. "Uno ricumendasion"[*sic*] 2 de abril de 1848.

> lo tené comia llena
> ni lo llamo tampoco
> Ya ta pegando josico
> po la niche la candela
> pa ve si pue conseguirlo
> una cosa ... meria, meria
> rigulá, para que vosoteo
> la treatu lo rimprisenta
> y lo gana mucho igüe
> y dejá branco cuntenta.

Se desconoce quiénes son los aficionados de la Compañía Especial del Circo que la representó con tanta propiedad ni hay casi datos de sus estrenos. En *Debajo del tamarindo* (1864) los mulatos Malarrabia, Juan de la Cruz y Cañamaso, los negros Serapio y Pancho Mandinga, un chino, un billetero y varios caleseros, son "la humanidad que animaría, en pleno siglo XX, las zarzuelas cubanas del teatro Alhambra", según Alejo Carpentier.[345] En el Circo se representa *El médico chino*, de Juan Miguel Lozada y está de moda "Maruca la vieja no tiene fustán".

Mientras Creto representa al negro media lengua, estereotipado y festivo, desde 1819 existe una obra de Heredia, escrita a los dieciséis años, con su denuncia de la esclavitud doméstica. El campesino Juan, un calesero, el maestro Perilla, un borracho, un ladrón, un negro bozal, dos hombres, dos alguaciles y "acompañamiento" son los personajes de "El campesino espantado", sobre el horror de Juan ante la gran ciudad de carretas *pintaas* y corridas de toros (un *güey* dando *güelta*s), asombrado del precio de las calesas y las enseñanzas de Perilla, pero en esencia, acerca del espanto ante un negro, recién llegado de Guinea, a quien conducen esposado al Consulado donde lo esperan los grilletes y el "hambre fiera" hasta que su amo lo libere.

> No más Habana, que ya
> a pie me vuelvo a mi tierra

---

[345] Alejo Carpentier. ob. cit. 232.

> Y más que se lleve el diablo
> a mis trastos y a mis bestias
> Y también me lleve a mí
> el día que a La Habana vuelva. [346]

Clasificada erróneamente como cómica, la mirada adolescente de Heredia se clava en la discriminación y el abuso. El negro –que dice Chi chinó– habla en el silencio y en frases entrecortadas. Es un apunte, una obra inclasificable, pero no un sainete. El silencio cubrirá a los cómicos negros, actantes únicos en las ceremonias religiosas y fiestas del Día de Reyes, anónimos griots o titiriteros ambulantes como el que Ramón Meza describe en "José el de las suertes". Ausentes de recuentos y legajos.

Covarrubias se despide el 22 de noviembre de 1848. Invita una vez más al público a acompañarlo al Circo.

> y pues ven que te aseguro
> y es muy fácil se comprenda,
> que presentarle otra ofrenda
> no es para mí muy seguro
> con entusiasmo el más puro
> ¡Oh pueblo! siempre propicio
> de ti protección indicio
> a darme ese día ven:
> mira que puede muy bien
> ser mi último beneficio. [347]

Debió ser el estreno de *Los sustos del huracán,* de su amigo Millán, pero la prensa dice que se sustituyó por la representación de *Caín el pirata*. Finalmente, Covarrubias envía un comunicado a la prensa.

---

[346] "Una obra inédita del teatro de Heredia. El campesino espantado". *Revista Histórica, crítica y bibliográfica de la literatura cubana.* Tomo I, Matanzas, 1916. pp. 49-58.
[347] *Diario de la Marina.* 22 de noviembre de 1848.

El miércoles 22 de noviembre de 1848 será un día de muy grata memoria para mí en el resto que me queda de vida: en él tuve la gloriosa satisfacción de ver que en circunstancias de hallarse el teatro nacional desgraciadamente poco favorecido, a un llamamiento mío acudió con generoso y decidido interés lo más granado y escogido de la aristocracia a honrar mi función y en seguimiento de ella un numerosísimo concurso de la apreciable clase media y de la modesta clase pobre rivalizando todos en deseos de manifestarme su general aprecio, así es que al presentarme en escena, en medio de aquel entusiasta y benévolo acogimiento con que todo el concurso en general me recibió, al ver yo las afectuosas demostraciones de los personajes ilustres y de la más elevada clase mezclarse con la mayor armonía, en mi obsequio, con las de la clase más modesta y pobre de la sociedad, las vehementes y tiernas emociones de gratitud que en aquel instante rebosaban en mi corazón, yo no podré describirlas, pero si puede comprenderlas muy bien todo el que tenga un alma agradecida y sensible y considere que a los 75 años de edad y agobiado de males, recibí en aquel momento la prueba más irrefragable [*sic*] de que todas las clases del generoso pueblo a quien he tenido el honor de servir por tantos años, me conservan con el mismo entusiasmo las protectoras simpatías con que me favorecieron en mi primera juventud. De lo íntimo del corazón doy a todos las más sinceras rendidas gracias por tan extraordinarias y constantes bondades, y ya que no me es posible recompensarlas, séame al menos permitido manifestar en público mi eterna gratitud, ínterin dirijo mis fervientes votos al Supremo Hacedor para que colme de felicidades a todos los habitantes del querido pueblo que me vio nacer y que siempre ha protegido y protege a Francisco Covarrubias. [348]

En 1844 muere Hermosilla en México, el actor que se inició como gracioso en los escenarios gaditanos de 1807. Cuatro años después llega

---

[348] *Diario de la Marina*. 28 de noviembre de 1848.

la Cañete, "graciosa inimitable" para alumbrar la temporada con Rosa Peluffo y Mata. Después regresarán a México.

En 1849 es difícil encontrar figuras de la península que quieran cruzar el océano y nadie hace más campaña por traerlas que el poeta sevillano Emilio Bravo desde sus crónicas del *Diario de la Marina* sobre el "teatro nacional".[349] Los empresarios no escatiman en invitar operáticos, prestidigitadores y variedades (vuelven Los Raveles y Macallister) ya que

> Vale más a La Habana
> un diablo titiritero
> que la lira soberana
> de un poeta verdadero.

El teatro de los cincuenta no puede compararse con el de veinte años antes. La araña que otrora despedía grasa y sebo, ahora es "una gran pieza con tres órdenes de quinqués sostenida por un hermoso bordón de seda con los colores nacionales y el alumbrado [...] es de gas, manejado por un solo tambor colocado en el interior de la escena y preparado de modo que se pueda dar a la escena los diferentes visos que necesita con una propiedad admirable. En las funciones ordinarias lucen solamente la araña, los mecheros del escenario y los de la primera fila de palcos y en los días de gala todos los demás."[350] Pero escasean los actores de calibre para la "compañía española".

Este mismo abanderado del teatro propio, sin embargo, critica a Matilde Domínguez por escoger *Abufar o la familia árabe*, "en abierta contradicción contra el gusto dramático", dirigida por el señor Agudo. ¿La versión de Heredia? Escenificada sin dificultades en 1846, esta se anunció como "grandiosa traducción en verso del inmortal cantor del

---

[349] Bravo, Emilio. "El teatro nacional" I. 21 de marzo de 1849.
[350] Ortiga Rey, Pablo. "Cuadro comparativo entre La Habana de 1834 con la de 1850". *La Ilustración*. Tomo II. 1850. pp. 406-407, 413-415.

Niágara". Sin embargo, ahora el público fue escaso. La compañía declaró que «no estaba para tragedias».

El Liceo de La Habana, inaugurado en 1844, se mantiene muy activo. Su sección de declamación brinda 19 funciones en 1844-45, 28 en el 47-48 y más de 30 entre 1850 y 1851. Los Robreño actúan en Matanzas, Puerto Príncipe y Trinidad donde presentan en noviembre de 1850 *Catalina Patric o La hermana del carretero*, de Bouchardy y *El disfraz venturoso*. En 1840 nace allí Adela Robreño Armenta (1840-1920), una Robreño con algo más que notoriedad. Hija de Francisco Robreño y Carlota Armenta, la compañía alterna sus temporadas entre esa ciudad y Puerto Príncipe con un repertorio de obras taquilleras como *La pata de cabra o todo lo vence el amor*. Con cuatro años, Adelita asombra al bailar "La cracoviana" o La Cachucha popularizadas por Fanny Elssler. En 1845 se les ha unido Manuel Argente. Pero una polémica está a punto de empañar sus inicios. La niña actúa en *Sofía o el sacrificio de Francia* y es un Cupido en La *pata de cabra*... cuyo mayor interés descansaba en el aparato escenográfico, las "transformaciones" traídas de Santiago de Cuba, las pinturas de Francisco Becantini y la maquinaria copiada de Alersi, cuando Manuel Arteaga Betancourt (El Antillano), en un periódico de Puerto Príncipe, arremete contra Robreño por "elegir obras desatinadas y extravagantes" y de paso contra "la niña que todavía a nadie interesa y cuyas gracias sólo son buenas para sus padres". José Robreño le contesta que Adela tiene el gran mérito de agradar al público y disgustar al Antillano. [351] Y Adelita, como se la conoce, sigue gustando.

En agosto de 1848 debuta en La Habana en el Teatro del Paraíso en Regla. En *No más muchachos*, de Bretón de los Herreros, ejecuta "los difíciles caracteres de un niño travieso y alborotador, otro llorón y gastrónomo, otro pudiente y lechuguino y otra niña modesta y juiciosa", de acuerdo al suelto del 20 de agosto en el *Diario de la Marina*. Cinco días después se habla de una puesta del mismo título a beneficio

---

[351] Villabella, Manuel. *Costal...* ob.cit. "La perla del teatro de las Antillas". pp. 89-95.

del actor Ignacio Echizábal en el Tacón por la niña Petrona Valdés Gómez, motivo por el que los historiadores han ubicado allí su debut. La compañía mantiene un abono en el Paraíso de Regla con *Un novio a pedir de boca*, de Bretón y *La gracia de Dios*, de Gustavo Lamoine, a beneficio del pintor y maquinista Domingo Guibernau. También representan *El baile de las naranjas o los negritos*. A los nueve años, en Matanzas, en esa función memorable del 18 de marzo de 1849, Covarrubias, impresionado, dedica unas décimas a Adelita. Mientras el caricato declina, comienza la trayectoria de la actriz prodigio, según Calcagno "la más notable que Cuba ha producido". Ese año se vende su retrato como Elisa en *La nueva gracia de Dios* y en 1850, en un beneficio en el teatro La Reina, en Santiago de Cuba, se representa *La tempestad* de Fuentes Matons y *Pablo y Virginia*, de Saint-Pierre.

Aparte de la familia Robreño, destaca la compañía de Luis Martínez y Saturnino Blen que ya a fines de la década monta en el Circo de Villanueva *La plegaria de los náufragos*, *El sitio de Sebastopol*, *La toma de la torre de Malakoff*, entre otras, con decoraciones, gran máquina, aparato y fuegos artificiales. Trabajan entre otros, Guadalupe Muñoz, Salvadora Delgado y Luis Ortega. Martínez, dramaturgo y escritor, alterna esas incursiones con funciones tres veces a la semana en Marianao, en el recién inaugurado teatro de verano de Concha. En lo adelante, se contará no solo con los Robreño, sino para siempre con los Martínez Casado.

Epílogo

Dentro de la escasa atención otorgada al estudio del actor y la escena, sorprenden dos avisos fechados en 1813 sobre las actuaciones de Rafael Valdés y Santiago Candamo en Santiago de Cuba: el primero galán y director, y el segundo, gracioso y figurón, conservados hasta hoy, uno de los primeros testimonios materiales de la escena. "Si el tiempo lo permite" era la primera condicional para realizar los espectáculos, improvisados en alguna casa o solar hasta la creación del edificio. Publicados facsímil en la obra de Arrom (1944), *La selva oscura* de Rine Leal (1975) y en la segunda edición de *Las artes en Santiago de Cuba*, de Laureano Fuentes Matons (1981), advierten la importancia del anuncio para testimoniar el recorrido del intérprete. [352] Villabella los analiza muy detalladamente así como aporta un documento autógrafo de Santiago Candamo y una obra de este, rescatada de *La Gaceta de Puerto Príncipe*.

Desconozco si alguna colección guarda algún apunte –cuadernillos independientes o cosidos en uno solo con las copias de trabajo de las obras– de las que se encargaban los apuntadores. Aguerri Martínez ha precisado que se hacían tres copias, una para dirigir el ensayo, otra para el tramoyista y la tercera, para el censor eclesiástico y literario, quien otorgaba la licencia de representación bajo la fórmula de "Represéntese", "Hágase" o "Executese". Contienen los "repartimientos" y dan cuenta de los avatares de una obra. [353] En Cuba debió seguirse un procedimiento similar para remitir las piezas al censor en época de José Agustín Caballero, que ejerce esa función en la Sociedad Patriótica y *El Papel Periódico*, así como fue parecido el papel del consueta, tres en la compañía de Prieto. Lamentablemente no se ha encontrado ningún apunte y se desconocen los añadidos, cambios, remiendos y otras indicaciones de las puesta en escena.

---

[352] Estrada los localiza en el Archivo Nacional de Cuba. Gobierno General. Legajo 507. Exp. 26269.

[353] Aguerri Martínez, Ascensión. "La catalogación de los apuntes de teatro en la biblioteca histórica municipal". *Revista General de Información y Documentación* (n.1 2007) pp.133-164.

Cabe esperar que el rastreo en la prensa y los archivos, las fuentes de España, México (algunas de ellas citadas en el texto), Puerto Rico y Nueva Orleáns, así como los estudios específicos de la disciplina en el interior de Cuba, renueven el interés de los investigadores por el pasado común de los intérpretes que en muchas ocasiones enlaza varios puertos. En 1778 en España hay una actriz llamada Polonia Rachel. ¿No podría ser acaso la misma Sra. Polonia, integrante de los Cómicos del País?

De ahí mi entusiasmo por los cuatro boletos de entrada al Coliseo de La Habana, atesorados en el Archivo de Indias de Sevilla y publicados en la portada de este libro. Datan del 28 de noviembre de 1810, tres años antes de los anuncios de Candamo. Han sobrevivido porque su poseedor, un soldado, trató de revenderlos para su lucro. Por ser soldado y "tener dudas sobre los mismos", se le hizo un expediente. [354] Cualquiera ajeno a la historia del Coliseo admiraría su caligrafía y su buen estado de conservación. Estampados y numerados, son como signos abstractos dibujados por un artesano y conjeturo deben consignar los asientos. Pero para el amante del teatro son algo más. Refractan el esplendor del hecho teatral ya que si su propietario pretendió especular con la reventa había un público entusiasmado por entrar. El 7 de enero de 1812 no ha variado demasiado la situación con los volatines ya que un lector narra al *Diario de La Habana* que observaba en la puerta de entrada "una multitud de personas, que entran sin la papeleta y sin dar dinero"; "muchos pisaverdes comerciando con las contraseñas por un real o un real y medio"; pérdida que calculaba en una tercera parte de la entrada. Aunque se decía que "los empresarios guardan muy buenos pesotes con la ayuda de los granaderos", ha visto a algunos prestar sus casacas a particulares para que pudieran entrar sin ser requeridos... (Anexo 2.18). Mientras el espectador del cómico de la legua trasladaba la silla de su casa y contribuía a edificar los palcos de los futuros recintos, en el Coliseo de La Habana de 1810 se vivía a plenitud el convivio.

---

[354] España. Ministerio de Educación, Cultura y Deporte. Archivo General de Indias. ES 41091. AGI/27/29. MP-Varios, 16.

Anexos y documentos

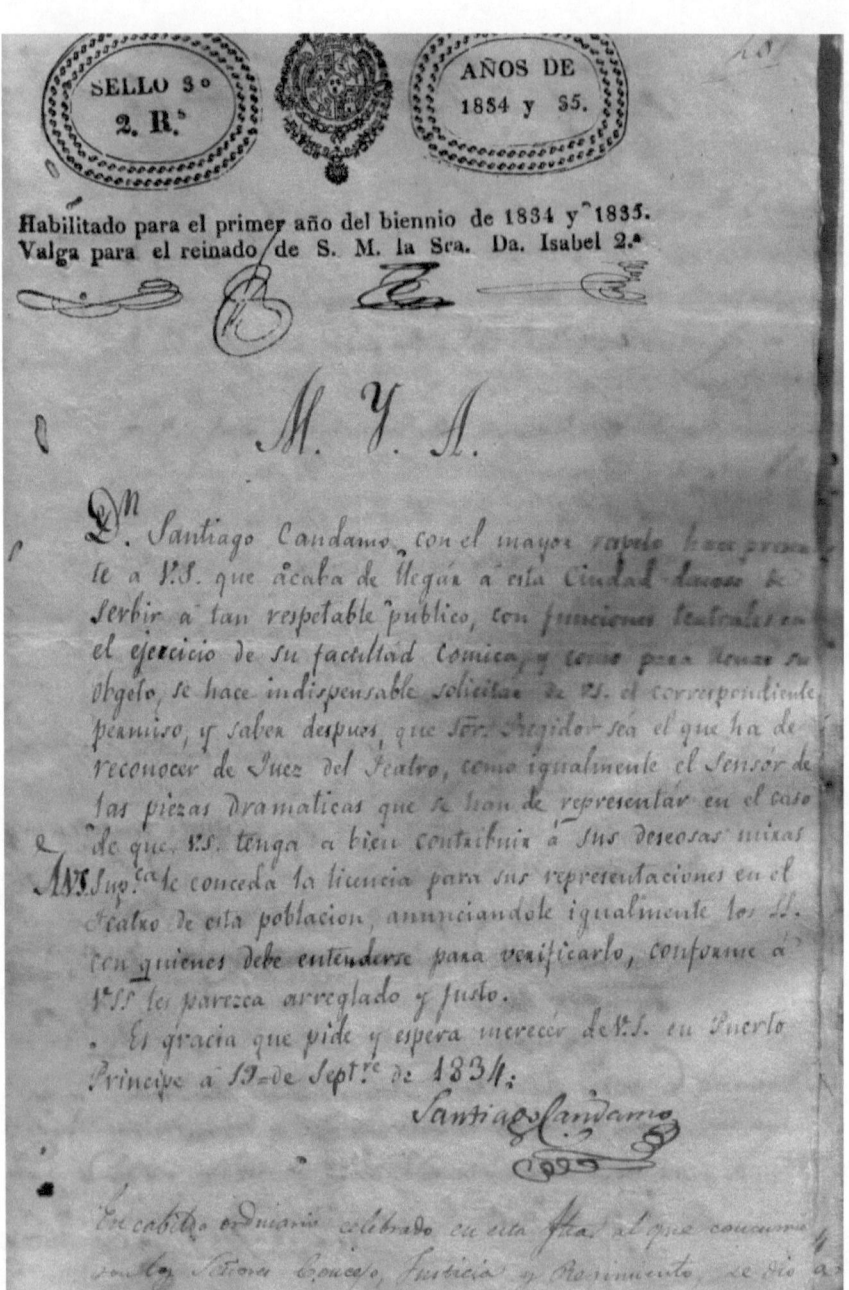

1. 1. Solicitud de Santiago Candamo al ayuntamiento

Don Santiago Candamo con el mayor respeto hace presente a V/.S. que acaba de llegar a esta ciudad deseoso de serbir a tan respetable público, con funciones teatrales en el ejercicio de su facultad cómica, y como para llevar su obgeto, se hace indispensable solicitar de V.S. el correspondiente permiso, y saber después, que Sor. Regidor sea el que ha de reconocer como Juez de Teatro, como igualmente al Sensor de las piezas dramáticas que se han de representar en el caso de que V.S. tenga a bien contribuir a sus deseosas miras. A V.S. Sup/ca le conceda la licencia para sus representaciones en el Teatro de esta población anunciándole igualmente los S.S. con quien debe entenderse para verificarlo conforme a V. S. S. les parezca arreglado y justo. Es gracia que pide y espera merecer de V.S. en Puerto Príncipe a 19 de sept/re de 1834. (fdo) Santiago Candamo.[355]

---

[355] Los documentos relativos a Santiago Candamo han sido hallados por Manuel Villabella.

Anexo 1. 2 Unipersonal de Santiago Candamo [356]

Este chistoso cómico, en su papel de un bebedor reformado, cuenta la siguiente historia:

En los días de mi correrías, yo nunca dejaba la botella, ni la botella me abandonaba a mi jamás. Eramos amigos tan intimos que el color de mi compañera Brande, llego a ser el de mi cara, y particularmente el de mi nariz. Escasamente pasaba un cuarto de hora sin que dejaramos de encontrarnos, darnos las manos, besarnos y entrar uno dentro de otro. Tan firme era nuestra amistad, que él se introdujo con todos sus conocidos, a saber ginebra, aguardiente, ron, anisado, cerveza, cidra, pottes &, y muy pronto me hallé rodeado de amigos a cual tenia un corazón más ardiente. Como estos caballeros tenián diferentes complecsiones, mi cara representaba los colores del arco-iris. ¡Pero mi nariz, amigos mios, Vds, debieron haber visto mi nariz! Vds, la hubieran creido un tomate bien colorado, ó una brasa de candela. En el verano los mosquitos osaban tener sobre ella sus convites y festines, y en esta estación, aquello se parecía al paseo de Isabel II en una tarde hermosa y serena. Mi nariz llego a ser su plaza de recreo[357], su hermoso prado[358], donde ellos estaban seguros de encontrar con que ser felices durante las horas del día y de la noche, desde Mayo hasta Octubre. Mi nariz llegó a ser tan concurrida, que las pulgas lo llegaron a saber y enseguida subieron a disputarle la plaza a los mosquitos: el combate fue terrible; pero al fin conociendo que había para todos, hicieron la paz, y comieron o chuparon en unión. Cuando salía a las calles, los hombres atraídos por el brillante escarlata de mi nariz, me suplicaban que le dejasen encender sus tabacos. Cuando andaba por las orillas, los ignorantes me ofrecían medios y reales para que les permitiera olerla; como si fuera una flor.

---

[356] Transcripto del periódico *Gaceta de Puerto Príncipe*, sábado 11 de julio de 1846, núm. 166. Respetada la ortografía original.
[357] La Plaza del Recreo fue uno de los nombres que tuvo La Plaza de Armas de Puerto Príncipe.
[358] Suponemos la referencia era El Paseo del Prado, en La Habana.

De este modo tenía una entrada regular; pero el grandísimo número de marchantes, hecho a perder su belleza, mientras que mi continua intimidad con Brande y sus amigos, aumentó su tamaño.

Al fin (como todas las cosas) mi nariz llegó a molestar a mis paisanos, los que sin más ni más, se dirigieron al gobernador y le dijeron: que ellos tenían muchos motivos para creer, que la mayor parte de los fuegos, y principalmente el último que había habido en la ciudad, los causaba mi nariz.

Por tal representación, el Juez temiendo por mi seguridad personal, me ordenó el retirarme al campo, lo que puse en planta con la esperanza de que como Tiempo y ausencia vencen el amor", al amor por Brande, sus amigos, y el fogoso y montañoso aspecto de mi nariz serían vencido también. ¡Pero vana esperanza! Apenas había puesto mis pies en el campo, cuando las avejas, avispas, moscas y mosquitos, (porque, sea esto sabido, que lo mismo hay mosquito en el monte que en la ciudad) atraídos por la belleza y olor de mi promontorio nasal, volaron hacia esta y tomaron posesión, esperando su tarea de arrancarmela de arriba abajo, hasta que cansados y embriagados caian casi muertos con la fortaleza de que se impregnaban, y entonces yo, semejante a Sanson, mataba miles de ellos tan solo con las plantas de los pies.

Tanto en la ciudad como en el campo, me acompañó la fortuna de ganar dinero con mi nariz. Los hacendados y capitalistas retirados que vivian cerca de terrenos bajos y pantanosos, me pagaban muy liberalmente para que les matara los mosquitos. En tal empresa me acercaba yo a los bordes de los pantanos, y tan punto como llegaba yo, mi nariz estaba completamente cubierta de estos infernales avechuchos, y a poco esperaban a caer todos borrachos, y entonces era mi matanza sin el menor trabajo. Los sitieros me pagaban para que con mi nariz le pusiera fuego a los montes, a fin de habrirselos para hacer potreros, de modo que, entre sitieros, hacendados y capitalistas tenía una entrada soberbia.

¡Pero no hay dulces sin agrios, y yo fui un día interrumpido de mis quehaceres, de una manera nada ceremoniosa ni agradable! Sucedió; que al cruzar yo un campo donde estaban varios bueyes paciendo, un feo y horrible toro divisó mi nariz, y tomando a ofensa el color escarlata con que esta resplandecía convocó a sus compañeros, y enseguida partió para mi con la ligereza de una máquina de vapor en un camino como el de Nuevitas a Puerto Príncipe.[359] No gustandome luchar con cornudos, corri hacia una cerca y la pasé; esperando de este modo escapar; pero, mi desgraciada estrella me condujo a otro campo, donde se hallaba una partida de toros, y no tan pronto me divisaron, cuando todos en unión me acometieron como si fueran una legión de diablos. Mis piernas no son largas; pero ellas son fuertes y gordas, y en esta ocasión se portaron con tanta soltura, que gíbaro difícilmente hubiera escapado. A escape salí, saltando, brincando y resbalando hasta que me vi libre de bueyes, toros, vacas, y cuanto pertenecen al monte. ¡Pero ni nariz! ¡Cielo! Nunca olvidaré la agonía que esta me causo; como corri sobre los campos con todo el rigor de un sol de la zona tórrida mi nariz se aumentó en tamaño y en color, tanto que llegué a creer, que en lugar del precioso promontorio, llevaba un carbón encendido sobre los ojos. La sensación era terrible, equivocando las sercas me salí fuera y perdido gritaba por todas partes, agua, agua, apagad el fuego que me quema la cara; pero los palos nada podían hacer por mi, y en este miserable estado corri de arriba abajo sin dirección, hasta que mi suerte me condujo a un río donde sudado, sofocado, y cansado me eché y permanecí tanto tiempo cuanto me pareció necesario para apagar el fuego que me devoraba.

Cuando salí traspasado de frío y talado de agua por todas partes, me vino una saludable reflexión, y el resultado fue abandonar para siempre a Brande y sus amigos. Desde aquel dichoso día mi nariz ha empesado a volver a su estado natural de salud, color y tamaño.

Ahora conoceis la historia de la nariz de Candamo, y no dudo que aquellos que son afectos a Brande y a sus amigos la tengan en cuenta para ver si se dejan de un vicio tan vil como sucio y degradante. De otro y mío.

---

[359] Como se sabe los principeños, liderados por Gaspar Betancourt Cisneros, El Lugareño, se empeñaron en establecer ferrocarril de Puerto Príncipe a Nuevitas, el que hubiera sido el primero en el país, empresa que fracasó.

Crónicas del Diario de La Habana

Selección de Jorge Antonio González*

* En medio de la elaboración de este texto, cuando disponía de tres documentos de la temporada de Prieto en La Habana (incluidos en *Escritos de teatro: crónica, crítica y gacetilla*, Ediciones de la Flecha, 2013) el investigador Miguel Sánchez me facilitó estas crónicas, rescatadas por Jorge Antonio González —cuya ortografía actualizó—. González hablaba muy bajito y no quería hacerse notar, escribió obras teatrales que no publicó aunque tuvieron mucho éxito desde los cuarenta, pero sin embargo copiaba y preservaba documentos para después. He añadido a su selección dos documentos, tomados de *El Curioso Americano*, [360] que en sus "Datos para la historia del teatro en Cuba" garantiza que "pueden carecer de valor si se les considera aisladamente", pero "constituyen en conjunto y con la debida coordinación uno de los más importantes ramos de nuestra historia pasada, que ha de servir para juzgar a los que fueron y de término de comparación con el presente y porvenir". Las crónicas en su conjunto son un testimonio invalorable de la riqueza de la escena, el interés del público y el número de comentaristas atentos a su quehacer y dispuestos a decir apasionadamente sus verdades.

---

[360] "Datos para la historia del teatro en Cuba". *El Curioso Americano* no. 4 (enero 15 de 1893) pp. 51-54.

Anexo 2. 1

Integrantes de la compañía de Prieto 1811-1812

Año 1811

Lista de las actrices y actores, que forman las compañías de tragedia, comedia, ópera y baile para el teatro de esta ciudad, en el presente año de las que es agente el Sr. Diego del Castillo.

Director

Sr. Andrés Prieto

Actrices.

Sras. María Sabatini
Isabel Gamborino
Ana Valdés
Manuela Carrillo
Brígida Montero
Manuela García Gamborino
María del Rosario Sabatini

Actores.

Sres. Andrés Prieto
José Alfaro
Antonio Rosal

Cada uno de estos individuos dirigirá y ejecutará una comedia todos los meses y ambos suplirán alternativamente al primero en caso de enfermedad.

Sres. Rafael Palomera
Manuel Prieto
Rafael Valdés
Carlos Palomera
Antonio Hermosilla

Francisco Covarrubias
José Ángel Oceguera
Juan García
Francisco Enrique

De ópera

Sras. Mariana Galino. Isabel Gamborino. Manuela García Gamborino. María del Rosario Sabatini. Sres. Miguel Gómara. Manuel Prieto. Juan García.

De baile.

Sra. Manuela García Gamborino
Compositor. Sr. Joaquín González
Cuerpo de baile
Sras. María del Rosario Sabatini
Brígida Montero
Ana Valdés
Manuela Carrillo
Rafael Valdés
Manuel Prieto
Francisco Enrique
Carlos Palomera

Apuntadores.

Sres. Diego del Castillo, Esteban Villa, Cristóbal Hernández

Año 1812

Plan ó lista de los individuos de que se componen las compañías de ópera, tragedia y comedia, que han formado los asentistas del coliseo, don Manuel Azian y Juan José Sotillarena, autorizados por el gobierno para servir al público de la ciudad de la Habana, en la próxima temporada, habiendo nombrado por director al Sr. Andrés Prieto.

COMPAÑÍA

De TRAGEDIA, COMEDIA Y DEMÁS PIEZAS

Actores

Andrés Prieto, por representar y dirigir la compañía, 500 pesos mensuales y un beneficio.
Rafael Palomera, por representar y suplir á Prieto, 250 pesos mensuales y un beneficio.
Agustín Díaz, por representar, 150 pesos mensuales y un beneficio.
Manuel Prieto, por representar y cantar 150 pesos mensuales.
Juan Muñoz, por id., existente en la Habana, 150 pesos mensuales.
José Ángel Oceguera, por representar, 80 pesos mensuales.
Carlos Palomera, por representar 50 pesos mensuales.
Francisco Covarrubias, por representar, 200 pesos mensuales y un beneficio.
Ramón Cabrera, por representar y cantar, que se espera, 150 pesos mensuales.

Actrices
Isabel Gamborino, por representar y cantar, 350 pesos mensuales y un beneficio.
Luz Vallecillo, por representar, que se espera, 150 pesos mensuales.
Manuela Palomera, por representar y cantar, 150 pesos mensuales.
Antonia Rodríguez, por representar y cantar, que se espera, 250 pesos mensuales.
Manuela Gamborino, por representar y bailar 150 pesos mensuales y un beneficio.
Ana Valdés, por representar, 90 pesos mensuales.
Brígida Montero, por representar, 120 pesos mensuales.
Racionistas
Dolores Ángel y Gertrudis Ángel, 15 pesos cada una—30.
Los actores y actrices que forman esta compañía, estarán sujetos en todo á las órdenes del director, á quien los empresarios dan facultades amplias para la elección de funciones, distribución de papeles y todo lo que concierne á teatro, mejor servicio del público y utilidad de la

empresa; advirtiendo que en ausencias y enfermedades de éste, le sustituirá Rafael Palomera, debiendo ocupar su puesto el que le sigue, y de este modo los demás, sin que puedan rehusar papel alguno que le sea repartido, ni alegar otro pretexto que el de legítima enfermedad.

Compañía de ópera
Juan Pau, por tenor, hacer algunos papeles de carácter en las óperas, y representar, 250 pesos mensuales y un beneficio.
Manuel García, por tenor, alternando con Pau, 200 pesos mensuales y un beneficio.
Juan Muñoz
Ramón Cabrera
Manuel Prieto
Carlos Palomera

Damas
Isabel Gamborino
Antonia Rodríguez
Manuela Palomera
Manuela Gamborino
Dolores Ángel
Gertrudis Ángel

Los individuos que forman esta compañía estarán sujetos a la voz de los tenores, quienes guardarán á cada uno sus derechos en el mejor modo posible, siendo de su cargo el arreglo y dirección de cuatro óperas al mes, debiendo ser una de ellas nueva; cantar y mandar que canten en los intermedios de las funciones, como también ensayar y disponer los coros, marchas etc. que se necesiten en las funciones.
Consuetas

Esteban Villa 70
Cristóbal Hernández 40
Félix Acosta 35
Dos criados de compañía... «

Maquinista y pintor, Juan Aparicio 100

Un carpintero y seis mozos/Cobradores/Escribiente/ Sastre/Peluquero/Portero/Contratista de luces/Orquesta

Nota:—Al Sr. Rafael Cebada lo ajustaba la empresa por ciento cincuenta pesos mensuales, á saber: cincuenta más que la temporada pasada y no quiso admitir.
Al Sr. Antonio Rosal no se le propuso partido, por saber no lo admitiría, en razón de haber dicho ante el tribunal, que siendo Prieto director no entraba en ajuste.
Los empresarios ofrecen al público, dar diez y seis representaciones mensuales, á saber: cuatro de ópera, debiendo ser una de ellas nueva y el resto de tragedias y comedias, esmerándose los asentistas y actores en el mejor servicio del público.

Anexos

2. 2

Diario de La Habana. No. 13 del jueves 13 de setiembre de 1810

Teatro

Sr. Desengañado

Amigo y señor: habiéndoseme anunciado el domingo 13 de agosto último, que al día siguiente se representaría a beneficio del Sr. Oceguera la comedia titulada: *Gloria del Valle de Roncal, o el héroe D. Mariano de Renovales,* con el aliciente de ser obra del Patán Marrajo, fui de los primeros que entraron en el coliseo, muy persuadido de que iba a disfrutar un buen rato. Pero salió mi cálculo tan errado, que el chasco fue casi igual al que sufrimos cuando se representó el sitio y defensa de Gerona, que para los concurrentes no fue sitio sino asalto. ¡Triste Patán hecho el juguete del público por el abandono de un cómico, que atendiendo solamente a la palangana en que se echaban las pesetas en la puerta, descuidó de la buena ejecución del drama! Así es que, pidiendo el autor un pequeño despoblado de la Villa de Roncal, salpicado de árboles, le pusieron un hato o potrero con la casita del mayoral, cuando se debió figurar en la derecha del teatro una parte de la villa con la decoración de calle larga, y enfrente los árboles; colando entre bastidor y bastidor una tienda de campaña. Si así se hubiera hecho, no habría chocado tampoco ver un dosel en medio de una selva,[361] ni que Doña Clara se apareciese en aquel lugar sola en busca de su hijo. ¡Habrá cosa más natural que ver una tierna madre salir de esta ciudad por la puerta de Tierra y abrazar a un hijo suyo en el campo de Marte? ¡Hubo cosa más natural, el día del ejercicio de los estudiantes, que ver el retrato de Fernando VII en aquel sitio? Pues este fue un misterio para el beneficiado. Del mismo modo vimos traer las andas de la misericordia con unos de los cojines del dosel, y puesto ya en ellas don Anselmo,

---

[361] Nota del autor. "El dosel apareció con cojines, tal vez con el objeto de que se sentase el rey de Marruecos".

solo faltó el gorigori para que fuera entierro completo: todas estas ocurrencias cómicas las inventó el beneficiado. Vimos igualmente a los soldados con sus uniformes y mochilas; pero con lanzas verdes en lugar de fusiles, y aunque la ficción y la comedia pedían banderas, cajas, tiros, etc., nada de eso hubo. El asiento preparado para cuando don Anselmo viniese herido, fue colocado tan lejos que nada de lo que dijo se oyó.

Los actores se empeñaron en seguir las aguas del beneficiado. El Alcalde don Jerónimo, en cuya actividad, celo y disposición confiaba el brigadier Renovales, se esforzó en hacer el papel del viejo chueco, salió con una peluca de pita, tan encorvado que casi le tocaba la barba en la rodilla, todo apoyado en el bastón y arrastrando los pies. Yo no sé por qué los barbas siempre han de ser octogenarios.

El que hizo el papel de Renovales no merece indulgencia, porque siendo un actor sobresaliente, solo por falta de estudio hubiera quedado tan mal: él quitando y poniendo periodos trastornaba con frecuencia el sentido de las oraciones, formando por consiguiente un galimatías. Como que no se sabía el papel, jamás conformó la acción con la expresión, todo salió frío afectado, impropio.

El general francés, que solamente tuvo que estudiar una pequeñísima arenga, la pronunció con frialdad. De ademanes ni actitudes no hablemos, pues a no ser por el continuo aleteo de la mano izquierda, se hubiera creído que sus pies habían echado raíces y lo mismo el bastón. El mucho uso de la mano izquierda es un defecto general en estos cómicos; cuando por regla la declamación solo debe usarse acompañando a la derecha, en las acciones alternativas, y en algunos ademanes violentos. Pero accionar con ella solamente o lanzar manotazos a derecha e izquierda, como quien espanta moscas, es un defecto muy notable.

Habiendo el autor de la comedia encargado en ella, que la actriz que hiciese el papel de Doña Clara, se expresara con la vehemencia y dolor que mostraría una madre sensible al ver muerto a su hijo, esta dama subió de punto su conocido tono, y formando una voz nasal, y de falsete, tuvo la satisfacción de que gritando fuertemente nadie le entendiese una palabra, a que contribuyó mucho hallarse casi al fondo del teatro, porque allí pusieron a Don Anselmo. Si Doña Clara hubiera desempeñado su papel, hubiera conmovido y enternecido a los espectadores y la comedia hubiera sido aplaudida a pesar de los demás defectos que he indicado; este paso era el áncora de la esperanza de su autor, ya porque se esmeró en formar un razonamiento lemas sensible y patético, que debía tener lugar en la última escena, y ya porque iba a ser pronunciado por una dama que ha sido muy feliz de ejecutar iguales papeles.

Hasta por desgracia la que cantó la marcha salió muy mal peinada y con un vestido parecido al de la Verónica, nadie la vio hasta el momento en que empezó a cantar, cuando debió asociarse algunas veces con los demás. Dios quiera que el Patán no la haga cantar, y a los demás actores bailar en alguna función que prepare al intento.

No quieren los actores, Sr. Desengañado, estudiar; los ensayos no tienen de tal más que el nombre: así está V. Un día y conocerá que algunas piezas salen buenas por casualidad. En fin, V. ha dicho cuanto hay que decir sobre mejorar el teatro, por lo que en adelante no hay más que sacudir el polvo a quien lo merezca. Siendo de V. Su afectísimo amigo y servidor,

Q. B. S. M. Motetaci

2. 3 *Diario de la Habana.* No. 232 del domingo 21 de abril de 1811
Segunda «pedrada» tirada con suavidad

El infrascripto Bufo, natural de la Siria, deseando el mejor servicio del público, hace presente, que el prospecto ofrecido por los señores empresarios del coliseo para el Sábado de Gloria y publicado el Domingo de Pascua, no es otra cosa que una lista de los actores sin designar el número y clase de funciones de la temporada, ni los sueldos de éstos, ni las obligaciones a que se han constituido. El Bufo, que posee una gracia particular concedida por un famoso adivino de la ciudad de Meca, sabe con certeza que unos duendes malignos robaron a media noche el prospecto, que habrán formado los señores empresarios con la mayor exactitud, y en tan terrible apuro substituyeron la lista publicada, bautizándola con el nombre de proyecto por no faltar a su promesa. Se han practicado las más exquisitas diligencias para prender a los ladrones y castigar semejante atrevimiento, mas todo ha sido en vano porque los duendes siendo invisibles se han burlado de todos los aprehensores, que llenos de desesperación han vuelto ya de sus caravanas. Esta funesta casualidad hubiera penetrado de dolor a muchas personas, si los señores empresarios no hubiesen procurado templarle con las buenas funciones de los tres días de pascua y el jueves inmediato.

Los nuevos actores, que dirigieron los dramas, se esforzaron en agradar al público, y aunque todavía no puede decidirse enteramente de su mérito, sin embargo sacándose el hilo por el ovillo, se puede pronosticar que las comedias de la presente temporada, tendrán en la escena toda aquella propiedad, que sólo se ve cuando son dirigidas y representadas por buenos actores. Sería de desear que a algunos se les facilitase unos trajes decentes, para no exponerse otra vez a la murmuración pública, como sucedió en la comedia del domingo 14, con el que hizo el papel de rey, quien a pesar de sus buenos deseos y de haberlo desempeñado regularmente, se presentó con un vestido que al par de los que figuraban sus vasallos, más bien parecía un cómitre que un soberano, y esto solo fue suficiente para que se perdiese la ilusión.

La función del jueves ha templado también en muchas partes el dolor de la pérdida del prospecto. Mil gracias sean dadas a su director el señor Manuel García. La señora Galino llenó enteramente el gusto del público, que con mucha justicia celebró su decidido mérito, y el de la Sra. Gamborino que en su clase trabajó con perfección. La gesticulación del Sr. Gómara, en esta ópera intitulada *La Isabela* fue tan natural y con tanta propiedad que realzó la pieza, varios pasajes tuvieron en la escena toda aquella verosimilitud que puede desearse y si hubiera hablado este actor algunas veces un poco más alto y sin tanta festinación para que todo el mundo le entendiese, y hecho mejor uso de su buena voz, hubiera resaltado mucho más su habilidad.

Lo que causó disgusto general fue el color del figurado hijo de la supuesta Isabela; pues sin temor de contradicción se puede afirmar que el lance más interesante de la ópera, es decir, cuando la madre estrecha entre sus brazos a su hijo querido con la mayor ternura, se hizo ridículo y despreciable por la notable diferencia del color del hijo al de sus padres; resultando de aquí el perderse totalmente la ilusión por la inverosimilitud de que Isabela tuviese semejante hijo. ¡Era tan fácil hallar un niño blanco que desempeñase este papel? Se anunció la repetición de esta ópera para el domingo con gusto del público. ¡Ojalá que todas las repeticiones fuesen así! Entonces aguardaría un profundo silencio sobre este particular el presente.

Bufo

2.4 *Diario de la Habana.* No. 233 del lunes 22 de abril de 1811

Señor redactor

El jueves de la semana pasada asistí al teatro, según tengo de costumbre, y bien sabe V. que la célebre Galino nos dio un buen rato con sus gorjeos, aunque interrumpidos a cada momento con los indiscretos palmoteos del pueblo, cuyo desorden sería bien se corrigiese en el modo posible, haciendo entender a los concurrentes cuán inoportunos son tales aplausos en medio de una escena, y cuán interesantes luego que se finaliza si por su composición, y exacto desempeño los merece. Pero no fue esto lo más reparable, sino que hubiese hombres tan inciviles, que exigiesen a gritos la repetición de un aria en medio de la ópera, como si fueran algunas seguidillas, o canción patriótica.

Semejante ocurrencia no tiene ejemplar, y es doloroso que por la incuria de algunos, se ponga en duda la ilustración de todo un pueblo; el cual tiene derecho a reclamar contra los infractores, diciéndoles que vale tanto repetir las arias durante la ópera, como las relaciones en una comedia, los párrafos en la historia, o la salutación en un sermón y que a más de esto, deberían tener presente la incomodidad que causan con sus gritos, lo penoso que sería a la actriz esa repetición sobre el cansancio de dos horas de trabajo, y otras inconsecuencias insufribles que se cometen con tal abuso. Si los comprendidos en él lo expiaren con esta advertencia, serán dignos de concurrir al teatro; pero si renuentes continuaren, carguen con toda la execración de que es capaz la pluma del amigo del pueblo habanero.

Miguel Aníbal de Narco

2. 5 *Diario de la Habana* No. 242 del miércoles 1 de Mayo de 1811
Teatro

Se ha criticado mucho en el público la representación de la tragedia *Numancia destruida*, y no faltó quien preguntase si el Bufo hablaría de ella o guardaría un profundo silencio. El infrascripto oyó casualmente estas palabras, y se rió de la sandez del preguntón por ser bien notoria la promesa que hizo al público, a quien desea servir, en el *Diario* No. 237, y porque es preciso sostener en el modo posible una diversión que evita infinitos males.

Entrando pues en la materia debe confesarse que el supuesto Megara desempeñó su papel según se esperaba, y que la fuerza que da este actor a las palabras, declarando con propiedad y energía el concepto del poeta, indica que forma un estudio particular para revestirse de todos los afectos de la persona que representa. Se ha dicho ya en otro lugar con verdad y justicia que es un barba muy regular; que en lo trágico con dificultad se hallará quien le exceda; que siempre desempeñará con perfección el papel, que tome a su cargo arreglado a su carácter, y que algunos leves defectos en su tono y gesticulación, fáciles de corregirse, no podrán obscurecer su mérito. El hablador número 16 ha indicado con propiedad algunos y el infrascripto conviene gustoso en todo lo demás que dice sobre la representación de esta tragedia; omitiendo por esta causa hablar de los otros actores, que muchos de ellos manifestaban en su semblante el disgusto con que trabajaban un papel, que no siendo brillante ni análogo a su carácter, no lograron el aplauso del público. El que dirigió esta pieza es responsable de la distribución de papeles, y de los otros enormes defectos, que se notarán por personas imparciales e inteligentes, que asistieron a la función con el texto en la mano.

Pide el autor de la tragedia que en el fondo del teatro se coloque un templo extraordinario, y ante él la estatua de Endovelico con una lanza en su derecha, un escudo en la izquierda y delante una ara con fuego. Nada de esto se vio, sino unas casuchas colocadas sin orden en un despoblado, que en vez de figurar la populosa ciudad de Numancia, parecían más bien unos juguetillos de cartón o los títeres de Ámese Pedro. Si la intención del director fue que la ciudad se viese a lo lejos, debió colocar los objetos en disminución, en un proporcionado continente, y si de cerca, era indispensable que las casas fuesen al menos un poco más altas, que los mismos actores para evitar la insufrible impropiedad de que las cabezas de éstos sobresaliesen a los caballetes.

La supresión de muchos bellísimos rasgos de la tragedia no favorece al director. Eran muy esenciales en la escena para conocer el carácter verdadero de las personas. En la cuarta del acto primero se omitieron más de setenta versos del excelente diálogo entre Olvia y Aluro, en donde combatiendo su recíproco amor con el de la patria, se esfuerza Olvia en sacrificarse por ella y libertarla con el hecho de entregar su mano a Yugurta, que le prometió pasar con su ejército a los numantinos. Este diálogo es un preparativo muy necesario para la inteligencia del que consta en la primera escena del acto tercero, y de los lances posteriores hasta la muerte de Olvia. ¿Cuál sería la intención del director en esta mutilación? Ni el Bufo lo entiende ni es capaz de adivinarlo. Item más: enfurecida Olvia con Yugurta cuando se declaró autor de la muerte de Olon su hermano, dice llena de indignación: Sella tu labio / Era mi dulce Olon; era la parte/ Más tierna de mi alma, era mi hermano./En él me diste dura muerte. Huye, / Huye cruel Yugurta, temerario / Más feroz que los monstruos que alimenta/ Tu ponzoña Libia. ¿yo mi mano / Mi corazón, mi afecto, a un enemigo?/ Al que vertió mi sangre?/

La mayor parte de este bello rasgo, es decir, desde "era mi hermano" hasta "tu ponzoña Libia" inclusive, se suprimió con escándalo de los que han leído esta tragedia. ¿Por qué empezaría precisamente la supresión desde era mi hermano? ¿Debía ocultarlo Olvia? ¿No confiesa inmediatamente al que vertió mi sangre? ¿Acaso aparecía injusta su indignación? Vaya que estas son cosas que no están escritas.

En la novena escena del acto cuarto, se expresa con energía todo el resentimiento de Olvia por la muerte de Olon, y como de aquí nace el aparentar furor contra Yugurta, el desprecio de sus ofertas, las súplicas de Dulcidio por la libertad de Numancia, y el contraste de afectos que debía figurar la supuesta Olvia, ya por los ruegos del venerable anciano y ya por la venganza, amor, patria y hermano [palabras de Olvia] se cortó lo más esencial de esta, tal vez por guardar consecuencia con la antecedente mutilación, o por no causar fastidio a los espectadores con la excesiva duración de la tragedia.

Igual política quiso guardarse con los concurrentes, ocultando los versos de la décima escena del acto quinto, en que Megara pinta el furor de los numantinos y su ardiente deseo de pelear con el ejército romano.

"Inflexible Cipión, pues el empeño
Justo aunque desgraciado de mi patria,
De heroico calificas en tu pecho
Perdona a esta ciudad el fin horrible
Que su valor la inspira y tus excesos.
La luz nos es funesta. Ardientes furias
A morir nos incitan; mis guerreros
Solo furor respiran, saña, sangre
Solo muerte, Cipión, si merecemos" etc.

Si lo entrecomado merece suprimirse, deben también no expresarse los rasgos más heroicos de esta tragedia, y no siendo así venga la razón para que el Bufo quede satisfecho. ¿Podría pintarse mejor el furor que en el día tienen los verdaderos españoles contra el infame Bonaparte o por sacudir las cadenas que les había preparado?

El director por su sensibilidad o por acordarse de la crítica que se hace de las tragedias muy horrorosas en el sainete trágico-burlesco intitulado *El Manolo*, omitiría tal vez la escena última entre el niño y Megara, mas no tendrá igual disculpa en que la conclusión de la tragedia apareciese tan fría, que todo el público salió murmurando con mucha razón. Megara, último numantino que quedó en la escena, debió arrojarse a las llamas, según dice el poeta, a la vista de Cipión después del razonamiento, que con impropiedad le hizo barba a barba, siendo así que Megara pudo muy bien haberlo pronunciado a alguna distancia del general romano; es decir, junto a la hoguera; pues de lo contrario resulta una monstruosa inverosimilitud como es el hacer tan mentecato a Cipión, que estando en su mano cautivar a Megara para llevarle a Roma en señal de su triunfo, que era todo su conato, le dio la libertad necesaria para ejecutar su designio. ¿Por qué Megara se ocultó en los bastidores contra la intención del poeta? ¿Por qué Cipión no expresó los últimos versos, que hacen honor y justicia a Numancia, y que expresándolos no hubiera sido la conclusión tan fría? En prueba de esto se copiarán no solo los que con laudable entusiasmo transcribió el hablador, sino también los cuatro antecedentes. Dice Cipión hablando con Yugurta: "A Cartago, Yugurta, la venció el romano esfuerzo, Numancia a sí se vence, su ruina gloria da a España, a Roma vituperio, Discordes españoles, si a Numancia se hubiera reunido vuestro aliento, como a la España mandan los romanos, mandara a Roma el español denuedo".

El otro descuido imperdonable fue el que diciendo Megara a sus soldados: pues marchad; dé la cuchilla fin a las vidas que perdone el fuego, les hiciese dejar en las tablas para despojo de Cipión los morriones y lanzas, y que luego muy fríamente se metiesen en el incendio de la ciudad, imitando a los que para bailar una contradanza arriman a un lado el bastón y el sombrero. En verdad que los soldados bien sabían que no les ofenderían las llamas, porque en el teatro se figuró incombustible la ciudad de Numancia. No se desplomó un edificio, no se vio arder un palitroque, ni un cartón, y solo se vio una llamarada que sin ofender cosa alguna, se desapareció como un relámpago; de suerte que cuando Megara dijo a Cipión: romano injusto, ya no existe Numancia, alargó el cuello uno de los espectadores diciendo: Numancia está tan intacta como la hora en que fue construida.

La violenta caída de Olvia, luego que se siente herida, no debe dispensarse. Es bien sabido que aunque la puñalada sea en el corazón, debe mediar ocho o nueve segundos desde que se recibe el golpe hasta la caída, pues no se pierde el sentido tan de repente; y el no guardar este corto intervalo es imitar a las reses, que recibiendo el golpe en la cerviz, caen con violencia respecto a que en estos animales es tan sensible aquella parte, que les causa una convulsión instantánea a manera de una máquina eléctrica. El carácter de la dama que figuraba a Olvia siendo naturalmente alegre, fue un error encargarle un papel trágico que contribuyó a deslucir la representación. Es lástima que esta actriz se haga cargo de papeles fuertes, que echarán a perder su buena voz.

Algunos soldados de Cipión estaban muy distantes de parecer en el traje a los romanos, al paso que los numantinos con sus cuartos de conversión hacían el ejercicio a la prusiana. ¿Federico II les enseñaría el manejo del arma antes del sitio de Numancia? Tampoco se vio a ninguno del pueblo o por mejor decir paisano, que llevase un instrumento ofensivo, cuando una de las glorias de esta desgraciada ciudad es el que todos sus moradores sin excepción tuviesen igual entusiasmo por su libertad.

El Bufo siente mucho fastidiar al público con una relación tan larga; pero es preciso confesar que una crítica imparcial produce los efectos saludables de una corrección. Se ha murmurado con justicia de la representación de esta tragedia, y el disgusto ha sido tal que cuando se repitió, apenas importó la entrada 300 pesos, siendo así tal que en la primera vez excedió de mil; y muchos de los que asistieron a la repetición salieron del coliseo a media función, y sólo volvieron por oír en la tonadilla a la señora Galino. Ya que el teatro de esta ciudad existe en el día en un pie brillante, debe el público disfrutar las funciones que esperaba, y jamás podrá conseguirse esto a menos que la dirección no se ponga en manos de un sujeto de talento, imparcial, que no sea actor y que si lo es no salga a las tablas, para que distribuya los papeles con arreglo a la habilidad y carácter de los individuos de la compañía sin ningún espíritu de partido. De aquí resultan las impropiedades; de aquí los disgustos y discordias; de aquí la falta de verosimilitud en la escena, de aquí el perderse a cada rato la ilusión, y que de todo resulte que sea el público la persona que padece. ¿Se podrá dudar que el que hizo el papel de Cipión no hubiera desempeñado perfectamente el de Aluro en la transición de afectos con Olvia?¿La disposición majestuosa del que representó a Yugurta, no era mucho mejor para figurar a Cipión?¿Se hubiera desdeñado el supuesto Aluro de admitir el de Yugurta? Es un dolor que unos actores de un mérito sobresaliente no desempeñen los dramas con la propiedad, que se requiere por la razón indicada y que poseyendo cada uno de ellos un suficiente caudal de piezas escogidas, se repitan las funciones sin intermisión y con disgusto del público.

El Bufo

Nota. Si preguntase alguno por qué usa el Bufo del estilo impersonal, se le responderá que así le acomoda al hijo de su padre y porque es moda en la Siria semejante locución.

El domingo se representó *La lavandera de Nápoles*. Esta pieza por su moral, y por sus enormes defectos debía correr la misma suerte, que la de *Sancho Ortiz de las Roelas*. [362] Nada se perderá en olvidarse de ella *insaecula saeculorum*. Su ejecución estuvo regular aunque con algunos defectos, y en obsequio de la verdad debe decirse que las dos actrices desempeñaron su papel con mucha propiedad, y particularmente aquel lance en que la reina llena de sorpresa y turbación sale de su cuarto para contar a Felipa los soñados designios del rey. En el mismo día se anunció para el martes *El duque de Pentiebre*.

El mismo Bufo

2.6 *Diario de la Habana.* No. 267 del domingo 26 de mayo de 1811
Teatro

El jueves 23 del corriente se representó en este coliseo el monólogo crítico: *El poeta calculista*. Su ejecución por el Sr. Juan Pau fue tal que llenó enteramente el gusto del público. La expresión de este actor, su gesticulación, la propiedad para remedar a la diversa clase de individuos que se ridiculizan en esta pieza, y su articulación clara y expedita, hicieron que el público sintiese la conclusión de la ópera a pesar de que el mejor monólogo suele comúnmente fastidiar a los espectadores. Baste decir en su elogio que algunos imprudentes electrizados gustaron que se repitiese inmediatamente sin considerar el cansancio del actor, que trabajó más de una hora sin interrupción.

---

[362] Nota del autor. *La estrella de Sevilla*, de Andrés de Claramonte refundida por Cándido María Trigueros.

¿Mas de qué sirve que el Sr. Pau, la Sra. Galino y otros buenos cantores se esfuercen en agradar al público, si tropezamos a cada rato con una orquesta compuesta de maestros y malos discípulos? Aunque se unieran los famosos Raff, Fennelli, Mazzanti, etc. tendrían que sufrir mil insultos si saliesen a las tablas.

La orquesta de este teatro está falta de las voces medias, cuales son la viola y el violonchelo, y de los individuos que la componen el uno se adelanta fogoso, el otro se atrasa con flema insufrible, aquel quiere que el compás sea *allegro*, este le agrega una chabacanada destruyendo la oración armónica, y de esta suerte forman un galimatías, que nadie es capaz de comprender, y solo se ve que la orquesta va por un camino, y el pobre actor revienta con la discrepancia.

Los empresarios por su propia utilidad debían tratar de arreglarla, pues en el país podrían reunirse músicos de la clase superior, que formasen una orquesta tan buena como la de muchas capitales de Europa. Tal vez se dirá que algunos de los músicos que asisten al teatro son muy buenos, es verdad, pero si el numen de los malos es mayor, resulta que los unos van por el oriente, los otros para el occidente y en lugar de concierto forman un despreciable desconcierto. El público desea que por el Sr. Pau, se repita esta pieza.

El Bufo

2.7 *Diario de la Habana.* No. 277 del miércoles 5 de junio de 1811

Teatro

Con sumo regocijo confiesa el infraescrito Bufo que su lengua no puede menearse por ahora sino para elogiar a los actores por el buen desempeño de las piezas que se han representado estos días en este coliseo.

Ya no hay pedradas, ni regaños, sátiras, ni críticas; elogios y más elogios deben prodigarse al mérito a pesar de los pesares. ¿Puede haber mayor prueba de esta verdad, que la ejecución de la famosa tragedia inglesa el

Otelo, que disfrutó este público el jueves 30 del pasado?[363] Gracias sean dadas a su director, el Sr. Andrés Prieto, que no solo por la propiedad con que decoró la escena, sino también por el desempeño del papel que tomó a su cargo. Puede afirmarse que el autor de la tragedia no retrataría en su imaginación a Otelo con más energía, que la que se vio en las tablas al Sr. Prieto que la representó.

¡Qué bien ejecutó todos los lances, y en particular aquel de la última escena en que embargados sus sentidos por el amargo pesar, que lo devoraba por haber dado muerte a su amante Edelmira, se prepara para el suicidio! Su semblante, sus miradas, la suspensión, y en fin, todos sus movimientos indicaban del modo más vivo su confusión y su despecho.

Si el director es acreedor a este elogio no lo es menos la Sra. María Sabatini, que figurando a Edelmira, se excedió a sí misma. El contraste del amor paternal con el de su amante Otelo es la piedra de toque de la tragedia, y se desempeñó por esta actriz del modo más natural que puede desearse. En la escena quinta del acto segundo se identificó con Edelmira suplicando a Loredano el alivio de su padre. ¡Con qué candor expresó los siguientes versos!

> «Si tenéis compasión de la obstinada e inflexible desdicha que persigue estos dos corazones que se aman; si la naturaleza tiene imperio en el vuestro, señor; si por desgracia el amor ese pecho ha enternecido, si permitís, en fin, que yo me valga de vuestro auxilio, dádsela a mi padre, libradle de la muerte que le amaga. El proteger su vida, el ampararla es conservar la mía.....»

De la misma suerte desempeñó él la escena cuarta del acto tercero, en donde su padre Odalberto, forzándola a firmar la fatal esquela del desprecio de Otelo y de entregar su mano a Loredano, manifestó a un mismo tiempo con la mayor propiedad su humildad, turbación, pesar, congoja, desmayo y todas las pasiones de un corazón contristado.

---

[363] Nota del autor. ¡Qué diferencia en el día de *Numancia destruida!*

En la escena cuarta del acto quinto que es cuando Otelo, lleno de rabiosos celos, le hace a Edelmira los cargos injustos del supuesto amor con Loredano, echó el resto esta actriz desarrollando toda su energía por sincerarse y manifestar su inocencia. Se copiarán para mejor inteligencia de este pasaje las palabras que vierte Otelo contra su rival.

«De Loredano a Pésaro mi amigo la diadema llegó... pero arrancada del cuerpo miserable de este joven, que tendido en el suelo se quedaba revolcado en su sangre torpe, impura. Por mil heridas vomitando el alma».

Entonces Edelmira, pesarosa de que Loredano sufriese la muerte siendo inocente, manifestó la actriz que la figuraba un sentimiento casi inimitable por la dificultad que envuelve en sí este lance; es decir no un sentimiento con pasión amorosa, pues era hacerse cómplice y confirmar las sospechas de Otelo, sino un sentimiento natural que causa el desastrado fin de un joven inocente, lo que Otelo no estaba en el caso de distinguir por su furor y desesperación; pero sí lo advirtieron los espectadores. Si la Sabatini continúa en las tablas con tanto estudio y entusiasmo, con dificultad se hallará quien la aventaje en la declamación, y muchos han notado que tan bien desempeña lo sensible como lo jocoso.

El Sr. Palomera que hizo el papel de Odalberto, padre de Edelmira, es digno también de que se le diga que trabajó con perfección y que llenó el gusto del público. El Sr. Alfaro, que figuró hasta el semblante al traidor Pésaro, y el Sr. Rosal, que tomó el papel de Loredano, son acreedores al mismo elogio y a que se les tribute las gracias. El Bufo se las da a todos con buena voluntad; y está persuadido que portándose los actores de esta suerte, no tendrá que mojar la pluma en el tintero para corregir, de lo que se alegrará infinito.

    El Bufo Siriaco

P.D.

Temiendo causar fastidio a los lectores no ha tenido por conveniente el Bufo formar el argumento de esta tragedia que ha merecido el elogio de los más célebres literatos; pero tal vez en otra oportunidad hablará alguna cosa de sus rasgos heroicos.

2.8 *Diario de la Habana* No. 284 del miércoles 12 de junio de 1811

Sr. Luisillo:

Hemos visto y extrañado en el diario no. 280 la petición de V. dirigida a los empresarios de este coliseo exigiendo en nombre del público que el Sr. Pau hiciese el papel del Sr. García cuando se repitiese la ópera *La Isabela*. Yo como amigo de V. he juzgado conveniente manifestarle mis reflexiones: 1º. V. ni otro deben apropiarse la autoridad de un público para satisfacer un antojo particular, pues no es creíble que lo que se llama público fuese a consultar con V. sus deseos para que orase por él; 2ª. Muchos instruidos en el arte de la música, otros que han frecuentado los principales teatros de Europa, y aun aquellos que sin estas dos circunstancias están dotados de un oído y un gusto capaces de distinguir lo más bellos en el canto, no han notado en el respectivo mérito de García y Pau una desigualdad que diese a V. motivo para desairar al primero, escuchando solamente su capricho; esto es propiamente una novelería, como con delicadeza y discreción lo indicó el Sr. Redactor en su oportuna notica [364] semejante a la que se observó la Noche de san Fernando en el coliseo que al momento de cantar en la marcha nacional la Sra. Gamborino, la interrumpieron algunos indiscretos pidiendo en su lugar a Pau, sin miramiento al desaire que se le hacía a esta actriz de tan buena aceptación en este teatro; 3ª. Siendo García primer galán de música, y por consiguiente director del canto, no se debe en ninguna pieza pedir la preferencia del uno, pues sería trastornar el orden de la cía. y en cierto modo abochornar y disgustar al otro, le haría perder la confianza, caer en desaliento y presentarse en las tablas con temor y recelo; y por consiguiente decaería de su fuerza original la pieza que se ejecute; 4º. El tener que ensayar nuevamente un autor para la repetición de cada una, sería entorpecer los ensayos de las funciones consecutivas; y últimamente para que V. conozca lo

---

[364] Nota del autor. Aunque graduamos de ingenua e inocente la petición del Sr. Luisillo, pues de otro modo no se hubiera insertado en este *Diario*; sin embargo sabemos que ha desagradado hasta el mismo Pau, por muchas de las razones que se expresan ahora por el Sr. F. X. T y los empresarios.

imprudente de su antojo, figúrese V. que la tragedia el *Otelo* se vuelve a repetir, y en tal caso, ¿sería muy digno de un público que V. tomando su voz pidiese que en lugar del Sr. Prieto representase el Otelo el Sr. Alfaro? ¿No sería este un impertinente juguete?

Mi amigo, García y Pau son cantarines sobresalientes. Si V. prefiere el uno por la casualidad de tener más teatro (como dicen); yo prefiero la ventaja que el otro lleva en la música. Si a V. le agrada más la natural expresión y acción de este, a mí me agrada mucho más la cadencia y melodía de aquel; ¡V. satisface la vista, yo deleito mi oído! Vea V. aquí los diferentes gustos, y siendo uno solo el que debe contemplarlos es preciso alguna indulgencia y que tengamos un poco de más moderación, mirando, tratando con benignidad una cía. cómica que por inesperados accidentes vemos con placer en este teatro, ventaja que no se disfruta en ningún punto de América. Aplaudamos a los dos para que sin celos ni disgustos se esfuercen en complacer a todos: hágalo V. Así y servirá de veras al público, a quien respeta su atento servidor.

F. X. T.

Sr. Luisillo

Hemos visto en el *Diario* No. 280 la súplica que por el conducto de Vmd. nos hace el público, de que debiendo repetirse en este teatro la ópera titulada *La Isabela*, ejecute el Sr. Pau la parte que en ella desempeña el Sr. García, y sentimos de buena fe no poder complacer a quien tanto nos favorece, respecto a que las conveniencias teatrales no permiten tales cambios, ni sabemos si el gobierno los permitiría: únicamente puede hacerlo el mismo señor García, que prestando su consentimiento para ello, y mandándolo como director de las óperas, y primer tenor de su compañía, interviniendo el beneplácito del gobierno y de la empresa, se le suplicase al Sr. Pau, que lo hiciese, pues tampoco es de su obligación.

Es cuanto podemos decir a Vmd. en contestación a su petición, sintiendo a la verdad no poder efectuarla por corresponder en parte a los beneficios que reciben de un público tan benigno.

Los empresarios del teatro

2.9. *Diario de la Habana.* No. 385 del viernes 20 de setiembre de 1811

Teatro

Hasta cuando se ha de sufrir, respetable público, que se nos trate mal en un pueblo por conquistar. Permitídme tomar a mano haciendo una pregunta al Sr. Prieto diciéndole lo siguiente: ¿Cuál es la causa que V. nos haya chasqueado anunciándonos con su punta de panegírico, que para la noche del 17 se representaría la comedia nueva titulada: *A una grande heroicidad, pagar con otra más grande,* y que a la hora aviada nos salieran con la repetición de *La casa de dos puertas mala es de guardar,* so pretexto de que V. estaba enfermo, cuando a todos nos consta que lo único que V. tiene es un leve constipado (accidente que todo el pueblo ha padecido, sin que por esto cada uno haya dejado de cumplir con sus obligaciones) y cuando es certísimo que se le ha visto estar jugando a la malilla toda la tarde del mismo día y aun tal vez la misma noche, como afirman varios, prueba convincente de que su mal no ha sido tan grave? Esto no tiene réplica, pues sabemos muy bien que uno de los actores que ha representado, estaba aun más acatarrado que V., quien pudo por el mismo motivo excusarse. De todo esto se deducen a las claras las verdaderas intenciones de V., a saber: "mientras rueda la bola, me río de la fortuna, a bien que los 500 pesos son seguros al fin del mes; y a los empresarios que se los lleve el diablo, que quiebren, para que pueda yo por medio de esta ruina calzarme la empresa y luego arreglar el coliseo a medida de mi deseo". Esto no se le esconde ni al de la clase más ínfima que concurre al teatro. A fe, a fe, señor Prieto, que se conoce que V. no ha estado en Londres donde si tal cosa hubiese hecho, habrían pedido compareciese en una silla de manos para satisfacción del público, y tal vez hubiera habido aquella que V. sabe se acostumbra hacer allí con frecuencia en iguales casos. Celebre V. la casualidad de que el Jefe que nos gobierna no asistió su noche al teatro, y no pudo imponerse de este asunto, pues a pesar de su notoria benignidad tal vez le habría mandado a algún paraje tan abrigado que sudase en él su constipado; y muéstrese agradecido a la tranquilidad de este pueblo de cuya paciencia tanta puede abusar, que al cabo venga a sucederle lo del buey manso... y el mal haya venga tarde.

Persuádase V. que la Habana no es un villorrio, sino una ciudad de las que están en el primer rango, que hay mucha gente ilustrada, muy pocos bobos y mucha generosidad y hospitalidad, y que si V. sigue en estos términos nos dará pruebas nada equívocas de su ingratitud a los muchos favores que le han dispensado. Confieso con ingenuidad que celebro mucho verle representar, pues conozco y confieso su mérito; pero no podré jamás perdonarle el poco esmero y consideración con que sirve al público, acompañada verdaderamente de un orgullo muy mal fundado, por lo que tenga V. presente el siguiente versito de Juan de Mina: El saber me da inflación/ la belleza esquividad/ el linaje altividad / y la riqueza ostentación.

Apréndalo V. de memoria y si V. reúne en sí esas cuatro calidades desde luego podrá tolerárselo.

Barbatexa

2.10 *Diario de la Habana.* No. 391 del jueves 26 de setiembre de 1811

Señor público.

Habiendo escogido y ensayado prolijamente la hermosa comedia intitulada: *A una grande heroicidad, pagar con otra más grande,* se anunció en la noche del domingo 15 del corriente su ejecución para el martes 17 del mismo. Preparado todo para complacer dignamente a tan respetable público, fui acometido el lunes 16 de una fiebre, que me postró desgraciadamente en cama, por lo que fue imposible presentarme en el coliseo la noche siguiente. Esta falta involuntaria dio ocasión a que el Sr. Barbatexa, sin imponerse de mi situación en los días miércoles y jueves, saliese en el *Diario* del viernes 20 con una sátira tan dura, como injusta e inconducente por los particulares que abraza. Mi enfermedad es notoria; una terciana doble me tiene inmóvil: los empresarios, los facultativos y multitud de personas de todas clases son garantes de esta verdad, y ¿mi opinión deberá padecer, cuando no he dado motivo para ello? Estas consideraciones me pusieron en el caso de acudir a la justificación del Excmo. Sr. Presidente, gobernador y Capitán general con el memorial, que copio a la letra, como asimismo los decretos de S. E. y certificación del Dr. D. Andrés Terriles. Sea cual fuese la intención del Sr. Barbatexa procediendo con tanta ligereza contra mí, el resultado es que se ha engañado a este ilustre público con una impostura evidente, designándome con mi propio nombre y apellido para hacer más odioso a un individuo, que con tanto esmero procura desempeñar su arte. Descansando en la justicia que me asiste, y en la imparcialidad e ilustración de este público, no debo apetecer otra cosa sino que el Todopoderoso me restituya la salud para poderle servir como merece y desea.

    Andrés Prieto

Excmo. Sr.- Andrés Prieto, primer actor del teatro de esta ciudad, a V. E. reverentemente expone: que ha sabido, no sin sorpresa, que en el *Diario* de este día se ha publicado un papel firmado por Barbatexa, en que se trata nada menos que de inclinar la opinión del público contra el que representa, suponiendo imaginaria la enfermedad de que adolece postrado en una cama.

El suplicante está bien tranquilo y descansado en la generosidad y bondades, que la parte sana el público le ha dispensado, y con la que le favorece, y se persuade que semejantes invectivas se mueven a impulsos de individuos de la misma compañía, asociados con los empresarios, que se valen de estos y otros bajos arbitrios ganando plumas mercenarias para prostituirlas.

Sin embargo que tales procedimientos no merecen sino el desprecio, como quiera que algunas personas incautas pueden ser seducidas a creer contra mi reputación lo que se intenta; por tanto suplica a V. E. se sirva enviar el número de facultativos, que a bien tenga, elegidos por V. E. mismo, para que pasen a reconocerme y que así estos como el Dr. Andrés Terriles, que me asiste, certifiquen la situación en que me hallo y si he estado o estoy en posibilidad de trabajar desde que me di por enfermo, y fecho que se entregue con esta representación para que se inserte en el *Diario* por ser justicia que imploro a V. E.

Habana y setiembre 20 de 1811

    Andrés Prieto

Dr. D. Andrés Terriles, profesor médico cirujano de la clase de primeros de la Real Armada.

Certifico, que el martes por la mañana 17 del corriente, fui llamado por el señor Andrés Prieto, primer actor de este teatro, para que fuese a su casa a visitarle como enfermo; y no habiendo podido verificarlo por hallarme indispuesto, lo hizo en mi nombre el Dr. Bernardo de Cózar, el que me informó tenía Prieto fiebre alta desde la noche anterior y que al parecer guardaba orden tercianaria; contrajo la fiebre este mismo orden en los tres días, que el Dr. Cózar asistió hasta mi restablecimiento; y hecho cargo ya de su curación digo, que lo que tiene el citado Prieto, es una terciana doble, de la que aun no está libre, ni exento de cuidado, por los síntomas que le acompañan. Y para que conste doy la presente en virtud de la orden del Excmo. Sr. Capitán general y gobernador de esta plaza en la ciudad de la Habana a 21 de setiembre de 1811.

    Dr. Andrés Terriles

Setiembre 21. Haga el exponente el uso que tenga por conveniente de la adjunta certificación de facultativo.

    Someruelos

2.11 *Diario de la Habana.* sábado 28 de setiembre de 1811

Sr. Barbatexa [365]

Cuando leí el papel inserto en el *Diario* del 20, confieso a V. que tuve un rato de placer. ¡Caramba y cómo aprieta V. el ergo al Sr. Prieto! Cuanto apostamos a que ya está bueno, porque el papelito de V. está excelente para sudar catarros. Ya sé que él se había incomodado con V. porque es muy delicado, gasta muy pocas palabras y no gusta de que le reprochen sus acciones; y de esto ha dado ya pruebas de su docilidad; pero él se defenderá, o cobrando sus 500 pesos, sin hablar palabra, o

---

[365] Cuando se recibió este papel para su publicación, no había salido a la luz todavía la vindicación del Sr. Andrés Prieto, inserta en el *Diario* del jueves 26 del corriente.—E.R]

probándole a V. que aquella tarde no jugó a la malilla. Esto último nos importa poco con tal que no haga falta a su obligación. En cuanto a lo otro, que es su enfermedad, tendrá razón porque me consta que cayó malo, pero no es esto bastante para disculparse de cuantas faltas ha incurrido. Protesto a V. que no pueda mirar sin sentimiento el resultado que ha tenido la hospitalidad que este generoso pueblo ha usado con él: ha dado abrigo seguramente a un ingrato, que no lleva otras miras a mi entender, que arruinar a los empresarios a costa de apurar el sufrimiento del público. Este señor poseído de la presunción del pavo, tiene a toda la compañía en partidos: con esto se ha granjeado forzosamente el odio de algunos compañeros, (siendo sensible que se toleren estas desavenencias): de aquí vemos que las piezas no se ejecutan con sus respectivos actores, porque unas veces no le acomoda a ese señor que luzca un actor, otras aquel de aquí resulta que el pueblo no concurre y necesariamente debe decaer la empresa; y no hay razón que defienda esto, ni ley que lo mande, ni superior que lo autorice; además de esto, el público que no tiene más culpa que consentir por una de sus bondades tales atrevimientos, es el que lo sufre, con su sufrimiento arruinar a los empresarios, decae por consiguiente este género de diversión propia de los países cultos, da pábulo a las máximas de ese señor, y esto no va bueno, Sr. Barbatexa. No se contente V. con pedir al público la mano para preguntar al Sr. Prieto, la causa de habernos chasqueados con la función dispuesta para la noche del 17. La causa que se nos anunció es positivamente cierta: el Sr. Prieto ha sido reconocido por facultativos y está curándose, por cuya razón no tiene efecto aquella parte del papelito de V. Haga V. otro y llénelo de preguntas útiles y necesarias a la conservación del teatro y a su policía, antes, entonces y después de la función, que yo por mi parte le responderé a las que pueda, y a las que la casualidad me ha dejado ver y oír, y para otras adquiriré los conocimientos posibles para manifestar los medios mejores de corregir ciertos abusos de que no se hace mención siendo esencial el remediarlos. Yo espero no ser el único en contestarle, pues hay muchos, muchísimos que gustan de asistir al teatro tanto como yo, pero no a ver impropiedades por la mala repartición de los papeles y la poca disposición teatral en las decoraciones: por el malo y malísimo hedor del alumbrado de las candilejas, que con razón se queja el público y los actores, principalmente las cantarinas; por los gritos inoportunos siempre del Sr. Granados y por lo que mortifica este también con su apestoso cuarto a los que consumen cerca de él, y últimamente porque estos y otros aspectos de que abunda el teatro, nada favorecen a la ilustración pública, ni al concepto que de ella formarán los extranjeros .¿Qué dirán los ingleses que asistieron por primera vez a la función del martes 17? No está la Habana en el pie de presentar tales funciones, aunque salga en ellas la Sra. Gamborino.

Concluyo, amigo, suplicando a V. que no me juzgue enderezador de tuertos, ni de los que enristran lanza y le encargo amistosamente que al tomar la pluma no asegure V. firmemente lo que no tenga bien sabido; por esto no será extraño que el Sr. Prieto se valga de la ocasión para decirnos que así como le niegan que ha estado malo, siendo verdad, probará que es mentira cuanto dicen de él, siendo verdad. Nada de esto toca a los tiernos sentimientos con que lo considera.

Su afectísimo A. M. C.

2.12 *Diario de la Habana*. martes 1 de octubre de 1811

Sr. Redactor

Muy señor mío: restituido a esta mi amada patria, después de una larga ausencia en los reinos de Castilla, me entregué a ver los papeles públicos atrasados, y hallé en ellos diferentes elogios y críticas a los actores de este teatro; aquellos de justicia, unos y otros de urbanidad; estas tan obscuras, que no puede atinarse, si destruyen o apoyan, si es censura o apologética, ni si es menestra o pepitoria.

Leí con gusto los elogios, porque a la verdad, en todo país culto tienen los forasteros un derecho de hospitalidad y buena acogida; mayormente cuando entre estos que nos han llegado últimamente, han venido unas habilidades tan sobresalientes, que aun en los teatros de Madrid y Cádiz les conocí con singular aplauso y estimación: tales eran las Sras. Galino y Gamborino, y los Srs. Prieto y Palomera; aquellas en el cantado, y estos en lo trágico y cómico, pudiendo asegurar que Prieto pasaba por segundo actor de la nación y en algunas comedias y tragedias le vi igualarse con el primero, sino excederle.

En vista de esto, quién habrá podido leer con indiferencia las críticas que se han publicado contra aquel que tanto nos ha admirado en la escena, ya de Pelayo, ya de Mileno en el *Villano del Danubio*, Otelo en su tragedia, *Duque de Pentiebre*, al drama *Opresor de su familia*, y ya... ¿pero dónde voy? Basta decir que su sola su presencia da valor al drama más insípido y menos interesante.

Ahora bien, ¿podrá sin indignación leerse el insulso calumnioso papel del Barbatexa, inserto en el *Diario* del 20 del pasado? Papel escrito solamente con el objeto de marchitar la reputación de dicho Prieto para satisfacer una pasión o intereses; abusar de la desgracia de un hombre postrado en una cama para atacar su probidad y dar lugar de elevar la reputación de otros. ¡Cómo se profana el estimable carácter del escritor! ¡Cómo se prostituyen las plumas para consagrarlas quizás al capricho orgulloso de una mujercilla! Srs. Críticos, respetad al delicado arte de la crítica y sacrificad doblones, que es el incienso que humea bien en las aras de Venus. Comienza el Sr. Barbatexa, «hasta cuándo se ha de sufrir, respetable público, que se nos trate cual un pueblo por conquistar». La parte respetable del público no se resiente de Prieto, se resiente sí de la mala o ignorante conducta de la empresa que toma partido, protege y autoriza las intrigas y maquinaciones de los mismos cómicos, estorbos que obstruyen a Prieto para darnos los agradables ratos que puede y sabe. Esta parte respetable conoce a Prieto y le hace justicia en creer, que su imposibilidad es real y verdadera, porque siendo un actor recomendable en sociedad, tiene roces con gentes del primer rango, que le visitan y saben muy bien la enfermedad de que adolece.

Lo que el público respetable sufre ya demasiado y en lo que se le trata como pueblo por conquistar, es [en] darle esas desgraciadas comedias propias para un concurso de rameras y truhanes, convirtiendo en lupanar un lugar consagrado a corregir las costumbres, presentando buenos modelos. Con esas malditas comedias de amoríos en que se derriten y hacen una miel la Sra. Sabatini y el Sr. Rosal [366] afectando y escuchándose de manera tan impropia del arte declamatoria, recostándose sobre el hemistiquio de los versos con un tonito, que más parece cantada que recitada, le ofende al respetable público de esta ciudad ilustrada, sí Srs. ilustrada: es decir, sostener, hacer creer que no gustamos de las comedias modernas de buenas costumbres sino de las indecentes, es un insulto que se nos hace. ¡Ah *Perro del hortelano, Vergonzoso en palacio* y otras de este jaez! En esta última sí que deben celebrar la falta de asistencia del Jefe las personas responsables de las piezas que se nos dan.

Sobre estos defectos del teatro debe emplear su crítica o loor el Sr. Barbatexa, después que se coma cien fanegas de sal en pan y todo este tiempo estudie más y babee menos. Y ahora con los poderes que tengo de los abonados por temporada a palcos y lunetas, que es una parte bien respetable, ilustrada y más contribuyente del público, dirijo estas palabritas.

Oigan Vmds. Sres. empresarios: de parte de mis poderdantes, y de la mía les digo: que nos han engañado como a niños, y tratado después como a necios, lo digo porque se han empeñado Vds, en hacernos tan ignorantes, que habiendo empezado la temporada con comedias modernas, de buenas costumbres, por complacer su mal gusto, y al Sr. Rosal que se lo satisface, nos están empalagando con unos comediones, queriéndonos hacer creer por fuerza que este es el gusto del público para fundar su ignorante elección; para estos que disculpan ss errores con el mal gusto del público dijo D. Tomás de Iriarte en su fábula 28:

Sepa quien para el público trabaja
Que tal vez a la plebe culpa en vano
Pues si en dándola paja, come paja,
Siempre que la dan grano come grano.

---

[366] Nota del autor. Jamás se habrán visto espectadores más ruborizados que los que presenciaron la conclusión del 2º. Acto de Cecilia y Dorsan, en que este dio en los brazos de aquella prueba bien visibles de su sensualidad.

Oí la noche del 19 en la casa de comedias, que ciertas personas respetables se quejaban a D. Manuel Azian, de la indecente y criminal comedia, que se acababa de representar, y el anuncio de otra casi de igual calibre para el 21, y este señor empresario, con retórica y estilo argumentado, le contestaba que el populacho gustaba de ella, y que este era quien sostenía la casa. Vaya otra pregunta: ¿fue el populacho o mis poderdantes quienes dieron a V. aún antes de empezar sus funciones un fondo de 30 pesos, con que tuvo para anticipar como 18, a la compañía y con los que ha pagado una gran parte de la temporada? ¿Cuántas noches que o por lluvia, o por seca no ocúpale patio sino la tropa de la guardia, se ven los palcos y lunetas con personas que con su paga de entrada han costeado la función? Es absurda, impolítica y grosera la disculpa de V. y su resultado lo experimentará en las temporadas subsecuentes, pues en ésta ya nos ha atrapado. Ojalá fuera cierto lo que malignamente dice el Sr. Barbatexa, de que el benemérito Prieto se calzara con la empresa, o tuviera parte en ella para poder disponer por sí; sería el modo de hallarse bien servido el público y limpia la cía. de cabecillas, que con sus intrigas tienen trastornado el orden. Quéjese enhorabuena el Sr. Barbatexa, y maldiga que dieron lugar a la desgraciada tragedia de José Alfaro, privándole de la vida, y al público de un buen actor, ayudándome a sentir la situación crítica de su mujer, que la reduce a no poder cantar más aquella cavatina: Por ser tierna esposa/y madre amorosa/ soy desventurada/ soy toda humildad.

Conque, señores críticos, seamos pues justos, apreciemos el mérito, no irritemos con imposturas a los buenos, procuremos contentarnos con el talento que nos ofrecen las partes medias para que se apliquen y mejoren, y conozcamos que tenemos una compañía que en no fomentando con partidos acalorados sus desavenencias, podemos conseguir unos ratos muy buenos, ya que la casualidad nos los ha traído.

Este es el voto de mis poderdantes y el de dejar a la opinión de los sensatos cuanto el Sr. Barbatexa y sus amigos quisieren escribir más, pues no han dado poder para contestarles, y así para ofrecerle mis consejos, y a V. toda mi estimación.

El Podatario de los abonados

2.13 Teatro H. Municipal [367]

Con objeto de que el público se imponga de la constitución que rige actualmente en el teatro de esta ciudad, se inserta el acuerdo celebrado entre sus empresarios y directores, con lo que se evitarán en lo sucesivo las equivocaciones, que han padecido los que han escrito últimamente sobre la materia.

Con objeto a determinar lo conveniente en orden al arreglo de contratas entre los principales actores y los empresarios de este teatro, cítense a mi estudio al Sr. Andrés Prieto, director, y a los Sres. Alfaro y Rosal, galanes, concurriendo igualmente los empresarios y el agente de la compañía, por cuyo conducto se intimará este decreto. —Licenciado Filomeno.——

En la ciudad de la Habana en treinta de julio de 1811 años: habiendo concurrido a el estudio del licenciado D. Francisco Filomeno, D. Manuel Azian, D. Juan José Sotillarena y los Sres. Andrés Prieto, Antonio Rosal y José Alfaro, con objeto a dar cumplimiento al decreto del excelentísimo Sr. presidente, gobernador y capitán general de 28 de junio último, después de haberse discutido largamente sobre las reformas que eran esenciales para mejor servicio del público, utilidad de lo asentistas, y que se evitasen otros inconvenientes, que tenían su origen en la mala formación de contratas, conciliándose en lo posible la subsistencia de éstas, con las alteraciones que han parecido oportunas, se acordó lo siguiente.

1. Que el Sr. Andrés Prieto en atención a no poder executar y dirigir las once funciones a que está obligado por su escritura, del modo que exigen los empresarios y conviene al público, quede reducida su obligación por ahora, a executar seis o siete representaciones al mes, según quepan en la distribución que ha de hacerse con las que de costumbre se sirve al público.

---

[367] Nota de la Ed. *Diario de La Habana*. Tomo III no. 418. martes 22 de octubre de 1811. Crónica incorporada a la selección de González.

3. Que ese número de representaciones las executará de primer galán y como tal las dirigirá, disponiendo en cuatro de ellas con la Sra. Gamborino en la parte de primera dama, y en las restantes con la Sra. Sabatini; advirtiéndose que en el mes que hubiere necesidad de que haga siete funciones la Sra. Sabatini, hará tres entonces. ——

3. Las demás funciones que pertenecían al Sr. Prieto executar, se harán por el Sr. Antonio Rosal, desempeñando la parte de primer galán, y por consiguiente las dirigirá, entendiéndose sin perjuicio de la obligación que tiene Rosal y el Sr. José Alfaro por sus escrituras de hacer una función cada mes. Contará el Sr. Antonio Rosal para los papeles de primera dama con las Sras. Sabatini y Gamborino hasta donde alcancen las funciones, que cada una tiene obligación de desempeñar después de las que van señaladas con el Sr. Andrés Prieto. ——

4. Teniéndose consideración con el nuevo trabajo que se pone al cuidado de Rosal, y el tiempo que necesita para su buen desempeño, el Sr. Andrés Prieto no le ocupará en sus funciones, mas si tuviere absoluta necesidad de su carácter para el mayor lucimiento de alguna pieza, no se excusará Rosal de tomar el papel que se le dé, bien que por motivo alguno pasara el Sr. Andrés Prieto de una función al mes en la que le ocupe.

5. Por las propias consideraciones que se han expresado, conceden los asentistas al Sr. Antonio Rosal un beneficio, además del que le está señalado en su contrata, el cual podrá executar: o en día de la casa, haciendo esta los gastos, y obligándose a repetir la función el beneficiado, siempre que se le mande, sin exigir interés alguno.

Supuesto el nuevo orden que ha de seguirse, y en el que se ha distribuido el trabajo, de manera que cómodamente pueden todos los actores, no sólo hacer uso de su caudal, sino también poner piezas nuevas, quedan constituidos el Sr. Andrés Prieto y el Sr. Antonio Rosal a no poner función alguna que haya sido executada en esta temporada, ni muy vista por este público en las anteriores, lo cual ofrecen cumplir rigurosamente, sujetándose desde ahora a la pena arbitraria que se les imponga en caso de contravención, y firmaron todos con el letrado de la comisión. — Licenciado Filomeno,—.Manuel Azian — Antonio Rosal. — Juan José de Sotillarena.

Nota. Que para la aclaración del artículo primero debe tenerse presente que las funciones mensuales se distribuirán entre Prieto y Rosal executando el primero una más que el segundo. Andrés Prieto — Habana y agosto seis de 1811.—

Habiéndome dado cuenta el letrado comisionado, del nuevo arreglo acordado entre los empresarios y principales actores de la compañía cómica de este teatro, mereciendo desde luego mi aprobación, comiénzese a executar de esta fecha en adelante: y para inteligencia déseles copia del convenio, firmado por el agente de la compañía, guardándose las diligencias en el archivo de la empresa— Someruelos.—

Por mandado de su S. E. como agente.

Diego del Castillo

Nota. Después de este acuerdo ajustaron los empresarios al Sr. Agustín Díaz, que es uno de los galanes actuales.

2. 14 *Diario de la Habana* No. 420 del jueves 24 de octubre de 1811

Aviso al público

La compañía de cómicos en unión del asentista del coliseo, han destinado un día de cada mes para dar una función en beneficio de la madre patria, teniendo principio tan loable pensamiento hoy sábado 12 con la nueva comedia titulada *La muerte de Napoleón*; baile por la señora Gamborino y el señor Palomera, y se dará fin con una marcha nacional: entrada cuatro reales.

Me llené de gozo con la noticia, y corrí al teatro para divertirme, siendo al mismo tiempo uno de los contribuyentes. Procuré indagar el acuerdo que estos habían hecho para la representación dicha, y supe por personas fidedignas, que la compañía se había ofrecido a desempeñarla gratuitamente en atención a sus crecidos sueldos y tener además ciertos días de la temporada, a beneficio de cada uno de los que la componen, manifestando por este medio la parte que tomaban en libertar a su patria: el asentista franqueaba del mismo modo la casa y demás necesarios: los músicos unos tocaban de balde, y otros solo llevaban un corto estipendio en razón de lo crecido de sus familias, y la iluminación ordinaria, era costeada totalmente por la masa colectada.

Acérqueme al lugar en que se paga la entrada, y hallé a un magistrado sentado en su silla presenciando el acto para estimular por su presencia la voluntad de los concurrentes, como lo hacen los beneficiados el día que les corresponde; y aunque algunos daban solo los cuatro reales prevenidos, otros duplicaban la cantidad y los señores condes, marqueses y caballeros pudientes se alargaban hasta los ocho y doce pesos, diciéndose unos a otros, ¿si nosotros damos a tal o tal cómico, a tal o tal actriz el día de su beneficio tres y cuatro onzas, no parece justo que cuando se trata de conservar en nuestra afligida España los intereses que nos ha proporcionado en esta fértil isla le demos siquiera esta friolera? Yo lleno de un placer inexplicable al ver la generosidad de mis paisanos, tomé mi asiento, y me divertí infinito con el drama que estuvo inmejorable y me retiré a casa. ¡Pero cual fue mi sentimiento cuando al despertar me encontré que todo había sido sueño!

Sin embargo, persuadido de que puede realizarse por el fin a que se dirige, suplico a V. tenga la bondad de insertarlo en su periódico que así lo espera su atento servidor.

El Habanero

2.15 *Diario de la Habana*. No. 448 del jueves 21 de noviembre de 1811

Sr. Diarista:

Muy Sr, mío: en la tertulia de una casa principal manifestaron todos el deseo que tenían de ver ejecutar al Sr. Prieto la comedia del *Delincuente honrado*. Uno de los concurrentes expuso que quizás se ofrecerían algunos reparos que impidiesen su representación; mas tomando la voz una persona respetable, un Sr. Magistrado nada menos, dijo: en este caso es de esperar que el gobierno deje expedito a Prieto para complacer al público. El mayordomo de la casa acababa de llegar del café del Comercio, donde fue a cambiar una onza, y oyendo la conversación dijo al oído a la Sra. de la casa, que en el café había oído varias veces lo mismo y que todo el pueblo lo deseaba. Yo me encargué de transcribirlo a V. por si gusta que llegue a noticia de los Srs.

empresarios y Prieto por medio de su *Diario*, y quedo siempre su seguro servidor y algo más, su verdadero amigo.

Q. B. S. M.

    Chumbito

2.16 *Diario de la Habana.* No. 462 del jueves 5 de diciembre de 1811

Sr. Diarista.

Muy Sr. mío: como digno órgano de la opinión pública me dirijo a V. para decirle que la Sra. Mariana Galino, primera dama de la compañía de óperas, es la mujer más singular que se ha presentado en este teatro: tuvo su mérito la Labalet y mucho más la Fleuris; pero queda obscurecido en el cotejo. En esta mujer hallamos buena voz, particular destreza y un conjunto de todas las gracias. No puede darse prueba más completa que la que ha presenciado el público en la ópera de La *travesura* y experimenta en *La Isabela*; sobre estas particularidades tiene la de vestir y presentarse en el teatro con una decencia que debiera imitarse. Cuando se asocia el mérito con la honestidad, y se acompaña de la aplicación, proceden de justicia los aplausos y se retira avergonzada la lisonja.

Por lo que hace a la Sra. Sabatini no puede negarse su buen desempeño en la parte cómica y que se esfuerza por agradar. Es digna por estas circunstancias del aprecio público y de toda alabanza, pero convendría dejarla quieta con los versos que tan bien desempeña. Veamos pues *La travesura* cual debe presentarse. La Sra. Gamborino haga el papel de Carlin. Es más músico este papel de lo que nos han querido decir los que afirman que solo la parte cómica obra en él.

La Sra. Gamborino auxiliará y sostendrá con otro artificio y destreza propia de la facultad, sin que esto ofenda a la que lo ejecutó, pues no es de su cuerda y solo ha hecho lo que ha podido. Este es el voto general, y esto se pide a los Srs. empresarios una, dos y más veces y se estará pidiendo hasta que se satisfaga un deseo y justo.

Ruego a V. inserte en su diario esta súplica que hace su atento servidor, Q. B. S. M.

Carlin

Señor Redactor:

Mi estimado amigo, sírvase V. si lo tiene a bien, insertar en su papel esta petición que me han hecho hacer varios amigos del teatro a los empresarios de él, con el fin de que se represente una de las mejores piezas, que ha escrito un ingenio de este suelo, cuya obra jamás se ha visto en esta ciudad, de la que no desearán de tener las mayores utilidades por ser de mucho gusto: dispense V. mis enfados, y ordene a su más seguro servidor que desea complacerle.

El tertuliano J. R. H. T.

Srs. empresarios:

Varios amigos y abonados del teatro me han empeñado extraordinariamente a fin de que por el órgano de [mi] pluma, no omita medio alguno para expresaros el grande deseo que tienen de ver representada, una de las mejores obras que ha sacado a luz una musa de este suelo habano, en tres actos titulada: *Entre el ruido de las armas gritan las leyes o degollación de Luis XVI*, cuya heroica pieza jamás se ha visto representada aquí, ni en parte alguna, por no haberse hecho su autor cómico; y es de aquellas que no dejará de tener la mayor aceptación, tanto por su composición y verso, cuanto por que está sacada del Gabinete de St. Cloud, y demás historias del asunto, que se tuvieron presentes al tiempo de componerla, la misma que presenta la más patética tragedia, y el enlace de pasajes con que la ha adornado su autor no puede menos que hacerla merecedora de todo elogio, por cuyo motivo suplican dichos interesados que si es concedida su petición, y no la tuviese el teatro, se ofrecen a darla para su ejecución, quedando al cargo del Sr. Prieto su ensayo y dirección, y el desempeño del papel principal, junto con la Sra. Sabatini, como el de más repartimiento de papeles; de todo lo cual esperan contestación por medio de este periódico, seguros del mayor reconocimiento con [que] les vivirán agradecidos.

Los tertulianos

2.17 *Diario de la Habana* No. 501 del viernes 3 de enero de 1812

Señor redactor.

Muy señor mío: soy uno de los que tuvieron la satisfacción de asistir el 22 del pasado a la segunda repetición de la sublime tragedia, que el 9 del mismo se ejecutó a beneficio del Sr. Andrés Prieto, de este héroe de la representación, de ese prodigio de la naturaleza, que no acertará a elogiar debidamente la pluma del más ejercitado panegirista. Yo, Sr. redactor, había visto lleno de admiración el encanto, que en la noche del 9 produjo en todo espectador sensible la pasmosa, interesante y nunca bien ponderada ejecución que del Orestes hizo ese actor, singular en sus miradas, su ademán, sus actitudes, su majestuosa marcha, su bella persona, su elocuentísima gesticulación y digno del común aprecio, más que por todo, por la decencia y decoro con que aun en sus acciones más cariñosas trata a este ilustrado público. Yo había sido las generales aclamaciones de celebración y aplauso, que se granjeó dignamente ese cómico verdadero, en quien todo es admirable, todo portentoso. Pero yo también le vi el 22 sorprender de nuevo, conmover y hacer sentir las terribles pasiones de que figuraba hallarse poseído, hasta a las personas menos propensas a la sensibilidad. Vi que como el silencio que reinaba en el público le permitió empezar en un tono más bajo, llegó a tal punto la perfección con que desempeñó la última difícil escena, que arrebató elogios aun de aquellos a quienes o una crasa ignorancia o un punible espíritu de partido había convertido en detestables *zoilos*, [368] que parecía no se alimentaban de otra cosa, que de detraer continuamente su conocida inteligencia.

Reciba el Sr. Prieto las gracias que todas las clases le tributan: cuente con el justo aprecio de todos los inteligentes, quienes en especial le distinguen; gloríese de haber reunido todos los votos, mientras yo, señor diarista, paso a decir a V. que con motivos de hablar familiarmente sobre las ejecuciones que del *Orestes* se han hecho en nuestro teatro, y oírme cierto amigo la opinión que de ellas formaba, me presentó el número 44 del Hablador del martes 10 del pasado,

---

[368] Nota de la Ed. Según el Diccionario de la Real Academia "Crítico presumido y maligno censurador o murmurador de las obras ajenas".

contentivo de un papel que acabo de leer, y en el cual al paso que manifiesta su autor talento, perspicacia y luminosos conocimientos, descubre, a mi ver, un tanto cuanto de pasión y parcialidad, que disuena entre las bellezas con que agrada, y que el amor que siempre he profesado a la justicia no me permite disimular.

Con mucha razón ensalza el Atisbador, el señor Prieto y a la señora Galino, pues ambos actores son superiores a todo encomio. Con mucha razón recomienda los adelantos de la señora Sabatini y su notoria capacidad y aplicación; pero confesemos francamente que está excedida en rigidez y severidad la crítica que hizo de la señora Gamborino. Esta hábil actriz no es acreedora a tanto rigor. Ella es muy recomendable en el desempeño del segundo papel de cantado, como suficientemente lo ha acreditado en la *Isabela, La feliz casualidad, La escuela de los celosos, Quien quiere no puede*, etc. y si bien su natural festivo no se adapta muy bien con los caracteres tristes y patéticos, sin embargo en el de Clitemnestra ha sobresalido lo bastante para atraerse los elogios de los inteligentes, y si (como nadie lo duda) el mérito de la representación debe calcularse por la sensación, que el actor excita en el espectador sensible, es incuestionable el que adquirió la señora Gamborino en las noches del 9, 17 y 22, en que experimentaron los concurrentes repetidas veces una viva e irresistible conmoción, causada por la propiedad con que desempeñó su papel, principalmente en los lances terribles y fuertes. Desengañémonos: la Gamborino tiene más mérito del que con injusticia y dureza le supone el Atisbador.

Ni se piense que es esta la única prueba que me asiste de su parcialidad. La pasión de su tirante censura se convence igualmente de que tratando de nombrar los individuos más sobresalientes de la compañía, que sirve nuestro teatro, no hace mención del señor Rosal, ni para decir siquiera que es regular en su clase. Esta es una injusticia notoria; pues aunque concedamos que al lado del señor Prieto se obscurece su lucimiento, porque es incapaz de competir con este último también debemos confesar que el señor Rosal tiene momentos muy apreciables, y que su falta dejaría un vacío de difícil reemplazo. Él ha dado y hecho algunas representaciones con la mayor propiedad; y él es, después del señor Prieto, el primero y el mejor de la compañía de cómicos de esta ciudad.

También se ha notado por los imparciales que el Atisbador quiere sepultar en el olvido al Sr. García, al digno y benemérito director de la ópera. Yo conozco y celebro las gracias, la destreza, la habilidad y la inteligencia del Sr. Pau; no pretendo obscurecer sus buenas cualidades, y soy el primero que promuevo sus aplausos; pero diré a la faz de todo el mundo, que para negar que García posee la música en muy superior grado, y que trabaja en ella como maestro, es necesario arrostrar contra el dictamen de todos los inteligentes; es preciso ser muy escaso de conocimientos en la materia. Hagamos justicia, seamos más imparciales; demos a cada uno su merecido; no amedrentemos con el excesivo rigor, ni con injustas generales desaprobaciones. Consideremos que las preteriiones ofenden, perturban, entibian a los que tiene que agradar a muchos.

Sin embargo de todo, me complazco del celo que muestra el Atisbador por la perfección de nuestro teatro, y porque desterrándose de él los abusos que nota, llegue a la sublimidad que todos apetecemos. Prosiga en hora buena su diestra pluma en el laudable objeto, que se ha propuesto; mientras yo, recordando de nuevo la función del Sr. Prieto y las repeticiones, que de la misma tragedia se han hecho, le suplico a él y a los señores empresarios no consientan que vuelvan en vez de divertir, a incomodar los torpes y pocos diestros bailarines, que solo han servido en las noches referidas de disgustar en extremo a un público, que acababa de ser espectador del *Orestes*...!!! y del Orestes ejecutado por el singular e inimitable Prieto...!!!

Si V. señor Redactor, no tuviere inconveniente, sírvase V. insertar en su *Diario* este papel, seguro del afecto que le profeso.

B:S:M.

2. 18 *Diario de la Habana.* No. 505 del martes 7 de enero de 1812

Señor redactor

Muy señor mío: Aunque no tengo el honor de conocer a V., más que por sus papeles diarios, y aunque no me presumo con suficiencia bastante, para desempeñar las ideas que me ocurren y contestar al Sr.

Granadero, J. R. E. por no conocer otra lógica que la natural; sin embargo me lisonjeo con la esperanza de que V. se tomará el trabajo de corregirlas y después tendrá la bondad de hacerlo poner en letra de molde, seguro de mi reconocimiento.

Cuando leí el discurso justo del citado Granadero no pude menos que exclamar: ¡Gracias a Dios que he visto acerca del interés del pobre soldado hablar con justicia y que hay quien se duela de sus trabajos! Pero lo que me subió de punto y no puedo pasar en silencio es, que para reclamarla haya quebrantado el octavo mandamiento. Yo supongo que a este señor constará que los empresarios del coliseo, para abrir la casa y dar al público esta inocente diversión, les fue necesario por falta de reales ocurrir a ciertos amigos que tenían fondos, para que los fiaran, y supliesen nada menos que 18 y más pesos, que se habían de adelantar a los cómicos por una tercera parte de sus sueldos que exigen indefectiblemente; pues de otra suerte no podía formarse la compañía de que gozamos, y que entre estos y aquellos se celebró un contrato particular con aprobación del gobierno, que existe en el archivo de aquel oficio: que también constará, que uno de sus artículos es relativo a que las entradas las recojan los empresarios; que los fiadores a esta fecha llevan perdidos como trece o catorce mil pesos, y que hay quincena en que las producciones no componen la mitad de lo que se exhibe a la compañía. Y si le consta ¿no ha faltado al octavo mandamiento?

¿No ha soplado una cizaña entre unos y otros, que puede traer muy malas consecuencias? ¿Qué pensarán los expresados fiadores de sus fiados, viendo en papeles públicos, que guardan muchos pesotes y hacen sus *buchaca*, cuando a ellos no llegan más que pedimentos para completar los sueldos de la compañía? [369] Dirán seguramente que los están estafando y con razón, en vista de su acento de V.; lo que pudo V. evitar con haber reclamado sus derechos y los de sus compañeros, sin introducirse en un negocio tan espinoso como que ha tocado.

---

[369] Nota de la Ed. Según el Diccionario de la Real Academia "bolsa de la tronera de la mesa de billar".

Sepa V., Sr. Granadero, si acaso lo ignora, que en la casa de comedias se invierten mensualmente en pagar sueldos, más de seis mil pesos, que en avíos y costos para ejecutar las comedias; aun cuando son de escena fija, siempre hay que hacer algunos desembolsos que a pesar de los inmensos sueldos que se han prodigado a los principales actores que componen la compañía, y de unos beneficios en que este público les ha manifestado su generosidad. Ellos sordos sí a la voz del agradecimiento cuando se trata de repetir sus funciones que siempre son escogidas y trabajadas con empeño, los pobres empresarios se ven en la necesidad para agradarlo de dejarse poner la ley en recompensa de la hospitalidad y el beneficio, que acaban de tener; pues le cobran dos o tres onzas por el alquiler de la pieza y hasta siete se dejó pedir una actriz, por la ópera: *La escuela delos celosos*, por cuyo motivo no la había visto segunda vez el público, y he aquí los pesotes y buchaca que están haciendo los empresarios.

A esto se agrega que si V. como es regular le ha tocado alguna ocasión estar de centinela en la puerta de entrada, habrá observado una multitud de personas, que entran sin la papeleta y sin dar dinero; habrá V. visto también muchos pisaverdes de la parte de fuera, bajo el portal, comerciando con los muchachos las contraseñas, por un real o un real y medio; y así no debe V. formar un juicio positivo de las entradas por el conjunto de individuo, que hay dentro de la casa, sin hacer un cálculo sobre lo mismo que le gradúan por una tercera parte de menos, el producto de la entrada; con esto no hubiera asegurado con tanta firmeza que los empresarios guardan muy buenos pesotes con ayuda de los granaderos, que es enteramente falso, pues yo he visto muchos que han prestado por las ventanas sus casacas a particulares para que pudieran entrar sin ser requeridos, y ya ve V. que esto es ayudarlos a que más breve den con las costillas en el suelo.

Por último repito que su reclamo de V. es muy justo: que debe contribuírseles como en tiempos pasados sus respectivos contingentes, supuesto que con su presencia se conserva el buen orden que es necesario en las diversiones públicas; pero espero que V. compadecido de la suerte de los referidos empresarios, aconseje a sus compañeros dejen el "cambio de las casacas"; que impidan el comercio que hacen los muchachos con las contraseñas por ser en perjuicio de la casa y a los cómicos que no tiranicen a aquellas personas de quien han recibido tan buena hospitalidad; pues es muy mala política que cuando los ocupen para repetir las lucidas funciones de los agraciados, las hayan de exigir alquileres por las piezas y onzas para servirlos; que este teatro desde su fundación no se han oído semejantes pretensiones, pues los beneficiados siempre han dejado los enseres de sus representaciones de balde, o cuando más han exigido la mitad de los costos; que se desengañen que si los actuales contratistas sueltan el timón de las manos ni con una linterna mágica encontrarán otros que lo manejen; que en lo que resta de temporada se empeñen en suspender la empresa, para que no se caiga, escogiendo buenas funciones que atraigan la concurrencia del público, y que su buena o mala suerte pende necesariamente del éxito de la casa. Luego que V. haya dado todos estos pasos, ocurra a su apasionado y lo convidará con un champurradito[370], ensayaremos el jaleíto para que lo cantemos juntos, y entretanto queda de V. afectísimo

Q.S.M.B. J. D. P.

Parece que el Sr. Rosal ha hecho propósito firme de elegir las comedias de antaño, que pecan contra el arte, contra y especialmente el buen gusto. El teatro, destinado para corregir las costumbres, es profanado muchas veces con piezas ridículas y despreciables. Dígalo la comedia representada anoche intitulada *Armida y Reynaldo*, en donde el autor se entretiene con atunes o ballenas, naves sumergidas y salvas a un mismo tiempo, carreras de furias con hachas encendidas, monos y otras visiones indignas, ya de ponerse a la expectación de un público donde reina la mayor ilustración ¿En qué pensará este actor? ¿En qué concepto tendrá a la Habana? En otro papel que saldrá a luz a la mayor brevedad, haremos un análisis de las funciones que ha dirigido, para hacer ver su mal gusto y el odio que tal vez había formado contra las

---

[370] Según el Diccionario de la Real Academia, bebida hecha con agua, azúcar y varias especies mezcladas.

comedias sentimentales que nos han dado el señor Andrés Prieto, que instruyen y deleitan.

Antonio Babas

2.19 *Diario de la Habana* No. 506 del miércoles 8 de enero de 1812

Sr. Diarista

¿Quién sino V. puede hacer que yo quede airoso en una contestación, que tengo precisión de dar a una tertulia que asisto de gentes honradas? Ningún otro puede hacerlo, repito, que V. por medio de su periódico, y como lo considero tan amante de dar gusto y de favorecer a quien se vale de V., no dudo publicará en la primera ocasión que haya cabida la siguiente pregunta que se dirige a los señores asentistas del coliseo de esta ciudad.

¿Qué motivos hay para que algunos primeros actores del teatro hayan obtenido y otros tengan de obtener la gracia de dos beneficios, y la señora Sabatini y el señor Palomera, que han cumplido con sus deberes, y aun creo que se han excedido en mucho de ellos, no tengan más que uno?

A ambos se les ha visto en comedias, tragedias, sainetes y tonadillas y en honor de la verdad el referido Palomera, no se me ha quitado delante en cuantas funciones he visto, y he faltado a muy pocas, sean o no repetidas.

Si es acaso porque no lo merecen por haberse hecho tan generales en sus tareas; y los agraciados con dos beneficios son acreedores a ellos por dejarse ver de cuando en cuando; si por ventura son artículos de sus contratas en todos o por convenios particulares posteriormente celebrados, o a petición de los mismos y convenio de Vdes., señores asentistas, he de merecer de su mucha urbanidad me lo digan, pues una no pequeña parte de sujetos, de que se compone la asistencia continua al teatro, desea saberlo y yo por todos los que la componen, se lo suplico como igualmente que disimulen la molestia que les causará.

Dorilo Caseres

2.20 *Diario de la Habana* No. 507 del jueves 9 de enero de 1812

Señor redactor.

Aunque no me he desentendido de tantas y repetidas veces con que se me ha señalado en los papeles públicos (principalmente en el *Diario*) con epítetos y frases, que sólo pueden conducir a oscurecer el buen deseo, que constantemente he manifestado de servir a este digno público; no puedo menos en la ocasión presente de contestar muy sucintamente al ojo alerta, que se ha insertado en el *Diario* n. 505. En él no solo se procura corregir la elección de piezas, sino que se trata al mismo tiempo de atraerme el menosprecio general, indicando que tal vez habré formado un concepto ridículo de la ilustración del pueblo de la Habana. Igualmente se ofrece dar a luz con la mayor brevedad un análisis de las funciones, que he dirigido, y como no se me puede ocultar que esto conduce más bien a exasperarme que a solicitar la corrección de mis defectos, sea cual fuese el motivo que anime al señor crítico Babas, debo decirle y hacer presente a este respetable público, que mi intención y deseo ha sido complacerle; que esto es tan visible como innegable, pues además del aprecio que en todas ocasiones ha hecho de mi escaso mérito, estaba y estoy en la precisión de sostener mi crédito, como que de él depende mi subsistencia; que para conseguirlo he procurado hacer uso de las piezas, que aun en el día, con el mayor crédito se representan en todos los teatros de la península, principalmente en los de la Corte; que otras que hubiera podido ejecutar de la clase que se solicita no se han combinado por falta de algún actor de carácter, tal como el Sr. Prieto, y finalmente que mi crítica está declarada parcial, pues solo trata de las funciones que yo he dado, dejando al olvido muchas de las de este propio año, cuyas máximas y escandalosa moral contraria a nuestra religión cristiana, no sólo debían ser reprobadas por los hombres más libres, sino que se debían arrojar al fuego y esparcir sus cenizas al viento para olvidar la memoria de que existieron algún día; tales son *El conde de Alma Viva, El amor y la intriga*, y otras que omito referir, por no dilatarme en un particular, en que sólo me he propuesto hacer ver que si he delinquido, ha sido involuntariamente y que de ello estoy tan arrepentido, que protesto no ponerme en lo sucesivo en ocasión de molestar con mi mal gusto en la elección. Tranquilícense los que juzguen pudiera resolverme a hacer cargo de una pensión superior a mis alcances, pues si la admití fue en los términos y por las razones que autorizadas se dieron al público en este Diario, y crean que en el lugar más ínfimo de la compañía cómica desea servirles.

Antonio Rosal

2.21 *Diario de la Habana*. Núm. 535 del miércoles 5 de febrero de 1812

Música teatral

La música es condición y requisito indispensable del teatro para su alma y mayor lucimiento. Pero aunque la escena admite las cuatro especies de dramas trágico, cómico, lírico y bucólico, ni en todos consiente igual cantidad de música, ni igual género de sinfonía. La armonía escénica puede considerarse en general con respecto a todo drama, o en particular con referencia a este o aquel. La general consiste en la orquesta y sus oberturas, y la particular o especial mira a los recitados, arias, dúos, tríos, etc., peculiar solo de la ópera, rara vez de la comedia y nunca de la tragedia, porque ni lo admite el coturno, ni el zueco.

El recitado es un discurso cantado con un tono musical y armonioso; o bien una manera de canto, que es la que más se asemeja a la palabra de voz, y una especie de declamación musical, en quien el sinfonista debe imitar cuanto le es posible las inflexiones de la voz del declamador. Llámase recitado, porque este canto se aplica a la narración y *sermocinación* escénica, sirviéndose de él en el diálogo dramático. La perfección suya pende mucho del carácter e índole del idioma; porque cuanto esto sea más acentuado, expresivo, dulce y melodioso, tanto más lo será en estas partes el recitado, y quedara más natural, más parecido al verdadero discurso; por lo cual se echará de ver que el recitado en nuestra lengua castellana es más enérgico que el de la lengua francesa; y el de la italiana más que el de la española. En la ópera no debe haber solo una serie de tonos o cantos, porque la continuación de ellos juntos fastidiaría tanto, como la de una sola de la misma extensión y así es necesario cortar y separar tonos por las palabras; pero que a esto tras las modifique la música, que es propiamente el recitado.

Como el tránsito del discurso al canto, y de éste al discurso va fuera de propósito, nace el que ofenda a un mismo tiempo al oído y a la verosimilitud, pues dos interlocutores deben hablar, o cantar; y no es probable ni verosímil que hagan alternativamente lo uno y lo otro. Por eso el recitado mediando entre estos dos extremos, viene a ser como el claroscuro o la media tinta musical, que une el canto con la palabra; el que separa y distingue los tonos, y el que tranquiliza al oído admirado del que le precede, y dispuesto a gozar el que se le sigue. El acento, ya gramatical, o ya oratorio, es la única medida que debe gobernar al recitado en la lentitud o celeridad de sus sonidos, como también en su elevación o abatimiento; cuidando principalmente el compositor como ha de terminar la cantidad de las sílabas, cadenciar y escandir los versos, que por lo común son endecasílabos y hemistiquios, acomodado todo al bajo continuo, que es el que acompaña, en el cual nunca usan los italianos más que la medida de cuatro tiempos, y el señor Iriarte dice que la voz no debe pasar del preciso intervalo de una octava, pero por cuanto el espectador sólo debe escuchar y atender al recitado y no al bajo, se exige que éste subsista sobre una misma nota cuanto más pueda.

El aria en común es un período musical, o un canto regularmente corto, alegre y vivo, que consta de dos partes, en las que suele expresarse alguna pasión de pesar o placer, acompañando siempre la sinfonía de la orquesta. En particular puede distinguirse el aria que en lo que se llama rondó y cavatina. El primero consta de dos o más repeticiones, volviendo a cantar la parte primera, luego que se ha concluido la segunda, y cantando esta otra vez, después de la repetición de la primera; o repitiendo solo la primera parte sin repetir la segunda. El rondó suele constar de ocho versos de siete sílabas, cuyos cuatro primeros hacen la primera parte; y la segunda la llenan los otros cuatro. El segundo y tercer verso de cada parte son consonantes entre sí; y el último en la primera, lo es con el cuarto y último de la segunda. De esta especie es el exquisito rondó: *Mísero Pargoletto*, etc. que está en el *Demofonte* de Metastasio.

La cavatina es una arieta corta de solo una parte que no tiene repetición, y que se usa regularmente en los recitados obligados. Consta de cuatro versos heptasílabos, cuyo primero es libre, pero agudo; VG la de *Conservati fedele*, de Arbace a Mandanee, en el citado poeta. Etc.

El dúo y el trío, no son más que otras arias puestas en diálogo, y cantadas por dos o tres actores, a quienes anima una misma pasión o pasiones opuestas. Tal es el Megacles y Aristea en los juegos olímpicos que empieza: *Mia vita... Addio*; y el de Timante y Dircea en el Demofonte, que empieza: *La destra ti chiedo*, etc.

En estos apuntes, Sr. diarista, no he llevado la mira de escribir para los inteligentes, sino para los que ignoran esta parte de la música teatral, y concurriendo frecuentemente a las óperas confunden el rondó con la cavatina, y esta con la aria en las conversaciones en que se trata en la función de la noche anterior.

De ellos hará V. el uso, que tuviese a bien, y del afecto que le profesa, su inclinado que B.S.M.

P: P... B.B: V:V:

2.22 *Diario de la Habana*. No. 578 del domingo 8 de marzo de 1812

Sr. redactor

Noticioso de que los empresarios van vociferando que se han perdido en la temporada pasada y de lo que pugnan porque el público lo crea, aunque reviente, para por este medio ponerse a cubierto de la cuantiosa rebaja que tratan hacer en los sueldos de los actores; espero se sirva V. insertar en su periódico este papelito, que aunque no es elegante, dice la verdad; de lo que quedará reconocido su atento servidor.

El Cómico en Cuaresma.

Manifiesto al público en que se le demuestra claramente los motivos porque los empresarios han dejado de ganar en su empresa, y en que se hacen ver que no han perdido en la temporada pasada.

Causas de no haber ganado.

Ira. ¿Qué culpa tiene el todo de la compañía para que a esta se le achaquen los atrasos que sufrió la empresa por las guerras domésticas, que se encendieron en casa de Alfaro, tan sangrientas que causaron la muerte de este y una larga enfermedad de su mujer, por lo que careció el público de un buen número de óperas y de algunas representaciones buenas por faltársete actor que le complacía?

2ª. ¿Qué arte ni parte tiene la compañía en que los empresarios sean tan afectos a los juegos escénicos, que ocupen diariamente cuatro palcos, vendan o repartan gratuitamente cincuenta o sesenta entradas, originando de este modo que Pedro deje de ver la función por no encontrar buen asiento, y que Juan, deseoso de verla, se halle precisado de dar una onza por un palco, que si los cuatro que ocupan los empresarios (por ser tan aficionados) se diesen al público, no le contaría más que dos pesos y medio?

3ª. ¿En qué ha delinquido la compañía porque los empresarios hayan fomentado la mala emulación y discordia de los actores, haciéndose este empresario del partido de Juan, aquel de Pedro, éste favoreciendo a Fulana, y el otro perjudicando a Zutana?

4ª. ¿Qué culpa tiene la compañía de que los actores en particular se incomoden y trabajen a disgusto porque los empresarios no les quieren cumplir sus contratas, tratando de alterarlas a cada instante según sus caprichos, haciéndolos juego de niños, y que el cumplimiento del menor artículo de ellas les cueste un pleito? Mucho más se pudiera decir sobre este artículo, pero como por lo dicho se deduce; lo omito por no molestar: pasemos al otro.

Causas por que los empresarios no pierden.

1ª. ¿Por qué llamaremos pérdida el enriquecimiento que han hecho, aumentando tan considerablemente su archivo, de buenas tragedias, comedias, piezas y sainetes?

2ª. ¿Contaremos por perdidos los enseres con que se ha provisto la Casa de teatro, las decoraciones que nuevamente se han hecho y la clavazón, madera y cuerdas de que está bien provista y de que tenía necesidad?

3ª. ¿Qué otro que un empresario que quiere alucinar al público, malquistando con éste la compañía que le ha de dar de comer y que su conociese su interés jamás la disgustaría? ¿Contará por pérdidas lo que ha invertido en su guarda-ropa para proveerlo de los trajes precisos para las representaciones teatrales, desembolso que debe hacer todo empresario antes de comprometerse con el público para llamarse tal? Me parece que con solos los motivos, que por su naturaleza se hacen patentes a todo el público, dejo probado el por qué han dejado de ganar los empresarios, no dejando duda de que no han perdido por las considerables mejoras que han hecho en su finca cuyo capital tienen en pie y si trataran de investigar y descubrir las causas (aunque creen que están ocultas) no faltaría quien las diese a luz; verá el público más palpablemente no sólo que los empresarios no pierden, sino que han ganado.

El Dicho

2.23 *Diario de la Habana* No. 582. del jueves 12 de marzo de 1812

Peluca

Al señor Cómico en Cuaresma

Estoy muy lejos de criticar su papelito no elegante, inserto en el *Diario* No. 578, como lo estoy de mi patria. V. No sabrá cuál es, pues no pretendo decírsela, porque no le importa. Estoy muy cerca de gloriarme que hayamos V. y yo estudiado en una misma aula, y que igualmente hayamos cursado en una misma universidad; pues estoy mirando, y aun oyendo decir que ambos seguimos un mismo estilo, una propia sintaxis e igual prosodia; pero esto habrán de sufrirlo nuestros lectores, mal que les pese, respecto a que quien puede nos dio una misma elocuencia.

Lo que no puedo perdonar a V., señor Cómico en Cuaresma, es que haya perdido la memoria, instrumento inseparable de su profesión, al clasificar por menor las causas de no haber ganado en la anterior temporada los Sres. asentistas del coliseo, y los motivos porque no han perdido. O V. las ignora, o es muy indulgente cuando las pasa tan en silencio. Si es lo primero, debió informarse o no hablar, y si lo segundo, debió tener completa caridad, y no hacer lo que los relojes de sol que apuntan y no dan, los cuales se inventaron para los sordos; al contrario de los de campana que se hicieron para los que no ven.

Tome V. el asunto desde su principio, quiero decir, desde la formación de la compañía; por lo descabellada, desatinada y desarreglada que se hizo, verá V. el motivo claro de la pérdida. ¿Y quién hizo o dispuso esta formación? Pregúnteseles a los señores asentistas, que lo dirán mejor que nosotros; aunque seguramente no lo ignoramos. Siga V. después diciendo que ¿a qué vino ajustar una compañía tan grandiosa de óperas, sin que los asentistas tuviesen un repuesto de ellas en su archivo?¿No es esto lo mismo que juntar un grande ejército sin tener armas ni recursos para fabricarlas? Continúe V. también ponderando el descuido, o cuidado que no han tenido con las puertas; pues se han encontrado por repetidas veces falsificadas las papeletas de entrada. Prosiga V. asegurando que ciertas contemplaciones, que se han dispensado a las actrices y actores, han dado pábulo a mayores faltas. Demuestre V. que cierto agiotaje, que se hacía con la reventa de algún palco o luneta abonada, coadyuvaba a la pérdida.

Acuérdese V. de publicar que el papel sellado que han gastado los asentistas y los gastos jurídicos de tanto pleito como han emprendido por cualquier friolera, no es la más pequeña partida. Que algunas contratas que se hicieron posteriores a la formación primaria (no diré si con necesidad o sin ella), han tirado su pelliza regular: que la división que intentaron y realizaron los Sres. asentistas de la dirección, aunque parece que no dañaba a la empresa, no le ha salido como pensó; ya sea por falta de emulación entre ambos directores, o ya porque se consideraba el uno más agraviado que el otro de los contratistas, o por otras causas que yo ignoro y no me es posible explicarlas: el poco orden en la distribución del trabajo, repitiéndonos cada instante por tropiezos evitables e inevitables las piezas más débiles: la poca o ninguna contemporización, cuyo trato merece un estudio profundo de política; y en suma, el desorden, la ninguna policía en el alumbrado tan costoso, y el total abandono que se observaba desde las columnas, que sostienen el salón del desahogo hasta la pared que forma el foro del coliseo. Unidos todos estos alicientes a sus cuatro primeras causas (sin contar con los muertos) han sido el motivo fundamental de la pérdida tan crecida. El ilustrado pueblo habanero con el abono continuo y su asistencia diaria, ha ayudado lo suficiente para soportar los gastos diarios y los sueldos (en algunos crecidos como en otros escasos) de sus actrices y actores; de lo que se deduce, que en caso de que la empresa haya perdido (que hay opiniones de lo contrario), ella puede con sobrada confianza culpar su mal manejo, su poca experiencia y su mucha ignorancia.

Mucha parte de lo dicho, Sr. Cómico en Cuaresma, se le quedó a V. por decir: a mí me sucederá otro tanto; conque esperemos a que otro que sepa más, lo declare, si gusta.

Dispense V, y sufra la peluca, porque si este es un mueble, que cubre los defectos de la parte más principal del hombre, creo y no sin motivo que cubriéndose su cráneo escaso de memoria, recobre por medio el abrigo la que le falta, que así lo desea.

El que no es Cómico en Cuaresma

2. 24 *Diario de la Habana* No. 601 del martes 31 de marzo de 1812

Teatro

Los empresarios y actores, suplican a tan benigno público se sirva disimular el que en estos primeros días no se hayan hecho funciones de su mayor atención, pues las circunstancias y tarda formación de compañía no lo han permitido; pero unos y otros ofrecen a tan digno público dar en este mes (a más de las funciones diarias) cuatro nuevas y de primera clase; cuales son una comedia sentimental titulada: *El divorcio por amor*, compuesta por el autor de *La misantropía*. Una ópera titulada: *La gitanilla por amor*. Una de las mejores tragedias inglesas traducida por D. Manuel Quintana, autor del *Pelayo*, titulada: *El duque de Viseo*, y la comedia de magia titulada: *Juana la Rabicortona*: esmerándose en lo sucesivo en la ejecución de las mejores piezas para merecer la atención de un público tan benemérito.

Aviso

Habiendo de permanecer en esta ciudad el tiempo necesario para proporcionar mi viaje a otro país, y deseosa de manifestar el agrado y desinterés con que siempre he anhelado servir a tan digno público, me ofrezco a efectuar dos academias de música vocal e instrumental, en el teatro u otro sitio capaz, que al efecto destine el gobierno (previo mi consentimiento), cuyo total producto deducidos los gastos indispensables, destino a favor de las urgentes necesidades de la patria.

Mariana Galino

2.25 *Diario de la Habana* No. 622 del martes 21 de abril de 1812

Donativo patriótico

Teatro

Los empresarios y compañía de este público establecimiento, acreditando su respeto y consideración a la digna persona del Excmo. Sr. D. Juan Ruiz de Apodaca, le felicitaron en la noche del viernes 17 del actual, dedicando a S. E. una representación teatral, que ejecutaron graciosamente con iluminación completa. El producto de esta función como consagrado a los valientes defensores de la península fue puesto a disposición de S. E. para que le diese el venturoso destino de socorrer las urgencias de la patria afligida.

Producto de la función

Entradas 751 pesos 6 y ½ reales.

104 lunetas a 4 reales, 52 pesos.

8 palcos principales a 4 pesos, 32 pesos.

3 ídem de segundo orden a 3 ps. 6 pesos.

Total 844 pesos y 6 y ½ reales.

Gastos.- Por la iluminación completa, 18 pesos.- Por la imprenta, 20 pesos.- Comparsas, 8 pesos.- Gastos menores, 1 peso 6 reales y ½.- Total 47 ps. 6 reales y ½. Dio la empresa 3 pesos, con lo que se completaron ochocientos pesos, que puestos a disposición de S. E., los embarca en el bergantín Cazador, que sale para Cádiz. Habiendo suplicado los empresarios y compañía pusiese S. E. En la puerta una persona de su confianza para inspeccionar el cobro, autorizó e intervino por comisión el caballero regidor fiel ejecutor, D. José María de Xenes y Montalvo, en cuyo puesto se colocó el retrato de nuestro adorado monarca el Sr. D. Fernando VII (Q. D. G.)

Hicieron más grata la función las marchas nacionales cantadas por toda la compañía de óperas, en las que fueron vitoreados los Excmos. Sres. Don Juan Ruiz de Apodaca, marqués de Someruelos, y D. Ignacio María de Álava, y las Excmas. Señoras Doña Rosa Gastón, marquesa de Someruelos y Doña Dolores Rodríguez. El pueblo alborozado no cesó de aplaudir y vitorear a unos jefes tan dignos de la estimación general.

2.26 *Diario del Gobierno de la Habana*, martes 16 de marzo de 1813

Teatro.- Deseando la Regencia del reino arreglar el ramo de teatros de un modo que sin perjuicio del honesto recreo de los pueblos, ni del interés de los cómicos, asegure el respeto debido a la moral y a la conservación del orden público, se ha servido resolver lo que sigue:

1ro. Los ayuntamientos harán por sí con los empresarios de las compañías cómicas los convenios que consideren oportunos, conciliando el interés de la empresa con el de los pueblos.

2º. Deberá presentarse lista de las piezas dramáticas, que compongan el caudal de la compañía del Jefe político de la provincia, quien excluirá las que en su concepto se opongan claramente a las buenas costumbres; reduciéndose a esto todas sus atribuciones en la materia.

3º. Los ayuntamientos de los pueblos cuidarán inmediatamente por sí de los pormenores relativos a la policía de los teatros, haciendo cumplir los reglamentos dirigidos a conservar el orden, la tranquilidad y la decencia, por parte de los actores como de los espectadores.

4º. La administración del fondo y ganancias de la compañía correrá de cuenta del empresario, ciñendo los ayuntamientos sus funciones en esta parte a la intervención indispensable para que se cumplan fiel y legalmente las cargas que puedan imponerse, con arreglo al ajuste sobre el producto de los teatros para objetos de beneficio común.

5º. En cuanto al gobierno y dirección interior de las compañías, los cómicos se entenderán con el autor o empresario, según sus pactos particulares. Si con motivo de estos se suscitasen desavenencias entre unos y otros, los ayuntamientos procurarán terminarlas gubernativa y prudencialmente; y en caso de no conformarse los interesados con la decisión del ayuntamiento, acudirán al tribunal correspondiente, como en cualquier otro contrato. Cádiz 11 de diciembre de 1812. (Redactor general)".

2.27 Teatro. Año 1813. 31 de marzo

Aclaración necesaria sobre un arreglo pendiente

Parece que el espíritu de discordia trata de levantar, con respecto al teatro otra polvareda a la del año pasado en igual temporada. Un escritor enmascarado que se titula el inquisidor político, alza la voz en el *Diario Cívico* de 25 del corriente, proponiéndose persuadir que la compañía de actores no está ajustada a estas horas por la parcialidad que a favor de la Sra. Galino, y en mengua del Sr. Prieto, han mostrado los tres vecinos personados a la empresa del teatro.

¿No será más natural creer que la culpa no está en los empresarios, sino en la ambición del mismo individuo que siempre la ha manifestado con extraordinario empeño? ¿Acaso es menester ser brujo para adivinar de donde parte este clamor, cuando su autor sienta la máxima verdaderamente cómica de que los actores deben dictar las condiciones a que han de sujetarse? Entremos no obstante en examen.

Es muy cierto y notorio que por detener a la Sra. Galino, que estaba ya embarcada para España, el lunes 12 del corriente, los personados a la empresa le ofrecieron 500 pesos mensuales. Pero esto se entiende y se debe entender que lo que falte sobre los sueldos fijos que establezca la empresa, varios subscriptores se obligan a completárselo, únicamente por asegurar la ópera que es la que más ayuda a este público y da las más seguras entradas. ¿Acaso es este un agravio a Prieto, o una acción que realmente deben agradecer todos los que aman el teatro y desean o necesitan sostenerlo?.

El citado papel por sí solo manifiesta bien a las claras las exorbitantes pretensiones que adelantaba el Sr. Prieto, pero también equivoca o desfigura los hechos cuando se contrae el ajuste de este actor.

Conseguida ya la permanencia de la Sra. Galino, los empresarios propusieron efectivamente un plan de sueldos mayores que los del año pasado, pero iguales en cuanto a Prieto y Mariana, pues a ambos se les señalaba 400 pesos; se ofrecieron también a la Sra. Gamborino 350. Mas esta se negó, como lo hizo también en 31 de marzo el Sr. Prieto, según consta en su contestación al aviso que se le pasó en aquella fecha, cuya copia se halla en la nota al pie de este papel. ¿En quién estuvo, pues, la culpa? ¿En los mismos actores resistidos a este ajuste, o en los empresarios?

Veremos ahora cuál era el propósito de la negativa. Seguidamente a esta, propuso la compañía de actores o más bien el Sr. Prieto hacerse cargo otra vez del teatro, y presentó al efecto su plan, sobre cuyo mérito bastará decir, para que se vea si era admisible, que como quien que se dejaba fuera a la Sra. Canal, no había graciosa para la Comedia, porque aunque la Sra. Gamborino igualmente lo es, en este caso no había dama. Para la tragedia nos hallábamos sin actrices, y con solo dos actores los Sres. Prieto y Palomera, y estaba la ópera sin bufos, pues también quedaba fuera Garelli, con quien contaba la empresa, y aunque quedaba en esta clase el Sr. Prieto, al público consta las duras penas que sufrió para hacer solo tres óperas en los 4 y medio meses de la temporada pasada, y esto de un modo muy diminuto, por lo que no hay que fiarse de las ocho óperas que por él nos promete el inquisidor.

Es menester recordar aquí, que el propio actor se ofreció antes voluntariamente a desempeñar el papel de Gómara, sin exigir más sueldo; con esto se dio lugar a que marchasen para España este bufo y la Sra. Sabatini que servía en la tragedia; y como ahora nos hallásemos sin ellos, mi duda creyó el Sr. Prieto estar en el caso de exigir dos beneficios, cosa que no se debe permitir sino en casos extraordinarios, por ser gravosa al público.

Esta es la verdad de los hechos, y por más que el Inquisidor enmascarado quiera ponderar la excelencia de este actor en la tragedia y comedia (que no se le niega) es menester conocer que en París y Atenas tampoco se desempeñan una y otra con un solo actor, por más esforzado que sea. En vano se empeñarán los moralistas en persuadir la preferencia que sobre la ópera, merecen la tragedia y comedia, por su nobleza, instrucción y decoro. Esto no es ni debe ser asunto de disputa, sino de experimento. Es cierto que conviene disfrutar de las tres cosas lo mejor que se pueda; pero también lo es que el gusto de este público tomado de bulto está declarado por la ópera, y que esta es la que da las más pingües entradas, como que las almas tiernas y sensibles de la sola [Mariana] Galino, es la que ha dado las mayores entradas, y que en general sucede lo mismo con las demás óperas en comparación de las demás piezas.

El público sensato no puede ver sin disgusto los celos y rencillas de la compañía de actores porque son desagradables y fastidiosas. Quisiéramos que el Sr. Prieto, en fuerza del buen sentido que le ha dado la naturaleza, lo usase para probar su respeto al público, ya que éste no le hace menos justicia que a la señora Galino. Sería ingratitud en él perjudicar los intereses de un público respetable por no ofender los suyos propios, según la expresión suya que se verá más abajo. Si puede tanto en él esta última pasión que haya de ponderar sobre la de su buen nombre, vea primero si como al principio de su llegada, encuentra entre sus amigos quien le asegure el sobre-sueldo que apetece, mas no quiera entorpecer la empresa... Pasó el tiempo en que se pudo creer conveniente que reuniese Prieto en sus manos la dirección teatral y la empresa. Bien pudiera este actor recordar cuán Prieto se vio efectivamente por abril del año pasado, por no haber ajustado, como empresario, a la Mariana, favorita de este público, y los trabajos y humillaciones que le costó este error. Entonces fue cuando mostró la experiencia que la compañía de actores, no puede sostener la empresa con la prudencia y tino necesarios, porque les ofusca la pasión y las personalidades.

Sería de sentir, pues que los tres recomendables vecinos que se han personado al arreglo del teatro abandonasen la molesta empresa que con buen celo y desinterés por servir al público, han tomado a su cargo de arreglar un negocio, que parece hay empeño de desarreglarlo. Es falso que el Sr. don Gonzalo Herrera se hubiese separado del dictamen de sus compañeros, pues le anima en este negocio el mismo espíritu que mueve a los demás, que es el mejor acierto y servicio de la empresa, en lo que ha estado y estará siempre acorde con ellas.

Nos alegraremos que en ello tome la mano el Excmo. Ayuntamiento, pero concluiremos con aconsejar al señor Prieto no dé lugar a eso, porque el magistrado deberá entrar en este negocio con exigirle la cuenta de la administración que tuvo a su cargo y ha quedado pendiente de su solvencia. Crea no obstante el Sr. Prieto que es uno de sus admiradores.

Anti Periandro

Sr. Andrés Prieto

Para que hoy mismo quede formada la compañía del teatro, o disuelta la subscripción que para este fin tenemos hecha, esperamos la respuesta de algunos actores y actrices que faltan ajustar, y siendo V. uno de estos, sírvase responder a continuación si le acomoda desempeñar las representaciones que según lo dicho ayer, se le han de confiar por el precio de cuatrocientos pesos; en la inteligencia que de ningún modo podemos aumentar nada a esta cantidad.

Hoy 31 de Marzo de 1813.

G. de Herrera- Santiago Draque. B. González Larrinaga

Contestación

Señores subscriptores.

Muy Sres. míos: siento infinito no poder complacer a Vds. en el particular de que se trata, pues habiéndome sujetado a las circunstancias cuanto me es asequible, no puedo aceptar el partido que Vds. me proponen sin ofender mis intereses, y lo que es más, mi estimación cómica. Queda a las órdenes de Vds.

Su criado.- Andrés Prieto

Nota

Primera. Ahora juzgue el público si el enmascarado habla con verdad cuando asegura que le fueron ofrecidos 500 pesos a Prieto.

Segunda. Los que claman y tratan de indisponer el ánimo del público contra Mariana y los empresarios, saben muy bien que estos últimos en el plan de sueldos fijos guardarán la debida igualdad entre esa actriz y Prieto, aumentando considerablemente los sueldos. Me propongo pedir a los Sres. empresarios nota puntual del ajuste que hicieron en la anterior temporada y de la que propusieron ahora, con lo que sabrá discernir el público la verdad.

2.28 Carta del Sr. Pejoan[371]

La patria, que suele premiar a sus buenos servidores, debe recompensar dignamente a los actores de ambos sexos que trabajaron por ella la noche del lunes 16 del corriente en *El cerco de Calahorra o sea, la constancia española*, y en la tonadilla y marchas patrióticas. En esta virtud, asigna desde luego:

Iero, una medalla de plomo de 48 arrobas, con su correspondiente cadena de bronce para que la traiga al cuello, a manera de *toyson*, la persona que eligió, ensayó y dirigió aquel horrible comedión.

2do, un vomitivo de XXIV granos de tártaro al Sr. Aparicio para que se le limpie el pecho.

3ero, una fricción de 12 onzas de mercurio a Herrera, para que se avive, haciéndole beber otros tantos cuartillos de ron de primera calidad; todo a fin de extinguir el hielo que mantiene en sus venas.

4to, 24 azotes a la señora Galino para que otra vez estudie mejor el papel de andaluza o gitana, que tan impropiamente ha ejecutado en la tonadilla del intermedio, y sepa cómo se han de ganar los 500 pesos que indebidamente disfruta.

---

[371] Crónica añadida a la selección de González.

5to, una pócima, compuesta de las claras de diez docenas de huevos batidas con doce libras de pimienta, tomado todo de una vez, para que no se desafine tan ásperamente como lo hizo, y aprenda a esmerarse en obsequio de este público, que conoce el ningún interés que tiene en servirle, y el mucho que ha manifestado en *atrapar* los 500 fixos.

6to, igual dosis para el Sr. Pau, que también se ha desaliñado y desentonado considerablemente.

7mo, cuarenta palos, a estilo musulmán, a todos y cada uno de los directores de las comparsas, que transformaron toda la comedia en fiesta de negros o función de espadachines.

8vo, un parche de brea hirviendo para la boca del Sr. Covarrubias por la insolente proposición que hizo acerca de la admisión del Sr. Prieto, a quien debe admirar y respetar como a uno de los primeros cómicos del teatro español.

9 no, una sentencia *marotina* contra los principales directores de la empresa, que tan imprudentemente se están burlando del público, declarándolos entrometidos, descarados e incapaces de volver a ponerse a la cabeza de semejante establecimiento, por su escandalosa parcialidad, por su atrevimiento de chocar abiertamente con la opinión pública, que está clamando por el insigne Prieto, y en fin, por su acreditada ineptitud, o falta de conocimientos para saber calcular y apreciar el verdadero mérito de este admirable actor.

Habana, 18 de agosto de 1813.

Antonio Pejoan. *Diario Cívico* del 18 de agosto de 1813.

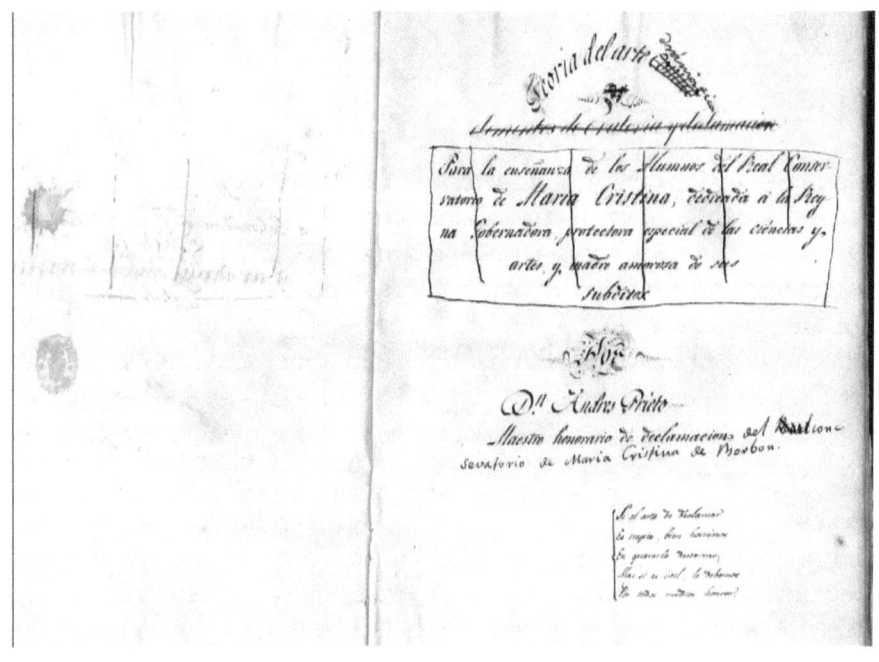

Manuscrito de *Teoría del arte dramático* de Andrés Prieto.
Biblioteca Nacional de España

Polémica entre Prieto y Heredia

3.1 *Pelayo.* Tragedia en cinco actos. Por José María Heredia[372]

Sin temor a equivocarnos, podemos decir que esta es la mejor tragedia española, y que bastaría para asegurar a su ilustre autor Manuel José Quintana, el primer rango entre sus contemporáneos.[373] Su argumento es grandioso, su diálogo animado e interesante, su versificación grave, robusta, solemne, tan ajena del tono épico pomposo como del esplendor del lírico, versificación en fin que puede ofrecerse por modelo de la que debe usarse en la tragedia. Las escenas están bien enlazadas, y abundan cuadros escénicos, a cuya esplendidez sólo faltan actores y teatro.

Con todo, no faltan lunares a tan bella obra. El primero, y acaso el más importante, es la introducción del amor de Hormesinda a Munuza, que peca contra la unidad de acción, pues distrae a los espectadores del principal objeto que es la suerte de España, cifrada en Pelayo. Aún podemos atrevernos a decir que el personaje de Hormesinda es del todo episódico.

No vemos el motivo que obliga a Pelayo a presentarse a Munuza en la escena cuarta del acto segundo. Por lo mismo no nos causa el vivísimo interés que las escenas cuarta y quinta del acto cuarto en que Munuza examina a Leandro y Pelayo, presos por sospechas. Toda esta escena y el fingimiento que la motiva se parecen en extremo a otro del *Orestes* de Victorio Alfieri, del que había tomado el autor su primera catástrofe.

Oigamos el juicio que forma de esta bella tragedia su mismo autor:

Advirtiose –dice– en el *Pelayo* [...] mejor ordenada la fábula, más bien desempeñadas las escenas, mejor preparadas las situaciones, más

---

[372] En Heredia, José María. *Crítica literaria.* ob.cit. pp. 71-74.
[373] Representada por primera vez por los actores del Coliseo de los Caños del Peral el 19 de enero de 1805.

propiedad y verdad en el estilo. Es cierto que el escritor aún no había sabido crear un interés dramático suficiente para llenar cumplidamente los cinco actos; que faltaba el equilibrio debido entre los personajes, puesto que el de Munuza no es más que un bosquejo, y muy ligero; que el estilo aun no tenía la firmeza e igualdad correspondiente, y que el diálogo no estaba tampoco acabado de formar.

Nosotros debemos añadir que los sentimientos independientes y libres que respiran en toda la tragedia, le harán siempre estimables a todas las almas fuertes y puras que sientan palpitar sus corazones con ira santa contra los opresores y tiranos. Circunstancias que a nadie se ocultan, diametralmente contrarias al buen éxito de esta pieza ante el público mexicano, explican satisfactoriamente la frialdad con que se recibió, si no es bastante motivo el fatal desempeño de la mayor parte de los actores. Notamos el empeño con que Prieto sustituyó la palabra *patria* a España, con lo que lastimó más de un verso, e hizo hablar al moro Audalla *de la agonizante patria*, deseando su ruina final.

También nos fue sensible que no se valiesen de la edición de *Pelayo*, publicada por el autor en 1821 que está muy corregida y aumentada.

Digamos dos palabras de la ejecución. Prieto no fue el de *Los templarios*, y le faltó vehemencia y calor más de una vez. En fin, al decir: "nuestros nietos [...] su independencia así fuertes defiendan" señaló a la expirante Hormesinda que nada tenía que ver con la tal defensa. Es verdad que esta aberración debe perdonársele, porque debía estar turbado con cólera justísima por la perversa ejecución de sus compañeros, que en muy repetidas ocasiones le obligaron a apuntarles, con disgusto del público y destrozo de la tragedia.

Apenas hubo actor, sin exceptuar al principal, que no estropease algún verso por carta de más o de menos. En este punto debe hacerse justicia a la aplicación de Cecilia Ortiz, que lejos de incurrir en este defecto, representó a Hormesinda con la expresión y sensibilidad más profunda. Tampoco desagradó en su papelito de Alvida la linda Guadalupe Munguía, que podrá bien pronto, si se aplica, ocupar un lugar distinguido en nuestros fastos dramáticos.

Melquiades en Veremundo estuvo tristemente fatal. Nuestra humilde opinión es que por ahora se le excluya del templo de Melpómene y se den a Estremera los *barbas* que no haga Prieto.

La espada de Estremera en Alfonso es muy de moda para que conviniese al guerrero cántabro.

El domingo se representó la misma tragedia, y salió mejor, aunque Prieto volvió a cometer la impropiedad notada de señalar a Hormesinda y volvió a decir en la escena segunda del acto tercero: *A nuestra patria en tanto abandonada dejan*, verso que no es, ni puede haber sido así de la pluma exquisita de Quintana. [374]

El Iris, 10 de mayo de 1826.

3.2 Lunes 29. *El marido cortejante*, traducción del *Homme á bonnes fortunes* de Bonjour, hecha por el Sr. Prieto. Por José María Heredia. [375]

Aunque se ha publicado antes de representarse, aún no la hemos leído, por ocupaciones, y acaso porque nos previno en su contra la singular ortografía de la impresión. Solo apuntaremos, pues, las breves observaciones que nos han ocurrido en el curso de la representación.

Ante todo, hemos notado que el estilo y lenguaje es francés, aunque la escena se ha trasplantado a las inmediaciones de Madrid, han perdido muy poco de sus caracteres originales. Sirvan de ejemplo las frases siguientes: vengo de saber, por acabo de saber, parejas circunstancias por tales ó semejantes, suscribir á una demanda, por acceder á una suplica.

---

[374] Los versos son "Allá se precipitan sus guerreros: /y a España en tanto abandonada dejan" según la edición de Imprenta y Librería de Mompié, Barcelona: 1822.
[375] Tomada de *El Iris: periódico crítico y literario, por Linati, Galli y Heredia*. Ed. facsimilar. Introd. María del Carmen Ruiz Castañeda y Luis Mario Schneider. México, UNAM, 1988. pp. 71-72.

Y ¿qué diremos del repetido Madama del apropósito y de la eterna complicación de las personas segunda y tercera en el diálogo?

Fue también admirable la perspicacia con que las Sras. Ortiz y Santa Marta leían de noche oscura en el campo, en el acto 4º. Nos parece también que no está bien motivada la escena entre Doña Clara y Doña Mercedes en el mismo.

Si hemos notado algunas faltas de trascendencia al Prieto autor, debemos tributar al actor el elogio que merece su ejecución bellísima del D. Diego. En su acción, en su gesto, en su tono estuvo singularmente feliz. También la Sra. Ortiz desempeñó bien el carácter anciano, aunque no acostumbra presentarse en él, circunstancia que la hace más recomendable en este caso.

3.3 De Andrés Prieto a Heredia sobre su traducción. Comunicado. [376] (f)

Señores editores de *El Sol*: espero tengan ustedes la bondad de insertar en su apreciable periódico estos mal formados renglones. Señor de Heredia: me había propuesto no tomar la pluma en contestación a las muchas críticas, justas o injustas con que usted se ha servido saludarme, ya por mis muchas ocupaciones, y ya por no enemistarme con un sujeto que merece mis respetos; mas viendo que por desgracia mía no merezco a usted ningunos, y que le desagrado con lo que en otros países he formado la pequeña reputación de que disfruto y que confirma el respetable público mexicano, complaciéndose con mis trabajos cómicos cuando usted me los critica sin indulgencia ni piedad, me hallo en la dura precisión de contestar, pues deduzco que o usted es el *non plus* en el arte, o que todos los pueblos que me han honrado con su aprobación han tenido muy mal gusto y están atrasadísimos en las bellas artes: permita usted que incluya en el número de los pueblos atrasados (según usted manifiesta por sus críticas) a la capital de

---

[376] Heredia, José María. *Crítica literaria*. Recogida en Luis Reyes de la Maza. *El teatro en México durante la independencia* (1810-1839): UNAM, 1969.

Francia, pues no se le ocurrió a este pueblo que hasta ahora yo había tenido por culto e inteligente, repito, que no se le ocurrió en la representación, no ejecución, si hemos de hablar el castellano de que usted me critica sin saberlo muy a fondo, puesto que también suelta sus galicismos, del *Mari ha bonnes fortunes*, y no el *Homne ha bonnes fortunes*, como dice usted en su artículo (pues esta es otra comedia con que usted se se equivoca de que se arguye que no conoce una ni otra, ni aún siquiera por sus nombres) las observaciones de que no está bien motivada la escena de Mercedes y Clara, en el cuarto acto, ni tampoco llevó a mal que al anochecer de un día claro de verano, pudiese Gertrudis leer una carta, ni que Mercedes conociese la letra de su esposo; pero esto sería sin duda porque el público de París (bien que compuesto de todas las naciones del mundo) sería acaso tan amigo del autor cuando usted se declara enemigo del traductor, pues parece que se complace sobremanera en echar tachas y lunares en todas sus operaciones cómicas.

En cuanto a la *satirilla* de que se publicó la comedia antes de su representación con que trata usted de morderme, pues nada excusa para lograrlo, debo decir que no fue culpa mía, sino de las circunstancias, pues debió haberse representado el mismo día que se publicó; mas se interpuso la representación de *Sancho Ortiz* y otras por disposición de los señores empresarios.

Tocante a que la mala ortografía de la impresión le previno en contra para no leerla, digo: que es culpa del corrector o de los impresores que merecen disculpa, si se atiende a que está impresa en Flandes; y si bien usted y yo no sabemos muy bien el castellano, ¿por qué extrañar que los flamencos lo ignoren?; además que es fuera de la cuestión, pues la buena o mala ortografía no califica una comedia; mas ya se deja ver claramente que el objeto de usted es perjudicarme y desacreditarme todo lo posible, por ensalzar a sus muy dignos protegidos, y aunque el objeto sea laudable, me atrevo a decir que los medios no lo son ni por ellos lo ha de conseguir.

En cuanto a las palabras *parejas circunstancias*, son tan castellanas como *tales* o *iguales*, que son las que usted me indica, de que le doy infinitas gracias; pero usted debe conocer que para completar el verso, la palabra *tales* sería poco y la de semejantes sería mucho.

Las palabras *vengo de saber* no existen en mi traducción; pero como usted no ha leído la comedia ni aún la ha visto (pues hace algunos días que usted no ve), ¿qué extraño es que se equivoque? Tocante al repetido *madama* solo tres veces uso semejante palabra obligado por el asonante, una en boca de una ahijada a su madrina, otra en la de Carlos, queriendo significar a su querida que no se acerque, en el compromiso de no poderla llamar por su nombre y apellido, y otra en la de Diego, cuando creyendo a una señora desmayada sin conocerla, le quiere prestar auxilio: además, señor Heredia, la palabra *madama* está admitida en el idioma castellano, sobre todo, entre gentes de algún tono, y los interlocutores de mi traducción no son ningunos pelagatos.

Por último, señor Heredia, así como yo confieso que mi traducción está llena de faltas (no obstante haberme animado a imprimirla Francisco Javier de Burgos y Martínez de la Rosa) y que tengo tantos defectos como deseos de agradar, confiese usted también la animadversión que me profesa: o démonos por buenos, o sufra que le aplique estos versos, buenos o malos, que eso usted lo juzgará con su acostumbrado magisterio:

Dícenme que en todo
Hallas que notar
Por parecer sabio:
¡Necia vanidad!
Quien busca defectos
para criticar,
tiene más malicia
que sinceridad.

Besa la mano de usted su atento servidor,

Andrés Prieto *El Sol.* no. 1.084, 2 de junio de 1826.

3.4 A Andrés Prieto, alumno de Melpómene y Talía
Por José María Heredia [377]

Insanabile vulnus
Horacio

Herida incurable llama Horacio a la manía de escribir contra viento y marea, y tiene razón a fe, pero nunca lo he conocido tanto como al leer, señor Prieto (*prieteemos*, ya que usted me ha sacado a la vergüenza por mi nombre) el artículo inserto en *El Sol* no. 1083 en que con toda la irritabilidad de la epidermis poética, se enfurece usted y tira tajos y reveses porque le critiqué los dislates de su comedia.

Empieza usted por decir que no me merece respetos, acaso porque no he incensado a usted ciegamente desde que llegó, y quejarse de que lo critico, hasta asegurar que me declaro su enemigo. Al mismo tiempo trata usted de ponerme en oposición con el público y hacerme odioso a él, sin acordarse que en un comunicado que envió usted a *El Iris* cuando la crítica del *Pelayo*, nos trataba de poco menos que hotentotes, puesto que nos acusaba de *haber oído con indiferencia los nobles sentimientos del héroe, con que usted había arrancado aplausos y entusiasmo aún a los más apáticos*. Este papel no se publicó porque lo impidieron algunos amigos de usted, que menos propensos a exaltarse, vieron el zarzal en que se enredaba usted de patas por su ciego orgullo. Díganlo mis compañeros de *El Iris*.

Yo he sido el primero en mirar con entusiasmo y elogiar públicamente el talento cómico de usted. Véanse los Iris desde que empezó la temporada, y aun el número que ha excitado en usted tal rabieta, en que se le tributó el elogio que mereció *su ejecución bellísima de Diego*, y se añade *que en su acción, en su gesto, en su tono, estuvo usted singularmente feliz*. ¿O lo será de usted todo el que no haga su apoteosis?

---

[377] En Heredia, José María. Crítica *literaria*. ob. cit. pp. 91-93.

Dice usted que debí decir *representación* y no *ejecución* cuando no hablaba yo sino del desempeño de un papel. En esto tiene usted tanta razón como en lo demás.

En lo que sí la tiene es en que equivoqué *Mari a bonnes fortunes* por *homme a bonnes fortunes*. A, señor Prieto y no *ha* como usted escribe. Esto no es extraño, cuando escribí el artículo en momentos quitados al sueño, para que se imprimiese por la mañana.

No creo que en verano, por más claro que sea el día, a menos que sea en Laponia, se vea para leer en el campo muy poco antes las nueve, y eso que el reloj se declara atrasado. Al menos, si debía haber crepúsculo, se le olvidó a usted, pues estaba el teatro como boca de lobo.

Aunque la comedia se hubiese representado el mismo día que se publicó, siempre había motivo a la *satirilla* que quiso usted figurarse, con poca razón, pues harto campo me daba para murmurar el haber usted plantado su retrato grabado al frente, para que *la posteridad no se diese de calabazadas* por saber la facha de usted, y nada dije sobre el particular, ni de aquello de P.., etc.

No importa para la ortografía que la edición se haya hecho en Flandes. La correctísima de mis poesías se hizo en Nueva York, y los yanquis no saben más castellano que los flamencos.[378]

No se me quiera usted escapar con subterfugios: las mismas ocho sílabas tienen estos dos versos:

En parejas circunstancias.

En iguales circunstancias.

Luego puso usted parejas porque en francés se dice *pareilles*. Dice usted que no existe en su comedia la expresión *vengo de saber*. Señor Prieto, si los años le debilitan la vista, póngase lunetas y lea en la página 150 de su comedia:

---

[378] Prieto achaca los errores de ortografía a los impresores y correctores de Flandes. Heredia se refiere a la edición *Poesías de José María Heredia*. Nueva York. Librería de Behr y Kahl. Imprenta de Gay y Bunce, 1825.

¿Si supieras tú, Mercedes,

lo que yo de saber vengo.

Que la voz *madama* se usa entre gentes de tono, es imposible dudarlo, cuando por todas partes se oye hablar hoy de *madama* Pinacate, que tampoco será pelagatos.

Sea cual fuere el objeto que lleva usted en dirigirme aquel sarcasmo sobre mis protegidos, se engaña mucho si cree que me enfada. La Gamborino y Garay no necesitan de más protección que sus talentos, justa y generalmente apreciados. Si quiso usted zaherir nuestra fina amistad, ha tomado mal camino, pues la malignidad de usted les importa a ellos lo mismo que a mí.

No extraño que Burgos y Martínez de la Rosa le animaran a imprimir la comedia. [379]¡Es tan duro buscarse enemigos y desengaños! ¿Se acuerda usted del *Café*? Pues piense que para un Pedro hay mil Antonios. Aplique usted.

Quiero concluir contando a usted una anécdota del inmortal Cánova. [380] Este divino escultor no apreciaba divinamente sus estatuas, y tenía una predilección ridícula a sus pinturas que eran malas, o a lo más, medianas. Diga usted que lo injurio con la comparación, pero óigame: haga sus comedias con su peluca y llene de gusto en ellas a los espectadores y a mí, pero déjese de escribir, como desde: «que sin encomendarse a Dios ni al diablo sacó la espada y se metió a poeta».

He contestado a usted batiéndole en brecha, bien que sin exaltarme, pues aunque poeta, tengo la epidermis no tan irritable como usted. Si no quedare contento, vuelva a salir al campo, seguro que no le sacaré el cuerpo, y de que a pesar de la animadversión que usted se figura en mí,

---

[379] Javier de Burgos (1778-1849), periodista, escritor y traductor, prominente figura de los *afrancesados*.
[380] Antonio Cánova (1757-1822). Escultor neoclásico que se inspira en figuras de la antigüedad.

no dejará de hacer justicia, como hasta aquí, a su mérito cómico su atento servidor.

El Sol. No. 1086. 4 de junio de 1826. El Sol 1.421 y 1.422.

3.5 De Prieto a Heredia[381]

Sres. editores de Sol: Espero tengan Vds. la bondad de insertar en su apreciable periódico el siguiente comunicado al Sr. Don José María Heredia, hijo predilecto de las Musas, puesto que a boca llena se dice poeta y aquí encaja "mal haya quien por si lengua perdiere."

He leído con algún disgusto su (a todas luces) despreciable artículo, no por lo que en él dice, sí por la inmoderación con que se expresa faltando al decoro que se deben los hombres y más que todo, al que se debe al público, desmintiendo vd. por este medio la humildad y mansedumbre que denota su carita de mojigato y facha de donado; tales, que yo aseguro que si el gran Molière hubiese visto a Vd. al ensayar su *Tartuf*, no hubiera desperdiciado la ocasión para dar a su Fidel todos los coloridos de un aspecto falso con que hubiesen resaltado más los vicios de su alma; pero ya que a mí (indigno intérprete suyo) se me presenta, aseguro me aprovecharé de ella tan luego como llegue el caso.

Puesto que Vd. a los justos descargos que he dado a sus invectivas no contesta sino con desatinos por carecer de razones sólidas, y por no saber otro lenguaje, queda saldado el punto por todos los sensatos que Vd. ha criticado solo por criticar y por verter la ponzoña de que reboza su insano corazón acreditando mi aserto, entre otras cosas con la falta de confianza y buena fe que depositaron en vd. sus consocios en la redacción del *Iris*, publicando parte de un artículo que yo suspendí (no por los temores que vd. dice, pues su contenido a nadie puede lastimar más que a su mucha petulancia y excesivo amor propio) sino por mi

---

[381] Transcripción de Rosa Ileana Boudet del periódico *El Sol*, 1.430, 6 de junio de 1826 en la Hemeroteca Digital de la Biblioteca de México.

mucha generosidad y por las instancias de sus compañeros, sea la prueba el mismo artículo original que es como sigue.

"Nada es más útil que la justa crítica pues por ella se corrigen los errores o descuidos a que está sujeto aún el mejor artista; pero debe ser imparcial e hija de una observación exquisita e infatigable. Nada es más cierto que el Sr. Prieto estuvo falto de vehemencia y calor en la representación del Pelayo más de una vez; pero esto fue producido por causas que el redactor del artículo en *El Iris* se contenta con indicar, pero que yo desmenuzaré: fue la primera la desconfianza que sus compañeros le inspiraron desde el principio, ya que con su desentono, ya tropezando y cayendo a cada instante: la segunda, la frialdad con que el público recibió los rasgos de patriotismo y noble entusiasmo de Pelayo en el primer acto; con lo que el que lo representaba había tenido la gloria de conmover y arrebatar en otros países a los espectadores más apáticos, y es bien sabido que cuando el artista no consigue el laudable fin que se propone, se debilita y desmaya sin olvidar que el actor cuanto mejor sea, más desigual se presenta en la parte física, pues así como la naturaleza (sin dejar de ser bella) hoy es débil, mañana fuerte, aquí estéril, allá fecunda, así son sus producciones, y sólo los autómatas son siempre iguales mientras dura el resorte que da impulso a sus movimientos.

Cuanto ha que el Sr. Prieto al decir "Nuestros nietos su independencia así fuertes defiendan" señaló a la expirante Hormesinda, permítame el Sr. Redactor que le diga que se equivoca, pues señaló a Munuza, manifestando con esta acción, que el que quiera ser libre debe purgar la tierra de tiranos, como hizo Pelayo, derrocando los que oprimían su país, mas como se hallaban los dos moribundos hacia la izquierda del actor, donde Prieto señaló, no es extraño que el observador se equivocase y aquí es donde el que suscribe le suplica ponga más cuidado en sus observaciones; pues siendo inexactas como esta, ya publicadas por la prensa, es preciso vindicarse por el mismo medio, y si esto se repitiese mucho o tendría que invertir en las contestaciones un tiempo que le es muy precioso para el cumplimiento de sus deberes (muy arduos para el que suscribe, si para otro fáciles) o dejar que su opinión ande mal puesta; por cuya dura alternativa torna a suplicar el que firma, se sirva el señor redactor o articulista ser más exacto en sus observaciones, a que le quedará reconocido su seguro servidor Andrés Prieto."

Véase pues, si las expresiones que de este artículo copia Vd. alevosamente y con la más pérfida intención, pueden ni remotamente ofender al público; pues cuando más significan, que de su frialdad en aquella ocasión nació la mía, pues no hay cosa más cierta que el actor se anima a medida que el el espectador se complace.

También atestigua usted con sus compañeros una falsedad, tocante a los elogios que dice me ha dispensado; mas yo atestiguaré con verdad, confesada por ellos mismos, que más de una vez ha suprimido Vd. la parte que me favorecía en los elogios que me querían dispensar en sus artículos.

Por último, Sr. de Heredia, los muchos años que Vd. me da, manifiestan que los he empleado con más provecho que usted, pues que confiesa (bien a su despecho) que le lleno de gusto, citando Vd. con su joven y lozana erudición, ribeteada de violeta, colma de fastidio y enojo a todo el mundo.

Cuanto a las pelucas, con que usted (pobre hombre) me piensa satirizar, es una perfección que usted desconoce y un sacrificio que hago en obsequio de la propiedad dramática que me han enseñado los maestros en el arte y diga usted ¿sería mejor que me presentara bajo el aspecto de un cazurro motilón cual usted parece? Pero ¿cómo usted y sus compinches habían de dejar perder la brillante ocasión de lucir sus gracias sacando la la plaza mi cabello cano? Yo también pudiera sacar a relucir la calva de algunos e imperfecciones de otros; pero ¿a qué hablar de cosas que todo el mundo toca y ve? ¿ni quien dejará de conocer por tan ridículo sarcasmo, ratería y mezquindad de que Ud. se vale para sacudirse las banderillas de fuego que he plantado con mis verdades que aun le están humeando en el cerviguillo?

Mas ¿para qué cansarnos? Siga usted a su placer tajando y rajando con su lengua viperina y derramando la ponzoña sobre mis tareas cómicas, que yo seguiré aumentándolas en obsequio del indulgente público mexicano, que me las premia con mano liberal, a despecho de las invectivas de Vd. (a que llama observaciones y que yo sabré colocar en el lugar que se merece) y haciendo lo que la luna cuando le ladran los perros, quiero decir, ganando de más en más la opinión de los sensatos a quien Vd. quiere tiranizar sujetándolos a la suya, pero una reputación de treinta años no se destruye fácilmente, y menos por quien para formar la suya, necesita ver y oír para juzgar y comparar debidamente, y para poder calificar con rectitud y precisión: ¿pero qué es lo que usted ha visto hasta el presente? Bien poco o nada; pues cuando empezaba a ver un pequeño vislumbre de propiedad en las artes imitativas, le cegó una malhadada pasión, de cuya cura no desesperó como de lograr entonces que me devuelva el crédito que me ha usurpado y la sociedad y a bellas letras, un joven apreciable que desnudo de pasiones puede hacer las delicias de aquella, y embellecer las otras con su talento y claras luces.

He dicho: si quiere Vd. más, arrímese a bordo, aunque mejor será dejar el campo, al menos prudente, pues al fin a Vd. le pagan porque escriba y raje, y a mí porque represente. Con que así, aplicarse, que si concluye Vd. su brillante carrera literaria, como ha comenzado, se hará lenguas de fama. B. l. m. de Vd. su atento servidor.

Andrés Prieto

El Sol 1.430. 6 de junio de 1826.

Anexo 4
Un suelto de Francisco Covarrubias

Teatro del Diorama

Anunciado mi beneficio varias veces en la anterior temporada, y no habiendo las excesivas lluvias permitido su representación, quedó por necesidad postergado para la presente, cuya causa me ha proporcionado la ventaja de mejorar mi ofrenda; pues en lugar de la *Escuela de las Mugeres* [sic] que allí ofrecí, pieza verdaderamente de indisputable mérito pero que carecía de la recomendable circunstancia de nueva por haberse ejecutado en diferentes temporadas, he sustituido otra para el lunes seis del corriente, que llevando por objeto, lo mismo que en aquella dar una útil y agradable lección al bello sexo, reúne al mérito más relevante y verdadero el apreciable prestigio de la novedad; tal es el interesante y chistosísimo drama en tres actos que doña Rosa Peluffo acaba de traer de Madrid como uno de los más escogidos entre todos los que últimamente se han dado a luz en aquella corte y que habiendo tenido la bondad de franqueármelo para este objeto formará la principal parte del espectáculo que tengo el honor de ofrecer para ese día.

Su título es:

Cuidado con las novelas o aviso a las mujeres

Originalidad y gracia en los caracteres, contraste entre unos y otros, interés vivísimo en sus lances y chistes y sales cómicas sin número, son los elementos que forman esta graciosísima pieza. En seguida don Manuel García y yo cantaremos un gracioso dúo conocido por *El maestro y niño de escuela,* en que dicho García será el maestro y yo el niño, vestidos ambos con el traje análogo a la edad y carácter del papel. Por último, queriendo marcar mi primer beneficio en este teatro presentando a sus dignos espectadores una producción de mi escaso talento, como ofrenda de mi gratitud a las bondades con las que me han favorecido, he compuesto para este día un jocoso sainete, con que terminará la función titulado:

La carreta de las cañas

En el que Rosa Peluffo, no obstante no estar en el círculo de sus obligaciones, deseosa de contribuir a su mejor éxito, se ha prestado a desempeñar el papel de una coqueta; mis demás compañeros animados todos de los mismos deseos se han encargado de los diferentes personajes que componen, quedando a mi cargo el papel de carretero.

Don Manuel Cocco, queriendo amenizar los intermedios complaciendo a muchos aficionados filarmónicos que han manifestado sus deseos de oír tocar en ellos piezas de música de las acreditadas óperas de Rossini, tocará con la orquesta que tiene a su dirección, las siguientes. —Se abrirá la escena con la abertura de *El engaño feliz,* entre el segundo y el tercer acto se tocará la cavatina *Cesó al fin la borrasca,* en la italiana, obligada a violín, acabada la comedia, tocará el coro y coplas de Pipo en *La urraca...,* obligada a violín, flauta y clarinete y antes de empezar el sainete se tocará el hermoso dúo de Arsaces y Semiramis en el primer acto, obligado a violín y clarinete.

Si mis esfuerzos y la eficaz cooperación de todos mis compañeros por complacer al ilustrado pueblo, a quien tengo el honor de servir, no han sido vanos y el todo de esta función llena sus deseos, quedarán satisfechos los de

Francisco Covarrubias

1era
A las mujeres dedico
función tan amena y bella,
y a complacerlas en ella
todo mi cuidado aplico:
Esta verdad justifico,
sexo hermoso, sin cautela

pues si no te doy escuelas
te voy un AVISO a dar
que ha tener te ha de enseñar
cuidado con las novelas.

2da
En tan graciosa función
verás con chistes sobrados
los funestos resultados
de leerlas sin precaución:
El juicio y la reflexión,
si no arrepentirte anhelas,
ten siempre de centinelas
cuando a leerlas te acomodas
porque en las novelas todas
mucho riesgo hay si *no-velas*.

3era
Después como en agradar
mi deseo se desvela
El maestro y el niño de escuela
me oirás con García cantar:
El resto aquí voy a echar,
y lleno de admiración
al mirar mi ejecución,
mis volatas, mis gorjeos,
preguntarás sin rodeos
¿esta es madama Feron?

4ta
Para tan bella función
a todo el pueblo convoco
mas no han de entrar poco a poco
sino siempre en pelotón:
Cada uno en la confusión
empujando a otro se meta,
entren a cual más aprieta,

a la bulla no haya coto;
pues si no hay mucho alboroto
me coge a mi la carreta.
5ta
No me limito a esto solo;
pues con pruebas las más claras
de gratitud, en sus aras
mi escaso talento imploro:
Y aunque las ninfas de Apolo
se me muestran siempre hurañas,
un hijo de mis entrañas
te ofrezco para final
en la pieza original
La carreta de las cañas

6ta
Al fin, aunque ves que pido
la general concurrencia,
con la mayor preferencia
á las mujeres convido;
Y aunque haya algún resentido,
mujeres, mujeres quiero,
que si ellas vienen primero
ningún hombre faltará;
pues a todas partes va
la soga tras del caldero.

Otras más frescas

1era
Estos versos ya anunciados
cuando se ahogó la función,
me dirás, y con razón,
que son papeles mojados;
y previendo mis cuidados
que otros nuevos apetezcas,
en frases algo burlescas,

ya que tú a hacerlos me incitas,
te voy a contar mis cuitas
en otras décimas frescas.

2da
"Milagro" milagro, ¿es cierto?
si repiquen las campanas
porque a las quince semanas
ha resucitado un muerto:
No juzgues que es desacierto
cuando "milagro" repito;
pues con prodigio inaudito
en medio de un temporal
me ahogué por el Carnaval,
y ahora en junio resucito.

3era
A mi *Escuela* muy puntual
en la carreta iba yo,
cuando sobre mi cayó
el diluvio universal:
Con tesón el más fatal
ahogarme esta vez decreta;
pues cuando con ansia inquieta
escaparme quería en vano,
en un profundo pantano
se me atascó la carreta.

4ta
Con tal peligro, apurado
gritaba en bulla completa,
"que me hundo con la carreta",
"que voy á morir ahogado:"
Grité en vano; pues el hado
consumó en mí su fiereza,
y metido con dureza,
mientras el tiempo desagua,

tres meses bajo del agua
ahora saco la cabeza.

5ta
Que esto es de milagro el sello
no negarán los nacidos,
porque tres meses seguidos,
ninguno aguanta el resuello;
Pero Apolo, el dios más bello,
me dijo en tal aflicción:
vive con la condición,
ya que á tu bien me consagro,
que á celebrar el milagro
venga el pueblo en procesión.

6ta
De cumplirla sin falacia,
le hice la promesa expresa,
y si falto á mi promesa
no tendrá efecto la gracia;
Y así con toda eficacia,
pues mi riesgo consideras,
en continuadas hileras
acude á ver la función,
porque si no hay procesión,
entonces me ahogo de veras.

7ma
Últimamente, publico
que no mudo pareceres,
y que siempre a las mujeres
esta función les dedico:
Mis esfuerzos multiplico
en hermosear la oblación,
y en justa retribución
de mi eficacia oportuna,
solo quiero que *ninguna*

me falte a la procesión.

8va
Y pues te he manifestado
que es, sin venderte patrañas,
La carreta de las cañas
un hijo que a luz he dado:
Acogiéndolo al sagrado
de deidades peregrinas,
para evitarles más ruinas,
quiero por dicha completa,
que sean de mi hijo Carreta,
las mujeres las madrinas.

9na
Con encargo tan sagrado,
las mujeres a porfía
deben venir este día
para conocer su ahijado:
En bullicio apresurado
todas pues sin excepción,
entren con tal confusión,
sin olvidar las propinas,
que solo con las madrinas
se llene la procesión.

A las siete y media. Imprenta Fraternal.

El Curioso Americano. Época 6, Año 5, Núm. 1. mayo-junio de 1912. pp. 22-24.

Los autores

Manuel Villabella. (Camagüey 1936). Integrante en la década del 50 del siglo pasado de los grupos artístico-literarios camagüeyanos Los Nuevos, Tiempo Nuevo y Novación Literaria. Fundador en 1962 de la compañía Edad de Oro de teatro para niños, posteriormente ingresó en el Conjunto Dramático de Camagüey. Ha publicado *Luis Felipe* (cuentos), *Jucaral* (teatro), *Aventuras de mambisitos* (teatro), *Un teatro y su historia* (ensayo), *Pólvora y estampas* (cuentos), *Costal al hombro* (ensayo), *Coloquios teatrales* (ensayo), *Sones de marimbas y güiros*, (crónicas), *Guillén: Romance de pueblo viejo* (crónicas, ensayos y entrevistas con Nicolás Guillén). Fue compilador de *Pisto Manchego*, primeras crónicas de Guillén publicadas en el periódico El Camagüeyano de su ciudad natal. Crónicas cuentos, ensayos y críticas de su autoría han visto la luz en revistas y periódicos nacionales y extranjeros. Sus producciones han sido publicadas en diversas antologías. Licenciado en Periodismo por la Universidad de Oriente, fue redactor-jefe de la página Visión Cultural del periódico *Adelante* de Camagüey y jefe de redacción de su mensuario cultural *Opción*, por más de treinta años. Fundador de la Unión de Escritores y Artistas de Cuba (UNEAC), le ha sido conferida la distinción de Miembro Emérito (2010), la distinción Alejo Carpentier (2004) y el Premio Nacional de Periodismo Cultural José Antonio Fernández de Castro (2004) Ha viajado por las desaparecidas Unión Soviética, Yugoeslavia y Rumania.

En el año 2005 fue profesor invitado de la Escuela Libre de Psicología, de Puebla, México, donde publicó un libro de crónicas. Trabajó en un montaje teatral aplicando improvisaciones del método Stanislavski, con el grupo Ucronía de esta institución. En el 2006, puso en escena un recital dedicado a Nicolás Guillén: *El amor y la fugacidad*. En el 2007 montó un *collage* teatral dedicado a José Martí, bajo el título *Yo soy un hombre sincero*. En el 2014 recibió el premio Rine Leal de Teatrología, por su ensayo *El negrito del sainete cubano*, que verá la luz próximamente.

Rosa Ileana Boudet. (La Habana, 1947). Graduada de la Escuela para Instructores de Arte, dirigió grupos de aficionados en los sesenta, y trabajó como actriz en el Teatro de Muñecos de La Habana. Licenciada en Periodismo por la Universidad de La Habana, se ha desempeñado como periodista y crítico teatral en varias publicaciones, entre ellas, jefe de redacción de *Revolución y Cultura* y directora de las revistas *Tablas* y *Conjunto*. Ha sido especialista en el Ministerio de Cultura y secretaria del Centro Cubano del ITI. Entre sus libros dedicados al teatro, ha prologado el teatro de Albio Paz, Abelardo Estorino y con Carlos Espinosa Domínguez, el Teatro de la Yaya. Otros libros suyos, Teatro *nuevo: una respuesta* (Letras Cubanas, 1983) y *Morir del texto* (Unión, 1995). Colaboró en el capítulo sobre Cuba de *Escenarios de dos mundos* (Madrid, 1992), escribió para *Bridging Enigma: Cubans on Cuba*, número especial de *The South Atlantic Quarterly*, editado por Ambrosio Fornet en 1996. Coordinó una parte del volumen *De las dos orillas: teatro cubano*, editado por Heidrun Adler y Adrian Herr (Vervuert, 1999). Ha colaborado con revistas especializadas de Europa y América Latina, entre ellas, *Primer Acto, El Público, Teatr* y la revista CELCIT.

Jurado de varios festivales y concursos nacionales e internacionales, ha participado en numerosos eventos, entre ellos el Festival Experimental del Cairo, el Festival Internacional de Caracas y la ISTA dirigida por Eugenio Barba. En el 2004 la editorial Gestos editó *En tercera persona: crónicas teatrales cubanas* (1969-2002) y dos años después comienza un blog "Lanzar la flecha bien lejos". Crea Ediciones de la Flecha para publicar textos sobre la memoria del teatro cubano. Entre estos, *Luisa Martínez Casado en el paraíso, Cuba: viaje al teatro en la Revolución* y *El teatro perdido de los 50. Conversaciones con Francisco* Morín. A partir de *Alánimo alánimo* (1973) continúa escribiendo prosa, que aparece de forma intermitente en publicaciones y antologías. El último, *Potosí 11: dirección equivocada* (cuento, Unión, 2000).

Índice

I.	¿Primer actor?	8
II.	Tras las huellas de un figurón *	31
III.	Andrés Prieto: una compañía profesional	91
IV.	Covarrubias y Prieto	106
V.	El mundo de Covarrubias	118
VI.	El poeta y el cómico	126
VII.	De El peón de Bayamo a El Conde Alarcos	137
VIII.	Teoría y crítica sobre el intérprete	150
IX.	Los cuarenta: romanticismo amordazado	161
	Epílogo	186

Anexos

Sobre Santiago Candamo *	190
Crónicas del *Diario de la Habana* 1811-1813 **	195
Polémica entre Prieto y José María Heredia	256
Un suelto de Francisco Covarrubias	269
Los autores	276
Índice	278

* Escrito y/o seleccionado y cotejado por Manuel Villabella.

**Seleccionadas y transcritas por Jorge Antonio González y revisadas por Miguel Sánchez León.

www.ingramcontent.com/pod-product-compliance
Lightning Source LLC
Chambersburg PA
CBHW031559170426
43196CB00031B/241